Die in der beigegebenen Karte eingetragenen Nummern entsprechen den nachstehenden Ortsnamen (umseitig):

1 Adrianopel
2 Alexandria
3 Antiochia
4 Ankara
5 Aquileja
6 Arles
7 Byzanz – Konstantinopel
8 Carnuntum
9 Cremona
10 Genf
11 Marseille
12 Nicaea
13 Jerusalem
14 Kaiseraugst
15 Köln
16 Lyon
17 Ktesiphon
18 Magdalensberg
19 Mailand
20 Fréjus
21 Mursa
22 Neapel
23 Paris
24 Pavia
25 Pergamon
26 Ravenna
27 Rom
28 Seleukia
29 Sens
30 Straßburg
31 Tarragona
32 Trier
33 Valence
34 Verona
35 Cadiz
36 Vienne

Junghans
Sweben - Alamannen und Rom

Siegfried Junghans

Sweben - Alamannen und Rom

Die Anfänge der schwäbisch-alemannischen Geschichte

Konrad Theiss Verlag

CIP-Kurztitelaufnahme der Deutschen Bibliothek

Junghans, Siegfried:
Sweben - Alamannen und Rom: d. Anfänge d.
schwäb.-alemann. Geschichte / Siegfried Junghans. –
Stuttgart: Theiss, 1986
ISBN 3-8062-0475-6

Schutzumschlag: Erich Plöger, Frankfurt a. M.

ISBN 3 8062 0475 6
Gesamtherstellung: Ebner Ulm
Printed in Germany

Dem
Württembergischen Landesmuseum
1862–1987

Inhalt

Zu diesem Buch

Die frühe Geschichte der Sweben und Alamannen führt weit über die Grenzen des Raumes hinaus, den diese seit der Mitte des 3. Jahrhunderts n. Chr. besiedelten: Südwestdeutschland, Bayerisch Schwaben, die Nordschweiz und das Elsaß.

Es gibt deshalb bislang keine zusammenfassende Beschreibung jenes ältesten Abschnittes »schwäbisch-alemannischer Geschichte«, die für einen weiteren Leserkreis bestimmt wäre. Sie soll hier versucht werden.

Geschichte wird zunächst begreifbar an Erscheinung und Erleben des einzelnen Menschen. Der Verfasser hat deshalb dem Verlag dafür zu danken, daß er es ihm ermöglichte, eine Form der Darstellung zu wählen, von der er hofft, sie möge ein Stück jener fernen, fremden Welt sichtbar werden lassen, die sich hinter den vertrauten Namen der Schwaben und Alemannen verbirgt.

Prolog

»Zwei Namen, die ein Volk bezeichnen«[1]

Wer morgen durch Europa reist, der wird, wohin immer er kommt, auf alte Völkernamen stoßen, und mit Erstaunen wird er feststellen, daß diese Namen ein wichtiger Bestandteil heutigen Lebens sind.

Solches auch kann er erfahren, wenn er das schöne Land zwischen Rhein und Lech besucht. Dort nämlich mag er Leuten begegnen, die sich mit den Namen der Angehörigen eines alten Völkerbundes Schwaben oder Alemannen nennen und eifrig darum bemüht sind, mit dem Merkmal des »Schwäbisch-Alemannischen« all das zu versehen, was ihnen unter den Früchten ihres Landes wie unter den Erzeugnissen ihres Geistes und ihrer Hände als besonders wohlgelungen erscheint.

Der Name der Schwaben ist in seiner ältesten Form überliefert als Suebi oder Suevi, und unter den vielen Deutungen, die er erfahren hat, werden jene bevorzugt, die ihn auslegen als: »Leute eigenen Rechts«, »Leute vom eigenen Volk« oder einfacher »Wir selbst«.

Die Überlieferung des Namens ist lateinisch, und da sich die Umwandlung zu seiner heutigen Form erst seit der Mitte des 8. Jahrhunderts n. Chr. verfolgen läßt, ist es üblich, für die frühesten Träger des Schwabennamens die aus der Antike überlieferten Formen zu gebrauchen. Sie lauten verdeutscht: Sueben oder Sweben.

Die Sweben werden schon im 1. Jahrhundert v. Chr. erwähnt. Ihr Name bezeichnete einen Bund mehrerer Völker, und so nimmt es nicht wunder, wenn die Angehörigen dieser Völker sich einmal mit deren besonderen Namen, ein andermal mit dem des Bundes riefen, und wenn auch ihre Gegner, die Römer, so verfuhren.

Als jedoch mit Beginn des 3. Jahrhunderts n. Chr. Kriegertrupps aus allen Völkern des Bundes von ihren Sitzen an der Elbe aufbrachen und in das Römische Reich einfielen, nannten deren Männer sich sinngemäß »Alamannen«. Diese Schreibweise entspricht der germanischen Form des Namens und ist die in der Antike und im frühen Mittelalter übliche. Wir ziehen sie deshalb der in der Moderne häufiger gebrauchten Schreibweise »Alemannen« vor.

Der Name der Alamannen hat in dem von ihnen im Jahre 260 eroberten Südwestdeutschland die Namen der einzelnen Völker in Vergessenheit geraten lassen. Ja, er hat sogar den Namen des alten Bundes, wenn auch niemals ganz, verdrängt. Demnach auch heißt während des 6. und 7. Jahrhunderts ein Herzogtum des Reiches der Merowinger Alamannien. Es umfaßte weite Teile Südwestdeutschlands, des Elsaß und der Schweiz und wurde erst unter den Karolingern aufgelöst. Seine Bedeutung spiegelt sich wider im späteren, literarischen Gebrauch des Namens für das Römische Reich Deutscher Nation; von daher auch leiten sich die französischen und spanischen Bezeichnungen für ganz Deutschland ab: Allemagne und Alemania.

Mit der Auflösung des Herzogtums Alamannien setzte sich der ältere Name der Sweben – nun der Schwaben – wieder durch. Er wurde zu Beginn des 10. Jahrhunderts zum Namen eines deutschen Herzogtums. Das Herzogtum Schwaben, dessen Umfang etwa dem Alamanniens entsprach, bestand bis zur Mitte des 13. Jahrhunderts. Mit dem Untergange der Staufer, seines letzten Herzoggeschlechtes, zerfiel es in zahllose Herrschaften.

Am Namen des Herzogtums aber hielt, ausgenommen in der Schweiz und im Elsaß, seine Bevölkerung noch für lange Zeit fest. Er wurde zum Merkmal städtischer und ritterlicher Bünde und kennzeichnete bis zum Jahre 1808 einen der Kreise des Alten Deutschen Reiches, den »Schwäbischen Kreis«.

Dann – zu Beginn des 19. Jahrhunderts und angeregt von den mundartlichen »Alemannischen Gedichten« Johann Peter Hebels – begannen die Bewohner des Oberrheintales und des Schwarzwaldes sich wieder Alemannen zu nennen, während die Leute zwischen Schwarzwald und Lech noch immer den Schwabennamen führen.

Für »das Land, das wir Alamannen oder Sueven bewohnen ... wollen wir von den Bewohnern den Namen ihrer Heimat ableiten und sie Alamannien oder Suevien nennen. Es gibt also zwei Namen, die ein Volk bezeichnen.«[2]

So Walahfrid, der von 808 bis 849 lebte und im Jahre 838 Abt der Reichenau wurde. Der Hinweis auf die großen Bevölkerungsbewegungen in Vergangenheit und Gegenwart mag genügen, um deutlich zu machen, daß es vor allem diese beiden Namen sind, die ihre heutigen Träger mit denen früherer Zeiten verbinden und es uns erlauben, von einer »schwäbisch-alemannischen Geschichte« zu sprechen.

An ihrem Anfang – der Zeit zwischen dem 1. Jahrhundert v. Chr. und dem Beginn der großen, germanischen Völkerwanderung am Ende des 4. Jahrhunderts n. Chr. – stehen die vielfältigen Auseinandersetzungen der Sweben und Alamannen mit dem Römischen Reich. In diesen Auseinandersetzungen haben die swebisch-alamannischen »reges« – Könige also, wie die Römer die Häupter barbarischer Völker nannten – eine besondere Rolle gespielt. Von diesen erstaunlichen Männern und von ihren Zeitgenossen, den römischen Kaisern, möchten wir hier berichten. Wenn wir dabei der Schilderung der römischen Seite nicht weniger Platz einräumen als jener der swebisch-alamannischen, ja, sie sogar jeweils an den Anfang unserer Kapitel stellen, so deshalb, weil die Geschichte der Sweben und Alamannen nur verständlich wird bei Kenntnis des gleichzeitigen Geschehens in Rom.

Begegnung

»Es war eine weite Ebene, in der sich ein beachtlicher Hügel erhob«[1]

Rom – Caesars Jugend – Römisches Heer – Wandel der römischen Gesellschaft – Caesars politische Karriere – Kelten und Gallier – Haeduer, Arverner, Sequaner – Niederlage der Helvetier

Bemüht man sich um die Geschichte der Sweben und Alamannen, so wird rasch deutlich: Die mit dem Spaten des Archäologen erschlossene materielle Hinterlassenschaft vermag zwar manches über soziale und kulturelle Verhältnisse auszusagen, nur wenig aber läßt sich aus ihr ersehen, was zur Kenntnis des geschichtlichen Ablaufs oder gar des Lebens einzelner Personen beiträgt.

Mehr hierüber erfahren wir aus der schriftlichen Überlieferung. Sie allerdings beruht ausschließlich auf den Zeugnissen griechisch oder lateinisch schreibender römischer Berichterstatter, und es ist gut, sich daran zu erinnern, daß diese den Sweben und Alamannen zumeist feindlich gegenüberstanden.

Dies gilt auch für den Mann, dem wir den frühesten Bericht über die Sweben verdanken, Gaius Julius Caesar. Er ist zugleich der erste in der langen Reihe jener Römer, mit denen sich Sweben und Alamannen über viele Jahrhunderte hinweg messen sollten. Wenden wir uns also zunächst ihm und dem Rom seiner Zeit zu.

Gaius Julius Caesar wurde im Jahre 100 v. Chr. geboren, und als Datum seines Geburtstages hat man den 13. Tag des später nach ihm benannten Monat Juli errechnet.

Wie die Namen der meisten Römer, so setzte sich auch der seine zusammen aus dem Vornamen (Gaius), dem Sippen- oder Geschlechternamen (Julius) und dem Bei- oder Familiennamen (Caesar). Während jedoch den Vornamen für gewöhnlich keine besondere Bedeutung zukam und die Familiennamen zumeist nur der Anrede dienten, wiesen die Namen der Sippen auf deren Ahnherren hin. Für die vornehme Sippe Caesars war dies Julus, dessen Vater Äneas sich in sagenhafter Vorzeit aus dem brennenden Troja gerettet und nach mancherlei Abenteuern in Italien niedergelassen hatte. Äneas galt als Sohn der Venus, der Göttin der Liebe – Julus und die Sippe der Julier waren somit göttlichen Ursprungs.

Geglaubt haben die Römer an derlei Geschichten ebenso wie daran, daß Julus Alba Longa, das heutige Castel Gandolfo, gründete und diese Gemeinde zur Mutterstadt Roms wurde. Aus dem Geschlecht der Könige von Alba Longa nämlich gingen die angeblichen Erbauer Roms, Romulus und Remus, hervor. Von Böswilligen ausgesetzt, sollen sie nur dadurch überlebt haben, daß sie von einer Wölfin gesäugt und von einem Hirten aufgezogen wurden.

Heute nimmt man an, daß es ein reicher Etrusker war, der um 700 v. Chr. einige kleine Dörfer zusammenschloß, die auf den Hügeln des linken Tiberufers lagen und von italischen Hirten und Bauern bewohnt wurden. Ruma, der Etrusker, mag der so entstandenen Stadt auch seinen Namen gegeben haben. Ein halbes Jahrtausend später war sie zur Beherrscherin des Mittelmeerraums geworden.

Geprägt vom Erbe der alten Kulturen des Zweistromlands und des Niltals und getragen von Griechen, hatte die Zivilisation dieses Raums eine außerordentliche Höhe erreicht. Sie war gekennzeichnet durch städtisches Leben, die Blüte aller Wissenschaften sowie durch ein differenziertes Gewerbe und eine hochentwickelte Landwirtschaft. Ein weitreichender Handel zur See und über Land aber verband das bunte Völkergemisch, dessen politischen Mittelpunkt von nun an Rom bildete.

Noch allerdings war die Stadt nicht die glänzende Metropole der Kaiser, und von ihren etwa 200 000 Einwohnern lebten die meisten im Stadtkern, in dessen engen Gassen sich Garküchen, Schaustellerbuden und höchst zweifelhafte Etablissements zwischen die Werkstätten und Läden der Handwerker und Händler schoben. Aber obwohl dieser Teil der Stadt keinen guten Ruf mehr genoß, standen in ihm immer noch die Häuser der Geschlechter, unter deren Führung Rom groß geworden war, und erst die reichsten unter ihnen hatten damit begonnen, sich an anderen Plätzen Paläste zu bauen. Da Caesar für längere Zeit eines dieser Häuser bewohnte, bis er in einen angenehmeren Stadtteil umzog, dürfen wir annehmen, daß er dort auch seine Kindheit und frühe Jugend verbrachte.

Es war ein bescheidenes Haus, wie uns Seuton (etwa 75–150 n. Chr.) wissen läßt, der als Kanzleisekretär Kaiser Hadrians (117–138 n. Chr.) Biographien römischer Herrscher verfaßte. Demnach also wird Caesars Vaterhaus den meist nur in der Größe unterschiedlichen Stadthäusern geglichen haben, die wir aus zahlreichen Ausgrabungen kennen.

Nach den Bauvorschriften mußte ein solches Haus von den angrenzenden Gebäuden lediglich durch einen schmalen Umgang getrennt sein. Da es nach außen keinerlei Fensteröffnungen hatte, störte dieser geringe Abstand zum Nachbarn nicht.

Vermutlich bestanden die Mauern des eingeschossigen Baus noch aus den luftgetrockneten, mit Mörtel verbundenen Ziegeln, wie sie bis in das 2. Jahrhundert v. Chr. allgemein verarbeitet wurden. Innenwände und Decken waren aus Holz und verbrettertem Gebälk gefertigt; die zu den Innenhöfen gerichteten, meist kleinen Fensteröffnungen wurden mit Läden oder Vorhängen geschlossen, denn verglaste Fenster gab es vor dem 1. Jahrhundert n. Chr. nicht.

Da erst um 80 v. Chr. die zentrale Warmluftheizung in Gebrauch kam, blieb man neben dem Herdfeuer der Küche auf bewegliche Holzkohlebecken angewiesen, die, wie jeder Italienreisende weiß, kaum zu mehr als zum Händewärmen ausreichen. Wasser erhielt man entweder aus der städtischen Wasserleitung oder aus einem Brunnen; das Abwasser einschließlich jenes der Aborte konnte über das städtische Kanalsystem abgeführt werden.

Von der gepflasterten Straße aus betrat man das Gebäude durch eine schmale Eingangshalle und gelangte zunächst in einen Innenhof, über dessen Mitte sich das mit Ziegeln gedeckte Dach erstmals öffnete. Regenwasser ließ sich in einem Becken auffangen; der Lichteinfall mußte genügen, die anschließenden, der Bewirtschaftung dienenden Räume zu beleuchten, was den häufigen Gebrauch der mit Öl gefüllten Dochtlampen aus Ton oder Bronze notwendig gemacht haben wird.

Ein Empfangsraum führte den Besucher zu einem weiteren Innenhof, unter dessen abermals geöffnetem, von Säulen getragenem Dachteil sich ein Ziergarten befand. Um ihn gelagert waren die Wohn- und Schlafräume, wiederum mit nach innen gerichteten Fensteröffnungen versehen.

Reichhaltigkeit und Kostbarkeit des Mobiliars entsprachen dem Wohlstand des Hausbesitzers, und mit Ausnahme des Schrankes war jedes Möbel, das wir heute kennen, in seinen Grundformen bereits vorhanden.

Das gesellige Leben in einem solchen Hause begann mit einem einfachen Frühstück, und ebenso einfach war das Mittagessen gehalten. Erst zur Hauptmahlzeit, zu der man sich am späten Nachmittag niederließ, wurde üppiger aufgetragen. Dies besagt nicht, daß die Römer jener Zeit ein gutes Essen verschmäht hätten. Im Gegenteil, mehr und mehr vertrauten sie sich den Künsten der vielen fremden Köche an, die als Sklaven oder Freigelassene ihr geschätztes Handwerk betrieben.

Es waren jedoch nicht allein die fremden Köche, ohne die die römische Gesellschaft um 100 v. Chr. nicht mehr denkbar war. Neben ihnen standen weitere Sklaven und Freigelassene aus allen Schichten der unterworfenen Völker. Von der einfachen Dienerin bis zum einflußreichen Sekretär überschwemmten sie die öffentlichen Einrichtungen und die privaten Haushalte. Ob auf der Behörde, ob im Zirkus, im Theater oder im Bad, ob auf dem Acker, im Bergwerk oder in der Fabrik, sie waren stets und überall gegenwärtig.

Eine Gesellschaft solcher Art ist heute nur noch schwer zu begreifen, und so hat sich denn die historische Forschung lebhaft mit der Sklaverei in der Antike beschäftigt. Welcher ihrer gescheiten Betrachtungen sich unser Temperament aber auch zuneigen mag, in der Antike selbst hat man sich zwar über die Behandlung der Sklaven sehr eingehend Gedanken gemacht, wollte man doch unnütze Revolten vermeiden, eines jedoch hat man nie ernsthaft in Erwägung gezogen: die Abschaffung der Sklaverei. Sie galt als notwendig, und wie die Herren so dachten auch die Sklaven. Wie leicht doch hätte das Kriegsglück oder das sich so wundersam drehende Rad der Wirtschaft die Situation für jeden einzelnen umkehren können.

Nicht anders wohl wird auch jener Freigelassene, Marcus Antonius Gnipho, empfunden haben, dem nach erfolgreichen Studien in Alexandria der Unterricht des etwa zehn Jahre alten Caesar in Latein und Griechisch anvertraut wurde. Gnipho muß um 25 Jahre alt gewesen sein, als er seine Aufgabe übernahm, und die Intelligenz seines Schülers bereitete ihm zweifellos Freude. Dessen ungewöhnlichen Aufstieg zur Macht hat er nicht mehr miterlebt; er starb im Jahre 64 v. Chr. als berühmter Lehrer der Grammatik und Rhetorik.

Verhalfen dem vornehmen jungen Römer zum Erlernen besonderer Fähigkeiten Männer, die wie Gnipho sehr wohl fremder Herkunft sein konnten, so blieb es nach wie vor Pflicht des Vaters, den Knaben mit den Aufgaben vertraut zu machen, die ihn als Haupt einer Familie und in den leitenden Stellungen der Verwaltung und des Heeres erwarteten. Doch erst 16 Jahre alt, verlor Caesar seinen Vater.

Leider besitzen wir keine Schilderung des zwar aus einem alten Geschlecht stammenden, aber nicht sehr begüterten Mannes; besser sind wir über das Aussehen seines, neben zwei Töchtern, einzigen Sohnes unterrichtet.

Caesar war mittelgroß und hatte schlanke Gliedmaßen. Seine Haut war weiß, und aus seinem in der Jugend ein wenig zu vollen Gesicht blickten lebhafte schwarze Augen. Offenbar wies sein Haupthaar schon frühzeitig Lücken auf, was ihn so sehr störte, daß er es vom Scheitel nach vorne bürstete. Auf sein Äußeres scheint er überhaupt größten Wert gelegt zu haben. Sorgfältig ließ er sich Bart- und Körperhaare entfernen, und mit Entrüstung wird vermerkt, daß er an seine Tunika lange, mit Fransen bestickte Ärmel annähen ließ. Selbst den Leibriemen, mit dem das praktische, hemdartige Kleidungsstück gemeinhin so festgegürtet wurde, daß es oberhalb der Hüften wie eine Bluse fiel, trug er stets locker und hat vermutlich auch die Toga besonders elegant umgelegt.

In dies halbrund oder ellipsenförmig geschnittene Tuch ließen sich Kopf und Körper einhüllen, und ein so Gekleideter hat zweifellos sehr würdevoll ausgesehen. Unpraktisch war die Toga aber allemal, weshalb man auf Reisen Mäntel verschiedenen Zuschnitts bevorzugte. Als Unterwäsche diente ein Lendenschurz, in den kalten Jahreszeiten eine zweite Tunika. Hosen und Strümpfe wurden nicht getragen, die bloßen Füße schützten Sandalen, deren Lederwerk dem Stande ihres Trägers entsprechend geschmückt war.

Zu der geschniegelten äußeren Erscheinung Caesars paßt das

Bild eines vergnügungssüchtigen jungen Herrn, der Schulden auf Schulden häufte, und wenn ihn, wie Sueton behauptet, einer seiner politischen Gegner als »aller Frauen Mann und aller Männer Frau«[2] bezeichnete, scheint daran einiges wahr gewesen zu sein.

Trotz alledem darf man sich weder Caesar noch die Gesellschaft, in der er heranwuchs, morbide oder dekadent vorstellen. Die Leute, die uns diesen Eindruck vermitteln, sind Gelehrte wie Sueton, in deren stille Welt diese kraftstrotzenden Naturen nicht so recht passen wollen.

»Den gelehrten Herren, wie der einer ist, genügt ja ein Stücklein Land, wo sie den Kopf etwas auslüften, die Augen erfrischen, ihrem Besitz entlang schlendern, immer auf dem gleichen Weg spazierengehen können, und wo sie all ihre Rebstöckchen kennen und ihre Bäume zählen.«[3] So wird Sueton von seinem Gönner, Gaius Publius Plinius (62 – etwa 114 n. Chr.), geschildert.

So also war auch Caesar alles andere als ein verzärtelter Jüngling. Wie jeder junge Römer aus den großen Geschlechtern unterzog er sich zudem ständigen militärischen Übungen, denn außerordentliche Härte wurde von Führern wie Geführten in jener Institution gefordert, mit deren Hilfe sich Rom den Mittelmeerraum unterworfen hatte, dem römischen Heer. Wir wollen hier nicht auf dessen lange und glorreiche Geschichte eingehen, sondern es so darstellen, wie es sich Caesar bot.

Abgesehen von Zeiten nationalen Notstandes, in dem die Regierung auf die gesetzlich stets aufrechterhaltene Wehrpflicht zurückgreifen konnte, haben wir es mit einem Söldnerheer zu tun. Angeworben wurde der Soldat im Kriegsfalle und mit dem Versprechen, nebst dem laufenden Sold bei seinem Ausscheiden ein Stück Land zu erhalten. War er kräftig genug und obendrein römischer Bürger – und letzteres waren zu Caesars Zeit schon die meisten Bewohner Italiens –, konnte er in die Kerntruppe des Heeres, die Legionen, aufgenommen werden.

Geführt von einem Legaten, bestand die Legion, außer Stab und Troß, aus höchstens 6000 Fußsoldaten. Sie waren aufgeteilt auf zehn Kohorten, deren Befehlshaber – Tribunen – aus dem Stab nach Bedarf abgestellt wurden. Kleinste Einheiten bildeten die Centurien zu je 100 Mann, deren Vorgesetzte, die Centurionen, als das Rückgrat der Armee galten.

Legaten und Tribunen gehörten den oberen Schichten der Gesellschaft an, und da der Dienst im Heer einer politischen Laufbahn nützlich werden konnte, waren sie zumeist bereit, auch ohne regelmäßigen Sold in den Krieg zu ziehen. Berufsoffiziere in unserem Sinne waren diese Leute nicht, selbst wenn so mancher von ihnen das Leben des Soldaten auf viele Jahre hinaus dem des Zivilisten vorgezogen hat.

Die Centurionen, wie alle übrigen Mannschaftsdienstgrade, rekrutierten sich aus den unteren Schichten. Armut oder Abenteuerlust hatten sie zu Söldnern werden lassen, und ihr Sinn richtete sich vornehmlich auf das Beutemachen oder die Beförderung. Die Legion war ihre Heimat, ihre Kameradschaft wuchs aus den gemeinsam bestandenen Gefahren, und ihre Anhänglichkeit galt dem Feldherrn, nicht aber Rom. Sie sollte Caesar in ganz besonderem Maße zuteil werden. Zunächst jedoch bestimmten andere Ereignisse dessen Leben.

Wie heute, so prägten auch in der Antike die großen landschaftlichen Unterschiede zwischen dem Norden, der Mitte und dem Süden des Landes das Gesicht Italiens. Trotzdem bildeten – sehen wir von der Küstenbevölkerung ab – die Rinderzucht, der Getreideanbau und der Anbau der Oliven und des Weines die Lebensgrundlagen aller seiner Bewohner.

Es nimmt deshalb nicht wunder, daß auch Roms Bürger die Ordnungen ihres Gemeinwesens auf ein Ziel ausrichteten: den Erwerb und Besitz von Weide- und Ackerland. Sie mußten zu anderen Ordnungen finden, wenn nicht mehr nur der Landbesitz als erstrebenswert galt.

Gegen Ende des 2. Jahrhunderts v. Chr. war dieser Zustand

erreicht, bot sich doch allzu vielen die Möglichkeit, in den eroberten Provinzen auf andere Weise reich zu werden. So wird von nun an zur Voraussetzung auch politischer Macht das Geld. Es wurde ebenso rücksichtslos erworben wie gebraucht, und war dem einen oder anderen einflußreichen Mann die Führung eines Heeres anvertraut, scheute er nicht davor zurück, die Soldaten zu bestechen, um seine Interessen auch gegen die eigenen Landsleute durchzusetzen.

Caesar hatte das zwölfte Lebensjahr erreicht, als zum erstenmal in der Geschichte Roms einer seiner Feldherren auf die Hauptstadt marschierte und sie kurzerhand besetzte. Aber als Sulla, »der Glückliche«, wie der Verwegene sich nannte, im Jahre darauf nach Osten aufbrach, um die Grenzen der kleinasiatischen Provinzen zu schützen, gewannen seine politischen Widersacher nach und nach die Oberhand. Sie wurden von Caesars Schwiegervater angeführt, und voll Entsetzen wird der inzwischen Sechzehnjährige und soeben Verheiratete miterlebt haben, welch greuliches Blutbad dessen Gefolgsleute unter ihren Gegnern anrichteten. Es war vorauszusehen, daß der im Jahre 83 v. Chr. siegreich heimkehrende Heerführer solches nicht ungerächt lassen würde. Caesar floh, wurde aufgegriffen, aber bald danach begnadigt.

Doch der Boden Roms war ihm zu heiß geworden. So trat er im Jahre 80 v. Chr. in die Armee ein, und schon beim ersten Sturmangriff erwarb er sich die Bürgerkrone. Sie wurde für die Rettung eines Kameraden aus Lebensgefahr verliehen und galt als hohe Auszeichnung. Auch in einem 78 v. Chr. beginnenden Krieg gegen die Seeräuber zeichnete er sich aus, dann, ein Jahr danach, kehrte er nach Rom zurück.

Bald galt er dort als einer der besten Anwälte und als großes rednerisches Talent. Offenbar aber hat ihm dieser Ruf nicht genügt, denn im Jahre 75 v. Chr. vollendete er seine Ausbildung als Redner auf Rhodos. Zwei kurze kriegerische Abenteuer zur See und in Kleinasien standen am Anfang dieses und des folgenden Jahres, und nach einem weiteren Flottenkommando wandte er sich wieder nach Rom.

In der geschilderten Zeit lernen wir Caesar nochmals näher kennen: Wie die meisten Gebildeten spottete er über die alten Götter, an die zu glauben er dem Volke überließ, war seinerseits aber keineswegs frei von Aberglauben. Er war lebenslustig und abenteuerhungrig, doch ehrgeizig und, wo notwendig, von eisernem Fleiß. Er war ein glänzender Redner und mit allen Wassern gewaschener Politiker, dazuhin ein verwegener, den persönlichen Einsatz nicht scheuender Soldat.

Als er im Jahre 73 v. Chr. in die Hauptstadt zurückkehrte, erließen dort »Senat und Volk von Rom« wie eh und je die Gesetze, nach denen die Stadt und die Provinzen regiert werden sollten. In Wirklichkeit lag die Macht ausschließlich beim Senat, einer Versammlung von Männern, die, von wenigen Ausnahmen abgesehen, den alten, reichen Sippen angehörten. Der Senat allein auch ernannte die höheren Beamten, darunter die beiden Konsuln. Gemeinsam und für ein Jahr regierten sie die Stadt. Ihnen oblag zugleich die Befehlsgewalt über das Heer, soweit die Truppen nicht unmittelbar den Statthaltern unterstellt waren, die für eine jeweils festgesetzte Zeit die Provinzen verwalteten.

Während der nun folgenden 14 Jahre verstand es Caesar, nicht zuletzt dank reichlich geliehenen Geldes, so viel politischen Einfluß zu gewinnen, daß er für das Jahr 59 v. Chr. zum Konsul gewählt wurde. Mit Hilfe seiner Freunde ließ er sich bereits während seines Konsulats die Verwaltung der gallischen Provinz diesseits der Alpen übertragen und setzte durch, daß ihm als Statthalter für das folgende Jahr auch die gallische Provinz jenseits der Alpen zugesprochen wurde.

Es war mehr als 300 Jahre her, seit die Gallier, oder wie sie sich selbst nannten, die Kelten, in Rom eingedrungen waren. Einige von ihnen hatten sich danach in Oberitalien niedergelassen. Ihre Freiheit allerdings hatten sie dort vergeblich zu wahren gesucht, und schon von Beginn des 2. Jahrhunderts v. Chr. an gehörten ihre Gemeinden zur römischen Provinz des »Gallien diesseits der Alpen« (Gallia cisalpina).

Nicht anders war es ihren Volksgenossen ergangen, die die Landschaften zwischen den Westalpen und den südlichen Pyrenäen bewohnten. Auch sie wurden während des 2. Jahrhunderts v. Chr. zu Untertanen einer römischen Provinz, des »Gallien jenseits der Alpen« (Gallia transalpina).

Die Römer der republikanischen Ära haben die ständige Ausweitung ihres Herrschaftsbereiches gerne mit ihrem Sicherheitsbedürfnis begründet. Dahinter jedoch verbarg sich nur allzuoft der harte Wille von Männern, die ausschließlich auf ihren eigenen Vorteil bedacht waren, und geradezu beispielhaft erfahren wir dies an Caesar.

Auch Caesar hat die Eroberung des noch freien Gallien mit dem Sicherheitsbedürfnis Roms begründet, und er hat, um dies glaubhafter zu machen, sogar eigens Kommentare zu seinen Feldzügen verfaßt. Trotz seiner großen schriftstellerischen Begabung aber – von der man sich beim Lesen des später als »Gallischer Krieg« bezeichneten Werkes noch heute verführen lassen kann – haben schon seine Zeitgenossen recht deutlich gesehen, daß es ihm zunächst darum ging, sich der sagenhaften Reichtümer Galliens zu bemächtigen. Grund hierfür war ein riesiger, durch üppige Lebensweise und aufwendige Schmiergelder entstandener Schuldenberg, der seine politische Karriere unter sich zu begraben drohte.

Ein Anlaß, in das freie Gallien einzufallen, bot sich freilich immer. Dafür sorgten schon die Formen, in denen das politische Leben der Gallier – oder Kelten – verlief, haben diese doch niemals eine Nation gebildet. Auch nach dem Ende ihrer großen Wanderungen, die sie während des 4. und 3. Jahrhunderts v. Chr. von ihrer mitteleuropäischen Heimat aus durch ganz Europa und bis Kleinasien geführt hatten, stritten sich unter der Führung einer Schicht, die man als Nobilitat bezeichnen darf, stets mehrere Völker um die Vorherrschaft. So auch in dem von Galliern besiedelten Teil des heutigen Frankreichs.

Der uns durch den gewaltigen Umfang seines literarischen Werkes vertrauteste aller Römer, Marcus Tullius Cicero (106 bis 43 v. Chr.), stand im Briefwechsel mit vielen seiner berühmten Zeitgenossen. Zu diesen zählte auch der in Rhodos lebende griechische Gelehrte Poseidonios (135–51 v. Chr.). Poseidonios war Philosoph, darüber hinaus aber Historiker und Geograph und hatte auf seinen neugierigen Reisen Massilia, das heutige Marseille, besucht. Von dort aus war er um 95 v. Chr. zu den Grenzen des freien Gallien vorgedrungen, in der Absicht, die Herkunft der Kimbern und Teutonen zu ergründen, jener merkwürdigen Völker, deren gefährlichen Wanderzügen die Römer in zwei großen Schlachten der Jahre 102 und 101 v. Chr. ein Ende bereitet hatten.

Was Poseidonios hierüber und über das freie Gallien erzählte, mag schon Caesar beeindruckt haben, als er Rhodos besuchte. Näheres allerdings erfuhr nicht nur er, sondern auch der dem Senat angehörende Cicero, als gegen Ende des Jahres 61 v. Chr. ein vornehmer Gallier in Rom erschien und dort um Hilfe bat.

Diviciacus, wie der Mann sich nannte, war keineswegs ein Barbar. Seit vielen Jahrhunderten in ständiger Berührung mit der Welt des Mittelmeerraums, hatten die Menschen des freien Gallien dessen zivilisatorische und kulturelle Errungenschaften weithin übernommen, darunter das Markt- und Städtewesen, die Geldwirtschaft und manch Wissen um die Bereiche der Natur und des Übersinnlichen. So erinnerte sich denn auch Cicero, zu dessen Gastfreund Diviciacus wurde, noch Jahre später der hervorragenden naturwissenschaftlichen Kenntnisse und der prophetischen Gaben des ungewöhnlichen Mannes.

Wie Diviciacus sich die Gastfreundschaft Ciceros erwarb, gewann er später auch die Freundschaft und das Vertrauen Caesars. Soll man ihn dessentwegen einen Kollaborateur schelten? Vermutlich klüger als die meisten seiner Stammesgenossen, hat er wohl frühzeitig erkannt, daß es für das freie Gallien nur die Wahl zwischen einer Unterwerfung unter die Herrschaft Roms oder die seiner rechtsrheinischen Nachbarn gab. Er wählte das erstere und legte damit für das heutige Frankreich den tragenden Grund. Das um die Errichtung von Monumenten so eifrig bemühte Land hat allerdings nicht ihm, sondern dem Manne ein Denkmal gesetzt, der im vergeblichen Kampf um Galliens Freiheit unterlag, dem Arverner Vercingetorix.

Was Diviciacus berichtete, klang alarmierend: Das Volk der Haeduer, das zu den mit Rom befreundeten Völkern zählte und zu dessen führenden Häuptern Diviciacus gehörte, war, so schien es, in äußerste Bedrängnis geraten.

Dank der Freundschaft mit Rom waren Ansehen und Einfluß der Haeduer im freien Gallien ständig gewachsen. Dies sehr zum Leidwesen ihrer alten Rivalen, der Arverner und Sequaner, die westlich und ostwärts der Haeduer siedelten. Vor zehn Jahren hatten die beiden Völker deshalb damit begonnen, sich der Hilfe eines rechtsrheinischen Söldnerführers zu bedienen, und diese Hilfe hatte sich als äußerst wirksam erwiesen. Nach einer Reihe von Kriegen waren die Haeduer im Jahre 61 v. Chr. vernichtend geschlagen worden und hatten ihren Gegnern Geiseln stellen und Tribut entrichten müssen.

Aber wenn Diviciacus sich rasche Hilfe von seinem Rombesuch erhofft hatte, so sah er sich enttäuscht. Ja, er mußte erfahren, daß Caesar – 59 v. Chr. zum Konsul gewählt – den Senat veranlaßte, den gefährlichen Gehilfen der Arverner und Sequaner unter einer uns leider nicht bekannten Titulatur in das offizielle Verzeichnis der mit Rom befreundeten Könige einzutragen. Durch eine Gesandtschaft hatte dieser »König« in Rom Geschenke überreichen lassen.

Man geht sicher nicht fehl in der Annahme, daß Caesar mit der Würdigung des ihm unter dem Namen Ariovist bekannt gewordenen Mannes die Verhältnisse in Gallien so lange in der Schwebe zu halten wünschte, bis er als Statthalter beider Gallien dort selbst einzugreifen vermochte. Ein glücklicher Zufall wollte es, daß sich zu dem etwas fadenscheinigen Grund, den bedrängten Haeduern beizustehen und mit einigen Legionen in das freie Gallien einzumarschieren, bald ein weitaus besserer gesellte.

Es war im Frühjahr 58 v. Chr., und Caesar weilte noch in Rom, als die Helvetier, ein in der heutigen Schweiz und in Südwestdeutschland siedelndes keltisches Volk, beschlossen, ihre zu eng gewordene Heimat zu verlassen und darum nachsuchten, durch die römische Provinz in das freie Gallien ziehen zu dürfen. Daß ein römischer Statthalter den Zug von annähernd 300000 Menschen durch seine Provinz nicht würde zulassen können, war allen Zeitgenossen Caesars selbstverständlich. Dementsprechend wies dieser auch das Ansinnen der Helvetier zurück, reiste in acht Tagen von Rom nach Genava, dem heutigen Genf, und traf dort die notwendigen Sicherheitsvorkehrungen.

Aber die Helvetier, die ihr Unternehmen von langer Hand vorbereitet hatten, durchzogen anstelle der römischen Provinz kurzerhand das Land der Sequaner und das der Haeduer. Nun gab es zwar auch bei den Haeduern eine Menge Leute, die die Helvetier den Römern bei weitem vorzogen, doch unter dem Einfluß des heimgekehrten Diviciacus riefen ihre Führer die letzteren zu Hilfe.

Mit sechs Legionen und den dazugehörigen Hilfstruppen, insgesamt also an die 40000 Mann, folgte Caesar diesem Ruf. Nach einigen Vorgefechten und Märschen stellte er die Hauptmasse der Helvetier unweit Bibracte, dem Vorort der Haeduer auf dem heutigen Mont Beuvray nahe Autun und schlug sie entscheidend. Die Überlebenden zwang er, in ihre Heimat zurückzukehren.

Er war nun 42 Jahre alt und hatte seine erste Feldschlacht siegreich hinter sich. Vor ihm lag das freie Gallien mit all seinen Reichtümern, sollte er zögern, danach zu greifen?

Es war gewiß nicht das Flehen des Diviciacus und seiner Freunde, das Caesar bewog, sich nunmehr gegen Ariovist zu wenden, der mit seinen Leuten nicht nur die Haeduer bedrängte, sondern neuerdings auch seine einstigen Verbündeten, die Sequaner, dazu zwang, ihm Land abzutreten. Nein, der Mann beabsichtigte ganz offenkundig, ein Stück gallischen Bodens nach dem anderen an sich zu bringen – den Boden seines, Caesars Gallien!

Zweimal hintereinander sandte er Botschaften an Ariovist und forderte ihn auf, sich auf halbem Wege mit ihm zu treffen. Doch der ließ ihn wissen, wenn er etwas von ihm wünsche, möge er zu ihm kommen.

Vermutlich hat Caesar eine solche Antwort vorausgesehen, zumal er erfuhr, daß sein Gegner Verstärkungen erwartete. Rasch brach er deshalb vom Mont Beuvray auf, und als ihm nach drei Tagen gemeldet wurde, Ariovist sei mit seinem ganzen Heere unterwegs, um sich des Vorortes der Sequaner, Vesontio, des heutigen Besançon, zu bemächtigen, kam er ihm zuvor und legte eine Besatzung in die Stadt.

Aber während er einige Tage damit beschäftigt war, seinen Nachschub zu organisieren, erkundigten sich seine Männer bei den Sequanern und den Kaufleuten, die das römische Lager aufsuchten, nach ihren möglichen Gegnern. Was sie hierbei erfuhren, erfüllte sie offenbar mit solchem Entsetzen, daß Caesar Mühe hatte, sie zum Weitermarschieren zu bewegen. Und wieder war es Diviciacus, der einen über freies Gelände führenden Weg erkundete, auf dem die sechs Legionen in einem siebentägigen, ununterbrochenen Marsch über das heutige Vesoul und Belfort bis in die Gegend von Colmar gelangten.

»Caesar führte die Waffen mit großem Geschick, war ein ausgezeichneter Reiter und erstaunlich ausdauernd. Bei Märschen zog er manchmal zu Pferd, öfter zu Fuß voran, barhaupt bei Sonnenschein oder Regen.«[4] So berichtet uns Sueton, und später, als Caesar sich durch Märsche und Schlachten ganz

Gallien unterworfen hatte und in Rom triumphierte, sangen seine Legionäre, die ihn abgöttisch liebten und es ihm gerne in allem gleichgetan hätten:

»Städter, sperrt die Frauen ein!
Den kahlen Bulen bringen wir.
Geld verhurtest du in Gallien,
das du einstens hier gepumpt.«[5]

Noch also ist Caesar nicht jener »Kolossus« Shakespeares, der, der Erde nahezu entrückt, die Historiker und Dramatiker aller Zeiten in seinen Bann geschlagen hat. – Vorne an der Spitze irgendeiner Legion marschiert der seinen Gläubigern und dem Intrigenspiel Roms glücklich entronnene abenteuerlustige und beutehungrige Soldat.

Bis auf 40 Kilometer sind sie an ihren Gegner heran, als dieser eine Unterredung vorschlägt. Der Mann schien, wie Caesar in seinen Kommentaren vermerkt, zur Vernunft zu kommen, und er fährt fort:

»Es war eine weite Ebene, in der sich ein beachtlicher Hügel erhob, von beiden Lagern ungefähr gleich weit entfernt. Hier fand man sich, wie verabredet, zur Unterredung ein. Caesar ließ eine beritten gemachte Legion zweihundert Schritt von diesem Hügel entfernt haltmachen, und in derselben Entfernung stellten sich die Reiter Ariovists auf. Ariovist verlangte, die Unterredung solle zu Pferde stattfinden und jeder solle zehn Begleiter mitbringen.«[6]

Wer war dieser Mann, an den Casear, »als man endlich zusammengekommen war«, über seinen gallischen Dolmetscher das Wort richtete? Caesar nennt ihn einen König der Germanen.

»Nun muß ich von den Sweben sprechen. Sie bilden nicht ein einheitliches Volk ... (sondern sind) in eigene Völker geschieden, die ihre besonderen Namen haben, wenn sie auch alle unter der Bezeichnung Sweben zusammengefaßt werden.«[7]

Entstehung des Swebenbundes – Das Land – Siedlung – Wirtschaftsweise – Bewaffnung – Tracht – Herkunft des Ariovist – Ariovist in Gallien – Ariovist und Caesar – Sweben rechts des Rheins

Zu der Zeit, zu der Caesar und Ariovist sich begegneten, bezeichneten die Gallier die Völker, die im heutigen Nordostfrankreich und am linken Ufer des Niederrheins saßen, als »Germanen«, und offenbar haben diese sich auch selbst so genannt. Als erster hat dann Caesar den Germanennamen auf alle Völker übertragen, die rechts des Rheins siedelten, und die römischen Geschichtsschreiber und wir sind ihm hierhin gefolgt.

Aber die Menschen, die da ostwärts des Rheins wohnten, haben es den Römern und uns überlassen, sie Germanen zu nennen. Sie selbst riefen sich mit dem Namen des Volkes, dem sie angehörten, oder dem Namen des Bundes, an den sich ihr Volk angeschlossen hatte.

Was immer zur Entstehung eines solchen Völkerbundes beigetragen haben mag, Genaues werden wir darüber nie erfahren. Äußere Bedrohung, die gleichen kriegerischen Ziele wagemutiger Gefolgschaften, aber ebenso können gemeinsame Herkunft oder dieselben religiösen Vorstellungen die Ursache dafür gewesen sein.

Soweit sich dies aus der 150 Jahre jüngeren römischen Literatur ersehen läßt, waren es wohl insbesondere Erinnerungen an eine gemeinsame Herkunft und derselbe Glaube, die mehrere Völker zum Bunde der Sweben vereinten.

»Als die ältesten und angesehensten unter den Sweben bezeichnen sich (dabei) die Semnonen. Der Glaube an ihr hohes Alter wird bestätigt durch religiöse Bräuche. Zu einer bestimmten Zeit kommen alle blutsverwandten Völker, vertreten durch Gesandtschaften, in einem Walde zusammen, der durch Vorzeichen, welche die Väter beobachteten, und durch Schauder aus uralter Zeit heilig ist. Dort leiten sie mit einem von Staats wegen dargebrachten Menschenopfer die Feier ihres grauenhaften, barbarischen Festes ein.

Dem Hain wird auch sonst Verehrung gezollt: Nur in Fesseln betritt man ihn, im Gefühl der Untertänigkeit und um die Macht der Gottheit zu bekunden. Wenn zufällig jemand hinfällt, darf er nicht aufgehoben werden oder selbst aufstehen. Am Boden wälzt er sich hinaus. Dieser ganze Glaube geht auf die Vorstellung zurück, daß gleichsam dort der Ursprung des Volkes sei, dort der allherrschende Gott, daß alles andere ihm untertan und gehorsam sei.«[8]

So weit der römische Beamte und Historiker Publius Cornelius Tacitus (etwa 55–120 n. Chr.), der sich ergänzend zitieren läßt:

»Ein Teil der Sweben opfert auch der Isis. Veranlassung und Ursprung des fremden Kultes habe ich nicht hinreichend erfahren können. Nur zeigt ein Bild, das wie ein Liburnerkahn aussieht, daß die Verehrung von auswärts gekommen ist.

Im übrigen entspricht es nicht ihrer Anschauung von der Größe der Himmlischen, die Götter in Wände einzuschließen oder sie irgendwie menschenähnlich nachzubilden. Sie weihen Haine und Wälder und benennen mit den Götternamen jenes Geheimnisvolle, das man nur in frommer Andacht schaut.«[9]

Doch dieses »Bild« eines Bootes weist nicht auf fremde

Glaubensvorstellungen hin, denn schon während der Bronzezeit (etwa 1800–1000 v. Chr.) gehörten Schiffssymbole zum Kult europäischer Völker.

Auch die fehlenden Götterbilder haben sich mittlerweile eingestellt. Es sind äußerst einfache, zum Teil lebensgroße Holzfiguren, die bei Ausgrabungen zutage kamen. Einige von ihnen gehören bereits dem 1. Jahrhundert v. Chr. an und widerlegen somit auch Caesar, der feststellt: »Sie (die Germanen) glauben nur an solche Götter, die sie mit Augen sehen und deren segensreiche Wirklichkeit sie handgreiflich erfahren; wie an die Sonne, das Feuer und den Mond; die übrigen kennen sie nicht einmal vom Hörensagen.«[10]

Deutlich spiegeln die hier zitierten Abschnitte aus Caesars Kommentaren und des Tacitus »Urgeschichte und Beschreibung Germaniens« die unterschiedlichen Absichten der beiden Römer wider. Caesar möchte die Germanen möglichst als unzugängliche Wilde und damit besonders gefährlich erscheinen lassen, hat er doch deswegen Krieg mit ihnen geführt. Für Tacitus hingegen sind sie noch Naturkinder, die er seinen, wie er meint, dekadenten und verdorbenen Zeitgenossen mit erhobenem Zeigefinger vorstellt.

Die Archäologie hat uns gelehrt, in den Menschen, die Mitteleuropa während der Jahrhunderte um Christi Geburt bewohnten, weder grimmige Wilde noch harmlose Naturkinder zu sehen, und um das zu den Berichten des Tacitus Gesagte zu vervollständigen: Die Aufdeckung großer Opferplätze hat bestätigt, daß im germanischen Raum neben Sachgütern, also Tongefäßen, Schmuck, Waffen und sonstigem Gerät, häufig Tiere, gelegentlich aber auch Menschen geopfert wurden. Aus welchem Anlaß dies geschah, erfahren wir freilich nicht.

Als hilfreich erwiesen hat sich die Arbeit der Archäologen auch bei der Beantwortung der Frage nach den frühesten Sitzen des »ältesten und vornehmsten« aller swebischen Völker, der Semnonen.

Sowohl im Osten wie im Westen Deutschlands sind zahlreiche Friedhöfe freigelegt worden, auf denen die Menschen in den beiden Jahrhunderten um Christi Geburt die Asche ihrer Toten beisetzten. Das Sachgut nun, das den Verstorbenen ins Grab gegeben wurde, erlaubt unter besonderen Umständen Rückschlüsse auf die Zugehörigkeit seiner einstigen Besitzer zu namentlich bekanntgewordenen Völkern.

Dies trifft auch für eine Gruppe von Sachgütern zu, die aus großen Urnenfriedhöfen an der mittleren Elbe und der Havel geborgen wurde. Vergleichen wir nämlich die räumliche Ausbreitung wie die Dauer des Bestehens dieser Gruppe mit den Berichten eines römischen Offiziers (Gaius Velleius Paterculus S. 65) über die Sitze germanischer Völker, so zeigt sich: Das Land an der mittleren Elbe und der Havel war vom 1. Jahrhundert v. Chr. an die Heimat der Semnonen.

Offen bleibt allerdings, wann sich der Bund der Sweben um die Semnonen formierte. Vieles spricht jedoch dafür, daß dies spätestens ab Anfang des 1. Jahrhunderts v. Chr. der Fall war und daß die Völker, die uns aus dem 1. Jahrhundert n. Chr. genannt werden, auch damals schon zum Swebenbund gehörten, nämlich Semnonen, Hermunduren, Markomannen und Quaden. Die Herkunft dieser Völker bleibt freilich ebenso dunkel wie die Herkunft der Germanen überhaupt, die aufzuhellen Archäologie und Sprachwissenschaft nach wie vor bestrebt sind.

Amüsant aber sind die Aussagen des Tacitus zu diesem Thema, die wir seiner Beschreibung Germaniens entnehmen:

> »Die Germanen selber möchte ich für Ureinwohner halten und keineswegs für Mischlinge infolge von Zuwanderung und gastlicher Aufnahme fremder Stämme. Denn ... wer hätte ... nach Germanien ziehen sollen, nach dem ungestalten Land mit seinem rauhen Klima, traurig zum Leben und Anschauen für jeden, dem es nicht Vaterland ist!«[11]

Und unser Gewährsmann unterstreicht dies an anderer Stelle:

»Das Land zeigt zwar im einzelnen beträchtliche Unterschiede, im ganzen aber ist es mit schaurigen Wäldern und widerwärtigen Sümpfen bedeckt.«[12]

Nun gehörten solch wenig erfreuliche Feststellungen über das Land, in dem die Germanen »hausten«, zwar zu den Klischees römischer Schriftsteller, doch die Ergebnisse der Untersuchungen, die Naturwissenschaftler und Archäologen gemeinsam durchführten, scheinen entgegen früherer Meinung die Nachrichten des Tacitus zu bestätigen.

Versuchen wir, uns dies Land aus der Vogelschau vorzustellen, so breitet sich unter uns von Horizont zu Horizont dichter Mischwald. Sein Grün bedeckt die Ebenen und Mittelgebirge, und nur in der laubarmen Zeit treten die versumpften Talauen und Moore deutlicher hervor. Inseln gleich liegen in diesem endlos scheinenden Meere aus Wipfeln und Geäst kleinere oder größere Flächen besiedelten Landes. Aber auch diese sind nicht völlig waldfrei; lichte Waldstriche trennen die Dörfer oder Gehöfte der Siedler, und außer den Flüssen gibt es zwischen ihnen keine dauerhaften Verbindungen. Selbst ausgetretene Pfade oder Schneisen werden zunächst durch ein Teilziehen größerer Herden, etwa des Wisents, des Auerochsen oder des Wildpferdes, entstanden sein.

Hüten wir uns also, in der noch so unberührten Natur ein Paradies zu sehen! Aus einer üppigen Vegetation erheben sich mit Beginn der warmen Jahreszeit Myriaden von Insekten, die Mensch und Tier gleichermaßen peinigen; hinter dem heiteren Gaukeln der Schmetterlinge verbirgt sich das gefräßige Heer der Raupen; Elch, Hirsch, Reh und Wildschwein durchbrechen die Zäune, die die Felder schützen sollen; riesige Vogelschwärme lassen sich zwischen den Halmen nieder, und unzählige Nager bedrohen die eingebrachte Ernte.

Ging er nicht zur Jagd, um Fleisch zu erbeuten oder das kostbare Pelzwerk zu gewinnen, das Bär, Wolf, Luchs und Wildkatze, aber auch Biber und Otter lieferten, so mied der

Mensch den Wald, denn was wurde aus dem, der verletzt oder krank aus ihm zurückkehrte?

Man hat festgestellt, daß die Erwachsenen zu jener Zeit im Durchschnitt nicht älter als Mitte Dreißig wurden und die Kindersterblichkeit vermutlich hoch war. Krankheiten waren nicht weniger verbreitet als heute, und so ist denn die Bevölkerungsdichte mit der heutigen nicht zu vergleichen. Genaue Zahlen kennen wir allerdings nicht, auch nicht für die Einwohnerzahlen der einzelnden Dörfer und Gehöfte. Sie werden für größere Dörfer auf 300 bis 500, für Gehöfte auf 20 bis 50 Menschen geschätzt.

Wie Dörfer und Gehöfte um 100 v. Chr. im Elbe-Havel-Raum ausgesehen haben mögen, läßt sich trotz umfangreicher Ausgrabungen bislang nur annähernd erkennen. Die Wohnhäuser waren ebenerdige Pfostenbauten mit Wänden aus Flechtwerk und Lehm und einem vermutlich mit Riedgras gedeckten Giebeldach. Für gewöhnlich fünf bis sieben Meter lang und drei bis vier Meter breit, erreichten nur die größten unter ihnen Maße von neun bis zehn Meter Länge und sechs Meter Breite; nur diese auch waren in zwei bis drei Räume unterteilt und hatten laubenartige Vorbauten.

Aber selbst wenn wir uns den Innenraum eines solch größeren Hauses so üppig wie möglich ausgestattet vorstellen: Neben der Feuerstelle sowie Schlaf- und Sitzgelegenheiten und einigen Tischen war darin für anderes Mobiliar kaum Platz. Mögen auch Felle die Wände und teilweise sogar den Boden bedeckt haben, erinnern wir uns an die Beschreibung des römischen Stadthauses dieser Zeit, so wird deutlich, wie sehr sich das Haus eines wohlhabenden Semnonen von dem eines nur mäßig begüterten Römers unterschied.

Zu den ebenerdigen Wohnbauten eines semnonischen Gehöftes gehörten Grubenhäuser. Vier bis sechs Meter lang und drei bis vier Meter breit waren sie bis zu 40 Zentimeter in den Boden eingetieft. Es handelt sich bei diesen Anlagen offensichtlich um

Wirtschaftsgebäude, kamen in ihrer Nähe doch Backöfen und Brennöfen, letztere für Tongefäße, zum Vorschein.

Ob die Grubenhäuser auch als Stallungen Verwendung fanden, ist bislang nicht bekanntgeworden, denn über die Art der Viehhaltung bei den Semnonen erfahren wir nichts. Aber wir wissen, daß neben dem wichtigsten Haustier, einem kleinwüchsigen Rind, Schafe, die unserer Heidschnucke glichen, Ziegen und schmale, hochbeinige Schweine gehalten wurden. Dem Krieger und Jäger dienten außerdem Pferd und Hund, im Geflügelhof der Hausfrau ist bislang nur die Gans nachgewiesen.

Angebaut wurden Gerste, Hirse, Roggen und Weizen, daneben Hafer und Flachs; über den Anbau von Obst sind wir aus dieser Zeit nicht unterrichtet. Als Ackergerät wurde ein von Rindern gezogener hölzerner Hackenpflug gebraucht, und im Verlaufe des letzten Jahrhunderts v. Chr. scheint ein schollenwendender Pflug, gelegentlich schon mit eiserner Pflugschar, aufgekommen zu sein.

Als Erntegerät auf den von Unkräutern reichlich durchsetzten Feldern wurden Sicheln und Sensen verwendet; die Art des Dreschens ist unbekannt. Zur Bevorratung hat man die Körner geröstet und sie in Speichern oder großen Tongefäßen aufbewahrt.

Äußerst mühsam blieb noch immer das Zerkleinern der Körner. Wie mehr als 2000 Jahre zuvor wurden dazu ein steinerner, sattelförmiger Mahltrog und ein Mahlstein gebraucht. Die aus den gemahlenen Körnern zubereiteten Gerichte können wohl nur ein Brei oder ein fladenförmiges Brot gewesen sein. Doch wenn Caesar in seinen Kommentaren von den Sweben schreibt: »Sie leben auch nicht so sehr von Getreide als größtenteils von der Milch und dem Fleisch der Herden und sind außerdem eifrige Jäger«[13], so hat er damit nur teilweise recht, denn die bisher vorliegenden Ausgrabungsergebnisse zeigen deutlich, daß Wildbret offenbar nur ab und zu verspeist wurde. Ob der Fischfang eine größere Rolle gespielt hat als die Jagd, läßt sich nicht feststellen, da die spärlichen Überbleibsel eines Fischgerichts, Gräten und Schuppen also, sich im Boden meist nicht erhalten haben.

Die Bewohner eines einzelnen Gehöftes waren hinsichtlich der Erzeugung ihrer Nahrung selbständig. Auch bei der Herstellung ihrer Kleidung und der ihrer Gerätschaften aus Bein, Holz oder Ton waren sie nicht auf fremde Hilfe angewiesen. Doch es gab Produkte, die sich nur von größeren Gemeinschaften fertigen ließen. Zu ihnen gehörten solche aus Eisen.

Als Raseneisenerz gesammelt und gereinigt, wurde Eisen von ein und denselben Leuten erschmolzen und geformt. Man darf sich eine derartige Produktionsstätte demnach nicht wie eine römische Fabrik vorstellen, in der zahlreiche Sklaven in den verschiedensten Fertigungsgängen das bergmännisch gewonnene Erz weiterverarbeiteten. Da gab es lediglich einen sanft ansteigenden Hang, der für einige offene Brennöfen die Windzufuhr gewährleistete, und nicht weit von den etwa ein Meter hohen und im Durchmesser zwei Meter großen Öfen entfernt standen die einfachen Hütten der Schmelzer und Schmiede.

Es waren zweifellos Männer, die neben den Gegenständen aus Eisen auch solche aus Kupfer und Bronze fertigten und wohl ebenso alle Holzarbeiten ausführten. In den Händen von Frauen lag dagegen die Herstellung der Textilien aus Wolle und Flachs sowie die der Tongefäße, soweit sie handgemacht waren.

Anders verhielt es sich mit der Tonware, die auf der Drehscheibe hergestellt wurde. Sie wurde von handwerklich geschulten Töpfern gefertigt, und diese fortgeschrittene Technik wie die Formen der Gefäße stammen aus einem Raum, aus dem die Semnonen zahlreiche Anregungen erhielten; er umschließt das von Kelten besiedelte Süddeutschland sowie Böhmen und Mähren.

Zwischen diesem Raum und dem Elbe-Havel-Gebiet haben im 1. Jahrhundert v. Chr. überaus enge Beziehungen bestanden.

So entsprachen Trachtenteile, Schmuckstücke und Waffen der Semnonen weitgehend jenen der Kelten.

Die Bewaffnung eines semnonischen Kriegers blieb damit freilich spärlich. Vor allem sind Helme und Panzer nur ganz selten getragen worden. Auch ein Schwert besaß nicht jeder Mann. Die üblichen Angriffswaffen waren vielmehr eine wuchtige Stoßlanze und leichte Wurfspieße. Dem Schutze diente ein ovaler oder eckiger Holzschild, der mit Leder bespannt war und dessen Mitte durch einen eisernen Schildbuckel verstärkt wurde. An die Größe des römischen Legionarschildes reichte die des semnonischen nicht heran.

Was die Tracht angeht, so trugen die Männer Kniehosen oder lange Hosen, darüber einen allenfalls bis zum Knie reichenden gegürteten Leibrock. Die Frauen kleideten sich in lange Röcke und Blusen sowie lange, von einem Gürtel gefaßte Gewänder. Deckenartige Umhänge wurden von beiden Geschlechtern als Mäntel gebraucht, die Fußbekleidung bestand aus ledernen Bundschuhen.

Aber nicht allein die überlegene Technik und das hervorragende Kunsthandwerk der Kelten reizten zur Nachahmung. Vor allem der Lebensstil der keltischen Nobilität wurde für die swebischen Völker zum erstrebenswerten Vorbild.

Gab es da nicht die Berichte von Kaufleuten und fahrenden Sängern, gab es nicht Erzählungen swebischer Krieger, die aus keltischem Dienst zurückkehrten? Gewiß, nichts davon ist uns überliefert, und doch hören wir diese Leute immer wieder sagen: Schart euch um einen entschlossenen Führer und erstreitet euch neues Land; im Süden oder Westen, ihr werdet Herren darin sein, und den Helden unter euch wird es so wohl ergehen wie diesen keltischen Vornehmen, die ihr so sehr bewundert und deren Vorfahren einst auszogen, die Welt zu erobern.

So werden wir auch das Handeln des Mannes von solchen Träumen bestimmt sehen wollen, der uns als erster König swebischen Geblüts entgegenritt: Ariovist.

Sein Name läßt sich keinem bestimmten Sprachbereich zuordnen. Unbekannt ist auch, welchem Volk des Swebenbundes er angehörte, und wann und wo er geboren wurde. Seine Lebensdaten lassen nur vermuten, daß er kurz vor 100 v. Chr. zur Welt kam. Die Bemerkung Caesars, daß er eine Swebin von daheim als Frau mitbrachte, erlaubt keine nähere Bestimmung seines Geburtsorts.

Auch über sein Aussehen erfahren wir nichts, doch steht dies nicht zu erwarten. Von dürftigen Ausnahmen abgesehen, ist uns keine Schilderung und schon gar kein Porträt eines namentlich genannten Sweben oder Alamannen überliefert. Die zahlreichen Darstellungen von Germanen, die sich im Bereich der Antike finden, aber sind so stilisiert, daß sie allenfalls etwas über die Tracht aussagen. So etwa über den seltsamen Haarknoten, der über einer Schläfe gebunden das Merkmal swebischer Haartracht gewesen sein soll.

Wir konnten Caesars Lebensweg bis zu der Begegnung mit Ariovist auf dem Hügel in der Gegend von Colmar folgen. Ungleich schwieriger ist es, Ariovist zu begleiten. Vermutlich war es die Aufforderung der Arverner und Sequaner, die ihn zum Söldnerführer machte. Sie ermöglichte ihm, aus einer Gesellschaft auszubrechen, die aus freien, wohl nahezu gleichbegüterten Ackerbauern und Viehzüchtern bestand. Hinweise darauf, daß es zu Beginn des 1. Jahrhunderts v. Chr. bei den Sweben eine durch Reichtum oder Geburt hervorgehobene Schicht oder gar ein Königtum gegeben hat, fehlen bis heute.

Vielleicht waren es besondere Beziehungen zur keltischen Nobilität, vielleicht auch vorausgegangene kriegerische Erfolge, die gerade ihm den Ruf einbrachten, nach Gallien zu kommen. Anzunehmen ist, daß er größere Anzahlungen in keltischer Münze erhielt, die ihn instand setzten, aus den swebischen Völkern 15000 Mann anzuwerben.

Es muß im Jahre 72 v. Chr. gewesen sein, als er von einem uns nicht bekannten Ort aus mit seinen Leuten aufbrach. Deren

Bewaffnung haben wir bereits kennengelernt. Was ihre Disziplin und Ausbildung anbelangt, waren sie den Galliern sicherlich ebenbürtig, den Römern bei weitem unterlegen. Nur ihre Reiter erwiesen sich tüchtiger als die der Gallier und Römer. Sie ritten ausdauernde kleine Pferde, deren Widerristhöhe um 130 Zentimeter lag, und lehnten den Sattel ab. Im Gefecht wurde jeder von ihnen von einem Fußsoldaten begleitet, was für die Reiter des Gegners so gefährlich war, daß die der Gallier und Römer selbst dann wichen, wenn sie den swebischen an Zahl überlegen waren.

Wenn man annimmt, daß die meisten der angeworbenen Männer allenfalls um 25 Jahre alt waren, so kann es nicht eben leicht gewesen sein, diese Leute zusammenzuhalten und zu führen. Die ersten Schwierigkeiten werden sich deshalb schon auf dem Marsch nach Westen eingestellt haben, denn der Weg der 15000 hat zweifellos auch besiedeltes Gebiet berührt.

Man geht heute davon aus, daß zu Beginn des 1. Jahrhunderts v. Chr. die Völker, die zwischen Elbe und Rhein saßen, bereits unter den Einfluß des Swebenbundes geraten waren. Aber ob dies nun zutrifft oder nicht, der Heerhaufen des Ariovist war den Bewohnern der Landschaften, durch die er zog, gewiß nicht willkommen, und freiwillig werden die Bauern, deren Dörfer und Gehöfte der Zug berührte, weder ihr Fleisch noch ihr Korn herausgegeben haben. Daß die jungen Krieger neben dem weinähnlichen, aus Honig und Wasser hergestellten Met auch den aus Gallien stammenden Wein nicht verschmähten, dürfen wir annehmen, selbst oder gerade wenn Caesar sich zu der Behauptung versteigt, die Einführung von Wein sei bei den Sweben verboten gewesen.

Noch im Jahre 72 v. Chr. überschritten die Sweben den Rhein und rückten in das Sequanerland ein, zu jener Zeit von dessen Bevölkerung sicherlich freudig begrüßt, zumal sie es offenbar vorzogen, sich nicht in Dörfern und Städten einzuquartieren, sondern ein Heerlager aufzuschlagen. Dieses wird aus ledernen

Zelten bestanden haben, legt Caesar Ariovist doch die Worte in den Mund, seine Krieger hätten 14 Jahre lang kein Dach über dem Kopf gehabt.

Die Freude der Sequaner über ihre neuen Bundesgenossen hat wohl auch in den nächstfolgenden Jahren angehalten, denn Ariovist besiegte ihre Gegner, die Haeduer, in mehreren uns nicht näher überlieferten Treffen.

Aber noch immer war der Swebe nicht mehr als ein erfolgreicher Söldnerführer, der jederzeit nach Hause geschickt werden konnte, und in ihm muß der Wunsch aufgestiegen sein, sich zum Beherrscher des Landes zu machen, in dem es ihm und seinen Leuten so wohlgefiel. Doch die Sequaner waren in der Überzahl, und in den Schlachten, die er für sie schlug, verlor er jedesmal einen Teil seiner Krieger. Was lag näher, als Boten über den Rhein zu senden, die ihm die Menschen zuführen sollten, mit deren Hilfe sich die Sequaner Stück um Stück aus ihrem Lande drängen ließen?

Und sie kamen: Männer, Frauen und Kinder aus Völkern des fernen Jütland und dem Raum um den mittleren Rhein, dazuhin Teile des Volkes der Markomannen, von dem wir aus späteren Quellen erfahren, daß es zum Swebenbund gehörte.

Schließlich waren es an 100000 Menschen, die Ariovist unter seiner Führung vereinte, und er heischte und erhielt für ihre Ansiedlung ein Drittel des Sequanerlandes. Dann holte er zum entscheidenden Schlage aus. Bei Magetobriga, in der Nähe des heutigen Schlettstadt, schlug er im Jahre 61 v. Chr. die Haeduer so gründlich, daß von deren Nobilität nur wenige überlebten. Doch wir haben all dies schon von Diviciacus erfahren, der noch im selben Jahre nach Rom floh und dort um Hilfe bat.

Zur selben Zeit forderte der Swebe von den Sequanern abermals Land, denn aus dem Norden waren weitere 24000 zu ihm gestoßen. Sie brachten ihm einige merkwürdig aussehende Leute mit, und er sandte diese im Jahre 59 v. Chr. als Geschenk an den Statthalter des jenseitigen Galliens, der sich zu dieser Zeit gerade in Rom aufhielt, in dem Caesar sein Konsulat angetreten hatte.

In den römischen Berichten werden diese Unglücklichen »Inder« genannt. Derzeit möchte man in ihnen Eskimos sehen, die, auf welche Weise auch immer, in die Hände der Germanen gefallen waren. Der Statthalter freute sich, und Caesar hatte, wie wir bereits wissen, seine besonderen Gründe, den Sweben mit dem Titel eines Königs und Freund des römischen Volkes auszuzeichnen.

Ariovist war inzwischen wirklich zu einem König geworden, denn außer über seine aus der Heimat mitgebrachten swebischen Söldner gebot er nun über Teile mehrerer rechts des Rheines wohnender Völker. Für Caesar aber war er damit ein »König der Germanen«, der, nicht anders als er selbst, entschlossen war, sich Gallien zu unterwerfen, und dessen Ansehen mittlerweile so groß war, daß ihm sogar der König der keltischen Noricer, die im heutigen Österreich saßen, seine Tochter zur zweiten Frau gab.

Doch war der so Hochgestiegene auch der übermütig gewordene Mensch, der an seinen Geiseln alle Arten von Grausamkeiten verübte, wenn etwas nicht nach seinem Wink oder Willen geschah; war er so unkultiviert, wie Caesar ihn uns schildert? Caesar hat diese seine eigenen Äußerungen sichtlich nicht ernst genommen, als er sie den Kommentaren anvertraute, denn wo ihm dies nützlich erschien, machte er aus dem ungeschlachten Barbaren flugs einen Mann, der sich selbst noch in den Ränken der stadtrömischen Politik auskannte.

Bei der Annäherung des römischen Heeres im Jahre 58 v. Chr. rief Ariovist Frauen und Kinder aus Dörfern und Gehöften zusammen und brachte sie in seinem Lager unter. Wahrscheinlich gab er sich der Hoffnung hin, Caesar so lange ausweichen zu können, bis von ihm erwartete swebische Verstärkungen da waren, und wollte seine Leute vor dem Zugriff der Römer und erbosten Sequaner in Sicherheit wissen. Jedenfalls schleppte er, laut Caesars Bericht, von nun an 120000 Menschen mit sich. Von diesen waren allenfalls 25000 waffenfähig. Ariovist blieb somit Caesar, der bei sechs Legionen und den dazugehörigen Hilfstruppen über 40000 Mann verfügte, erheblich unterlegen.

Es war im September, dem Monat, in dem die Landschaft zwischen Vogesen und Rhein ihr liebenswürdigstes Gesicht zeigt, als Ariovist und Caesar sich auf ihren Pferden gegenübersaßen. Leider kennen wir den wirklichen Wortlaut der nun folgenden Unterredung nicht, denn was Caesar davon wiedergibt, ist eindeutig mit Blick auf das römische Publikum und seine eigenen politischen Absichten verfaßt. Deutlich wird nur, daß ihm an einer Verständigung mit seinem Widersacher nichts lag. Deshalb brach er die Unterredung ab, als, wie er behauptet, die Reiter Ariovists damit begannen, die Seinen mit Steinen und Speeren zu bewerfen.

Gerne würde man erfahren, wie die beiden Männer voneinander schieden, vor allem deshalb, weil Ariovist, der das Gallische offenbar fließend sprach und dem daran gelegen sein mußte, Zeit zu gewinnen, bis seine Verstärkungen eintrafen, sich auch unmittelbar an Caesars Dolmetscher gewandt haben wird, Gaius Valerius Procillus, einen tapferen, jungen Gallier aus der römischen Provinz.

So war es denn auch der Swebe, der schon zwei Tage danach Caesar auffordern ließ, das unterbrochene Gespräch entweder persönlich oder durch Bevollmächtigte fortzusetzen. Aber Caesar suchte die rasche Entscheidung und schickte nicht etwa einen seiner römischen Vertrauten, sondern nur Gaius Valerius Procillus und einen weiteren Gallier zu Ariovist. Der deutete dies richtig als Kampfansage, ließ beide in Ketten legen und verschob noch am selben Tage sein Lager an den Fuß eines Berges, womit er sich den Rücken deckte. Er stand nun neun Kilometer nördlich von Caesars Lager entfernt, was dafür spricht, daß sich die beiden Heere während der vorausgehenden Verhandlungen einander genähert hatten.

»Man bereise die Armeen sofort nach der Schlacht ... und befrage alle Soldaten, die höheren Vorgesetzten und die niederen Chargen, wie die Sache war; man wird hören, was diese Menschen gelitten und gesehen haben, und man wird von alledem einen erhabenen, komplizierten, bis zur Unendlichkeit verschiedenartigen und erschütternden, unklaren Eindruck gewinnen, und von niemandem, am allerwenigsten vom Höchstkommandierenden wird man erfahren, wie die ganze Sache war.«[14]

Leo N. Tolstoi schickt diese Feststellungen seinem Werk über »Krieg und Frieden« voraus, und sie haben ihre Gültigkeit bis heute nicht verloren. Zum Teil wenigstens erklären sie, warum sich im Bericht, den uns Caesar von den nun folgenden Ereignissen gegeben hat, so offenkundige Unstimmigkeiten finden, und dies, obwohl bei der Veröffentlichung seiner Kommentare, die spätestens im Jahre 51 v. Chr. erfolgte, noch die meisten der Leute gelebt haben müssen, die Zeugen des Geschehens waren. Vermutlich aber ist auch die Entscheidungsschlacht zwischen Römern und Sweben nicht so verlaufen, daß Caesar oder seine Truppenführer Wert auf eine genaue Darstellung legten.

So bleibt uns, wie so vielen anderen, nur übrig, zu versuchen, den wirklichen Verlauf der nun einsetzenden, mehrere Tage währenden Manöver und Kampfhandlungen zu rekonstruieren. Dabei müssen wir in Kauf nehmen, Irrtümer zu begehen, zumal es bislang nicht gelungen ist, den Ort des Schlachtfeldes näher zu bestimmen. Wir schließen uns jenen an, die ihn unweit des heutigen Rappoltsweiler suchen.

Ariovist also hatte sein neues Lager bezogen. Aber in der darauffolgenden Nacht beschloß er, es wiederum zu verlegen. Sein Ziel war, Caesar die Zufuhr abzuschneiden. Man darf somit in dem Sweben weit mehr als einen unüberlegten Haudegen sehen, zumal er, wie selbst Caesar meint, auch schon die Schlacht bei Magetobriga »mehr durch Schlauheit als durch Tapferkeit«[15] gewonnen hatte.

Am römischen Lager vorbeiziehend, schlug er nur knapp drei Kilometer südlich von diesem sein neues Lager auf. Dabei hat er den für die Verlegung notwendigen Marsch sehr geschickt gedeckt durchgeführt, denn man kann sich kaum vorstellen, daß Caesar die günstige Gelegenheit ausgelassen hätte, ihm während des Marsches in die Flanke zu fallen.

Caesar war daran gelegen, seinen Gegner zu binden, und so führte er in den folgenden fünf Tagen seine Truppen in Schlachtordnung vor Ariovists Lager; es anzugreifen wagte er nicht.

Leider können wir uns keinerlei Vorstellung vom Aussehen dieses Lagers machen, das 120000 Menschen Schutz geboten haben soll. Aber wir vermögen uns auszumalen, welch bedrohliches Schauspiel sich seinen Insassen bot, wenn die Reiterposten meldeten, daß die Römer nahten.

Auf einer Breite von 1000 Metern und in annähernd gleicher Tiefe rückten in dreifacher Linie die sechs Legionen heran, vor ihrer Front Schwärme von Bogenschützen und Schleuderern und an ihren Flanken gallische und römische Reiter. Im langsamen Vorschreiten der Legionare hoben und senkten sich die mächtigen Schilde, in der Morgensonne funkelten Feldzeichen und Waffen, und über all dem schwebten die Signale der Trompeten und Hörner.

Manch einen der Krieger Ariovists mag bei solchem Anblick Furcht befallen haben, und alles, was wir über Ariovist selbst wissen, spricht dafür, daß er sich über den Kampfwert seiner Leute und jenen der Legionare keine falschen Vorstellungen machte. So ließ er denn nur 6000 Reiter und die zu ihnen gehörenden Fußsoldaten vor der Front der Römer operieren, vermutlich also seine eigenen, kampferprobten Söldner. Sie auch werden es gewesen sein, die Caesars Zufuhr so erschwerten, daß dieser sich am sechsten Tage entschloß, nun seinerseits Ariovists Lager zu umgehen und nur einen Kilometer südlich davon ein zweites kleineres Lager aufzuschlagen.

Von einer schwachen Bedeckung abgesehen, die er in seinem

großen Lager beließ, rückte er mit allen sechs Legionen und seinen Hilfstruppen zu dem vorher ausgesuchten Ort, und während zwei Legionen das Lager befestigten, wehrte er mit den vier anderen die Angriffe Ariovists ab. Als das neue Lager befestigt war, belegte er es mit zwei Legionen und Teilen der Hilfstruppen und kehrte in das größere Lager zurück.

Ariovists Lage war nun überaus schwierig geworden. In seinem Rücken hatte er die unwegsamen Vogesen; Caesars neues kleines Lager aber schloß ihn im Verein mit dessen großem Lager gleichsam ein. Caesar brauchte seine Legionen lediglich zwischen die beiden Lager zu schieben, um ihm nicht nur jede Zufuhr, sondern auch ein Ausweichen nach Osten unmöglich zu machen. Er saß in der Falle.

Der Swebe versuchte deshalb, am Tage danach das kleinere Lager zu stürmen; unter schweren Verlusten wurde er abgewiesen.

Bis zu diesem Zeitpunkt hatte er sicherlich gehofft, entweder Verstärkung zu erhalten oder sich kampflos zurückziehen zu können. Nun mußte er kämpfen, und da er wußte, daß er Caesar nicht zu schlagen vermochte, bereitete er sich darauf vor, mit möglichst vielen seiner Leute zum Rhein durchzubrechen. So sah Caesar denn, als er am darauffolgenden Tag wieder auf das Lager seines Gegners zumarschierte, dessen gesamte Streitmacht sich im freien Felde formieren und hinter dieser auf Wagen und Karren Frauen und Kinder.

Ariovist hatte seine Leute im Verband der Völker aufgestellt, denen sie von Haus aus angehörten, förderte dies doch ihren Zusammenhalt bei dem gefährlichen Unternehmen; um sich selbst aber scharte er seine swebischen Söldner. Mit ihnen griff er sofort und so schnell an, daß er nicht nur der verheerenden Speersalve des ersten römischen Treffens zuvorkam, sondern auch den rechten Flügel der Römer warf.

Daß es unter denen, die ihm folgten, zu tumultartigen Szenen kam, ja, daß die Begleitmannschaften die ihnen Anvertrauten im Stich ließen, läßt sich vermuten, denn die beiden Gemahlinnen Ariovists und zwei seiner Töchter sollen in die Hände der Römer gefallen sein.

Insgesamt jedoch war der Ausbruch gelungen, was schon allein daraus hervorgeht, daß Caesar keine Verlustzahlen seines Gegners nennt. Wenn er den erfolgreichen Ausbruch als Flucht bezeichnet, so ist diese »Sprachregelung« bis in die Schlachtenberichte der allerjüngsten Zeit hinein gang und gäbe, und wie so häufig, wenn die erhoffte Vernichtung des Feindes mißlang findet sich auch bei Caesar zum Ende des Ganzen eine hübsche Geschichte.

Der wackere Gaius Valerius Procillus wurde von dem Feldherrn, der ihn so kaltblütig seinen Feinden ausgeliefert hatte, höchstpersönlich befreit, und auch der Begleiter des braven Galliers fand sich wieder ein. Ob die beiden, die im Lager Ariovists angeblich mit dem Feuertode bedroht worden waren, mittlerweile etwas von ihrer Begeisterung für die römische Sache eingebüßt hatten, wird nicht überliefert.

Neben vielen anderen erlauchten Personen hat sich insbesondere Napoleon III. eingehend mit den Feldzügen Caesars in Gallien befaßt. Trotzdem wollen wir hier seinen bedeutenderen Onkel zitieren, der in den auf St. Helena verfaßten Darstellungen der Feldzüge Caesars, Turennes und Friedrichs des Großen schreibt: »die Sweben waren ohne Zweifel tapfer; aber was vermag die Tapferkeit gegen ein diszipliniertes und ausgebildetes Heer wie das römische? An den Erfolgen, die Caesar in diesem Feldzug errang, war also nichts Außerordentliches, was allerdings den Ruhm nicht schmälert, den er verdient.«[16]

Man darf sicher sein, dem Urteil des erfahrenen Soldaten hätte der zweiundvierzigjährige Caesar des Jahres 58 v. Chr. bereitwillig zugestimmt. Er hatte sein Ziel erreicht und seinen Widersacher aus Gallien gedrängt; unter welchen Umständen, darauf kam es nicht an, der Erfolg zählte. Aber konnte er sich dieses Erfolges völlig sicher sein?

Noch mehrmals in den folgenden Jahren machten ihm die Sweben zu schaffen. Zunächst bedrängten sie zwei rechts des Rheins wohnende Völker, die Usipeter und Tenkterer, so sehr, daß diese im Winter des Jahres 56/55 v. Chr. in der Nähe der Lippemündung über den Rhein flohen; dann machten die Sweben sich die Ubier im Neuwieder Becken tributpflichtig. Die Usipeter und Tenkterer, die von den Römern eine Aufnahme in Gallien verlangt hatten, da sie allein vor den Sweben wichen, »mit denen nicht einmal die unsterblichen Götter sich messen könnten«[17], schlug Caesar zwar vernichtend, doch retteten sich Teile von ihnen zu den Sugambrern, die nördlich von den Ubiern saßen. Als die Sugambrer ihre Schützlinge nicht ausliefern wollten, überschritt Caesar auf einer Brücke den Rhein, verwüstete ihr Gebiet und versprach zugleich den Ubiern seine Hilfe gegen die Sweben.

Doch die Sweben räumten ihre Dörfer und Gehöfte und versammelten ihre waffenfähigen Männer an einem Platz in der Mitte ihres Gebietes, entschlossen, wie Caesar berichtet, hier den Entscheidungskampf zu liefern. Aber: »Als Caesar dies erfuhr ... glaubte er, nach einem achtzehntägigen Aufenthalt rechts des Rheins genug zu Ruhm und Nutzen getan zu haben, marschierte nach Gallien zurück und ließ die Brücke wieder abbrechen.«[18]

Um welche Völker des Swebenbundes es sich bei dieser neuerlichen Begegnung mit den Römern gehandelt hat, wissen wir nicht. Anzunehmen ist, daß sich zumindest Teile der von Ariovist über den Rhein Geretteten unter ihnen befanden. Ihre Wohnsitze werden um das Lahntal und am unteren Main vermutet.

Die Sweben gaben auch fürderhin keine Ruhe, und als im Winter des Jahres 54 v. Chr. in dem von Caesar mittlerweile unterworfenen Gallien ein Aufstand ausbrach, haben sie die Aufständischen unterstützt.

Caesar beabsichtigte, sie dafür zu strafen und überquerte

unweit der Stelle, an der er zwei Jahre zuvor den Rhein überschritten hatte, ein zweites Mal den Fluß. Weil aber, wie er selbst erzählt, »die Sweben sich in die Wälder zurückgezogen hatten, beschloß er, aus Furcht vor Proviantmangel ... nicht weiter vorzurücken.«[19]

Ob Ariovist hinter den geschilderten Unternehmen der Sweben gestanden hat? Er ist offenbar im Jahr 54 v. Chr. gestorben, in dem, wie wir von Caesar erfahren, die Germanen seinen Tod beklagten.

Caesar hat seinen swebischen Gegner um zehn Jahre überlebt. Im Jahre 51 v. Chr. brach er den letzten Widerstand der Gallier. Als der Senat ihn zwingen wollte, seine Statthalterschaft aufzugeben und sein Heer zu entlassen, bevor er das ihm zugesagte zweite Konsulat antrat, marschierte er im Januar des Jahres 49 v. Chr. auf Rom. In dem darauffolgenden, fünf Jahre wütenden Bürgerkrieg nutzte er den in Gallien erworbenen Reichtum und errang nicht zuletzt mit dessen Hilfe die Diktatur auf Lebenszeit. Am 15. Februar des Jahres 44 v. Chr. erschien er in der Tracht der altrömischen Könige auf dem Lupercalienfeste, dem Fest des Wolf- und Hirtengottes, dessen Ursprung bis auf die sagenhaften Gründer Roms, seine Ahnherren, zurückgeführt wurde; am 15. März desselben Jahres wurde er von einigen Männern ermordet, die sich um den Fortbestand der republikanischen Einrichtungen zu Recht sorgten.

Aber die Wandlung Roms zur Monarchie war nicht aufzuhalten, und Caesars Name wurde zum Titel der römischen Alleinherrscher, der »Cäsaren«; er lebt in dem der deutschen »Kaiser« und der russischen »Zaren« fort.

»Das größte der göttlichen Wunder aber war der Komet, welcher nach Caesars Ermordung sieben Tage lang leuchtete und dann wieder verschwand, und neben ihm die Verdunkelung des Sonnenlichts. Das ganze Jahr hindurch stieg die Sonnenscheibe blaß und ohne Glanz empor und entsandte nur eine schwache, kraftlose Wärme. Die Luft blieb trüb und

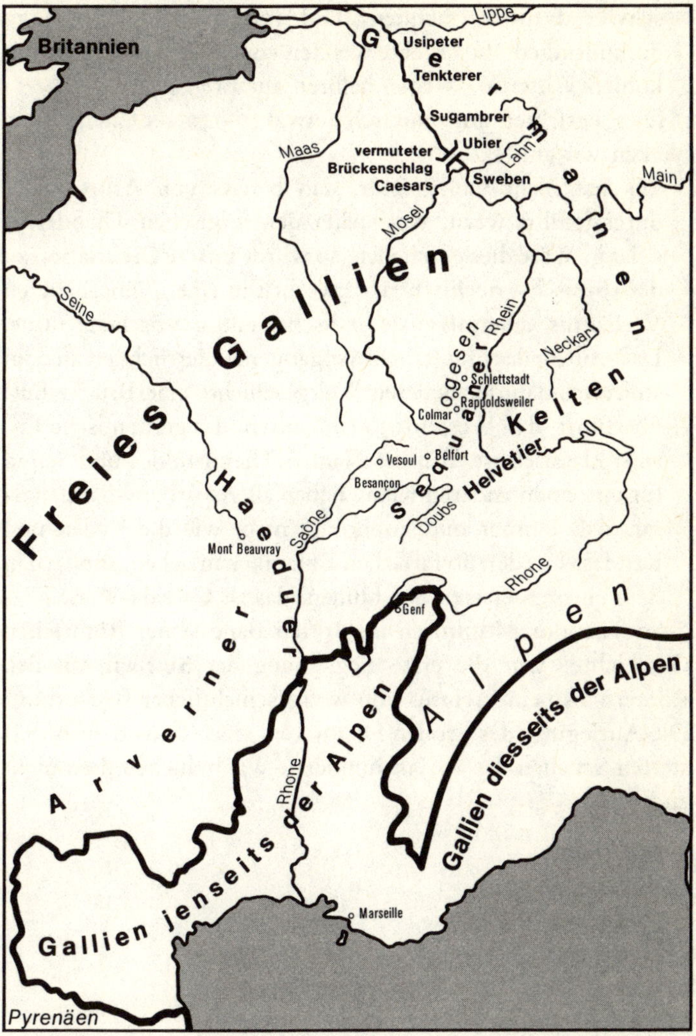

Karte 1 Die Sweben und Rom im 1. Jahrhundert v. Chr.

schwer, da die wärmenden Strahlen zu schwach waren, sie zu durchdringen, die Früchte welkten vor der Zeit und fielen der kühlen Witterung wegen halbreif zur Erde.«[20]

Dies berichtet uns Plutarch (etwa 46–120 n. Chr.), doch blicken wir zurück:

»Es hat nicht viel gefehlt, daß bereits von Ariovist das durchgeführt ward, was später dem gotischen Theoderich gelang. Wäre dies geschehen, so würde unsere Civilisation zu der römisch-griechischen schwerlich in einem innerlicheren Verhältnis stehen als zu der indischen und assyrischen Kultur. Daß von Hellas und Italiens vergangener Herrlichkeit zu dem stolzeren Bau der neueren Weltgeschichte eine Brücke hinüberführt, daß Westeuropa romanisch, das germanische Europa klassisch ist, daß die Namen Themistokles und Scipio für uns einen anderen Klang haben als Asoka und Salmanassar, daß Homer und Sophokles nicht wie die Veden und Kalidasa nur den literarischen Botaniker anziehen, sondern in dem eigenen Garten uns blühen, das ist Caesars Werk.«[21]

So Theodor Mommsen im dritten Band seiner Römischen Geschichte. War die erste Begegnung der Sweben mit den Römern also ein Ereignis von weltgeschichtlicher Bedeutung? Die Auslegung des großen Historikers wächst aus dem begeisterten Schauen des 19. Jahrhunderts. Wir brauchen dem nicht zu folgen.

Das Reich im Osten

»Oh, ihr guten Götter, welch gewaltige Taten haben wir verrichtet. Unter dem Oberbefehl des Tiberius Caesar . . . wurde, was man niemals vorher gehofft, geschweige denn durch die Tat versucht hatte, das römische Heer mitsamt seinen Feldzeichen bis zum 400. Meilenstein vom Rhein, d.h. bis an den Elbstrom geführt, der an dem Gebiet der Hermunduren und Semnonen vorbeifließt.«[1]

Die Monarchie – Herkunft und Jugend des Tiberius – Velleius Paterculus – Römisches Heer – Drusus und Tiberius in Germanien – Exil des Tiberius – Feldzüge des Domitius – Rückkehr des Tiberius – Arminius – Feldzüge des Tiberius in Germanien

Tiberius Claudius Nero, leiblicher Vater des obengenannten Tiberius Caesar, gehörte einem der ältesten Geschlechter Roms an. Im Jahre 41 v. Chr. mußte er die Stadt verlassen.

Aus dem Krieg, der nach der Ermordung Caesars Italien und die Provinzen erschütterte, waren zwei Männer als Sieger hervorgegangen: Der eine, Marcus Antonius, war Reiterführer in Caesars Heer gewesen, den anderen, Gaius Octavius, einen Enkel der Schwester Caesars, hatte der Diktator in seinem Testament adoptiert. Nun stritten sich die beiden um die Vorherrschaft.

Nero hielt es mit der Partei des Antonius. Doch der stand mit seinen Legionen in den östlichen Provinzen, des Octavius'

Truppen aber beherrschten Italien. Jeder Widerstand war aussichtslos, und Nero entließ, was er an Streitern aufgeboten hatte. Mit wenigen Begleitern schiffte er sich in Neapel ein und floh unter mancherlei Fährnissen samt seiner Frau Livia und seinem zwei Jahre alten Söhnchen Tiberius ins Lager des Antonius. Nicht begleiten konnte ihn sein ihm treu ergebener Feldzeugmeister, Gaius Velleius. Zu alt, um die Strapazen einer Flucht zu überstehen, gab er sich den Tod.

Die Begegnung der hier genannten Personen hat in der Folgezeit nicht nur deren eigenes Leben und dasjenige ihrer Nachkommen bestimmt, sie hat, so merkwürdig dies klingen mag, auch das Leben eines unbekannten swebischen Kriegers verwandelt und dessen Taten ins Licht der Geschichte gerückt.

Antonius sorgte durch sein lasterhaftes Leben dafür, daß Octavius am Ende ihrer Auseinandersetzungen triumphierte, und entsetzt über die Greuel des vorausgegangenen Bürgerkrieges, übertrugen die bislang führenden Geschlechter diesem in den Jahren 27 bis 24 v. Chr. die Ausübung ihrer überkommenen Rechte. Ihr tatsächlicher Einfluß beschränkte sich von nun an auf den Reichtum des einzelnen und seine persönlichen Beziehungen zum Kaiser, und gleichsam verkleidet in die verschiedenen Amtstitel der Republik, regierte der eben erst sechsunddreißigjährige Octavius damit absolut. Den Beinamen des Augustus aber, d.h. des Heiligen, Erhabenen, den der Senat ihm verlieh, trugen fortan alle römischen Potentaten. Sie führten neben diesem Namen für lange Zeit den seines Adoptivvaters, Caesar. Wir jedoch nennen den »Caesar Augustus« heute den »römischen Kaiser«.

Octavius war noch nicht zum Augustus geworden, als Nero im Jahre 39 v. Chr. nach Rom zurückkehren durfte, und der junge Mann verliebte sich Hals über Kopf in des Claudiers ungewöhnlich gescheite und hübsche Frau. Livia war zu dieser Zeit 19 Jahre alt und zum zweiten Male schwanger. Aber dies scheint weder den ebenfalls verheirateten Liebhaber noch den um vieles älteren Ehemann sonderlich gestört zu haben. Beide ließen sich scheiden , und Livia wurde im Jahre 38 v. Chr. die Frau des Octavius. Sie tat gut daran, denn wenige Jahre danach starb Nero, und im Hause des Stiefvaters, dem Livia nur ein totes Kind gebar, wurden ihre beiden Söhne Tiberius und Drusus zu berühmten Feldherren, Tiberius sogar zum Nachfolger des Augustus.

Hatte etwa Livia die Zeichen der Zeit richtig gedeutet? Hatte sie erkannt, daß unter der sich anbahnenden Monarchie die Gunst des voraussichtlichen Herrschers den Einfluß von Herkunft und Besitz aufwog?

Doch zumindest der ältere ihrer Söhne, Tiberius, ist bei allem Respekt für den Stief- und späteren Adoptivvater ein auf seine Herkunft stolzer Claudier geblieben, und sicherlich verdankte seiner prinzlichen Gnade der Sohn des getreuen Feldzeugmeisters, Gaius Velleius, die Ernennung zum Reiterobersten.

Dessen Sohn wiederum – Gaius Velleius Paterculus – übernahm im Jahre 4 n. Chr. das Kommando des Vaters, doch hören wir ihn dazu selbst:

»Zu dieser Zeit wurde ich, der ich vorher Kriegstribun gewesen war, zum Krieger im Lager des Tiberius Caesar: denn alsbald nach seiner Adoption durch Augustus wurde ich mit ihm als Reiteroberst nach Germanien gesandt, als Nachfolger in der Dienststellung meines Vaters, und ich bin neun Jahre lang ununterbrochen als Reiteroberst oder als Legat Zeuge und nach meinen geringen Kräften Gehilfe bei seinen unsterblichen Taten gewesen.«[2]

Und so wurde Gaius Velleius Paterculus, dem von etwa 25 v. Chr. bis mindestens 30 n. Chr. zu leben beschieden war, zum Kronzeugen des unvergleichbaren Aufstieges des Sweben Marbod. – Doch betrachten wir, bevor wir uns jenem zuwenden, als erstes die vor seinem Auftreten liegenden Ereignisse in Rom und in den Landschaften ostwärts des Rheins.

Mit der Übernahme der Macht im Jahre 27 v. Chr. war

Augustus auch die Befehlsgewalt über das Heer zugefallen. Er hat aus den bislang nur im Kriegsfalle aufgestellten Kontingenten ein stehendes Heer geschaffen. In dieses wurde der Legionar auf 16, später auf 20 Jahre angeworben und nach seiner Entlassung mit Geld abgefunden.

Zum Schutze der Reichsgrenzen bestimmt, standen die Legionen nun in den äußeren Provinzen, und ihre Anwesenheit hat nicht wenig zur Entwicklung von deren Wirtschaftsleben und Zivilisation beigetragen. Vor den Toren Roms selbst verblieben nur die Garden, die ihren Namen »Prätorianer« nach dem Prätorium, dem Feldherrenzelt, führten.

Gliederung, Ausrüstung und Kampfesweise der Legion haben sich in dieser Zeit nur unwesentlich verändert. Stärker in das Heer einbezogen wurden jedoch die Hilfstruppen aus den Provinzen, denn die Ergänzung der 25 bis 30 Legionen scheint oftmals auf erhebliche Schwierigkeiten gestoßen zu sein. So klagt Tiberius: »Es fehle an Freiwilligen, und wo sie in ausreichender Zahl vorhanden seien, würden sie der erforderlichen Tüchtigkeit und Disziplin ermangeln, weil es meistens mittel- und heimatloses Volk sei, das sich freiwillig zum Kriegsdienst melde.«[3]

Kein Wunder also, daß die von Ausländern gebildeten und geführten Einheiten im Heere immer zahlreicher wurden, und selbst Caesar hatte schon germanische Reiter in Dienst genommen. Daß sich unter diesen auch Sweben befanden, ist nicht auszuschließen.

Sogleich nach Caesars Tod hatte der Swebenbund seinen Druck auf die rechts des Rheins wohnenden Ubier wieder verstärkt. So mußten diese im Jahre 38 v. Chr. von den Römern auf dem linken Rheinufer angesiedelt werden. Sieht man von den höchst erfolgreichen Raubzügen der uns bereits bekannten Sugambrer und ihrer Schützlinge, der Usipeter und Tenkterer, ab, waren es demnach vornehmlich die Sweben, gegen die sich die Römer zu rüsten hatten, sollte Gallien fortan sicher sein.

Augustus hat dies sehr deutlich erkannt. Trotzdem hat er zunächst an den immer unruhigen Grenzen des Reiches im Orient Frieden geschlossen und in Spanien und Gallien für Ordnung gesorgt. Dann erst, und nachdem sich die Alpenpässe und das Alpenvorland bis zur Donau fest in römischer Hand befanden, entschloß er sich zu einem Vorgehen jenseits des Rheins.

Es war dies im Jahre 12 v. Chr., und zu dieser Zeit zählten Tiberius und Drusus 30 bzw. 26 Jahre. Beide hatten sich als Truppenführer hervorragend bewährt, denn im Gegensatz zu ihrem Stiefvater, dessen Ahnen zumeist einer friedlichen Beschäftigung nachgegangen waren, gehörten die beiden Claudier zu den geborenen Soldaten Roms.

Vorzüglich erzogen und unterrichtet, verbanden sie mit ihren kriegerischen Tugenden ein Wissen, wie es den Gebildeten ihrer Zeit wohl anstand, und ihre angenehme äußere Erscheinung tat ein übriges, sie allgemein beliebt zu machen. Innig einander zugetan, waren die beiden Brüder glücklich verheiratet, und Livia vergnügte sich bereits im Kreise mehrerer Enkelkinder.

Da starb zu Beginn des Jahres 12 v. Chr. Agrippa, der erste Feldherr des Reiches. Er war der Gemahl der Julia gewesen, des Augustus einzigen leiblichen Kindes aus seiner ersten Ehe. Ohne jede Rücksicht auf häusliches Glück wurde Tiberius gezwungen, sich von seiner Frau zu trennen und die ob ihrer Leichtfertigkeit berüchtigte Witwe zu heiraten. Zugleich wurden er und Drusus mit den Aufgaben des verstorbenen Feldherrn betraut. So fand Tiberius sich in den Provinzen an der unteren Donau wieder, während sein Bruder im Jahre 12 v. Chr. über den Rhein rückte.

In vier Sommerfeldzügen, zu denen auch eine Flottenexpedition entlang der Nordseeküste gehörte, bekriegte Drusus die Völker jenseits des Rheins. Er minderte damit zweifellos auch den Einfluß des Swebenbundes, ja, die zum Bund gehörenden Markomannen und Quaden verließen, wie wir noch schildern werden, sogar ihre Sitze um Lahn und Main und zogen nach Osten. Drusus selbst aber, der im Jahre 9 v. Chr. als erster Römer die Elbe erreichte, stürzte so unglücklich mit dem Pferd, daß er sich den Schenkel brach.

Die Nachricht erreichte Augustus und Tiberius in Ticinum, dem heutigen Pavia, und Tiberius eilte dem Bruder zur Hilfe. In seinen Armen starb der Verletzte, und zu Fuß geleitete der treue Mann die Leiche bis Oberitalien, wo Livia und Augustus ihn erwarteten. Drusus wurde in dem von Augustus errichteten Mausoleum beigesetzt, Tiberius jedoch begab sich im Jahre darauf an den Rhein, um das Werk des Bruders zu vollenden.

In den Jahren 8 und 7 v. Chr. zwang er die Völker vom Mittelrhein bis hin zu den Landschaften zwischen Weser und Elbe zur Anerkennung der römischen Oberhoheit. Von einigen Kastellen entlang der Lippe abgesehen, hat er das Gebiet militärisch jedoch nicht besetzt, auch blieb das Land zwischen dem mittleren Main und der Donau unbefriedet. Sollte der Eroberung »Germaniens«, wie die Römer den Raum zwischen Rhein und Elbe nannten, ein bleibender Erfolg beschieden sein, mußte demnach zunächst dieses und dann das unzugängliche Böhmen unterworfen werden. Der Triumph, den Tiberius mit Erlaubnis seines Stiefvaters in Rom feierte, bedeutete also keineswegs das Ende der Feldzüge, und schon im Jahre 6 v. Chr. reiste er wieder über die Alpen.

Auf Wunsch des Augustus war er mittlerweile zum zweiten Mann im Staate geworden, und der Kaiser forderte ihn auf, sich auch der orientalischen Angelegenheiten anzunehmen. Aber Tiberius gehorchte nicht und bat um seine Entlassung.

Natürlich ist schon in der Antike darüber gerätselt worden, welche Gründe ihn zu diesem Schritt veranlaßt haben könnten. Tiberius selbst hat später behauptet, er hätte den Söhnen seiner Frau aus deren erster Ehe nicht die Nachfolge in der Herrschaft streitig machen wollen. Tatsächlich hatte Augustus seine Enkel auch bereits adoptiert, den Tiberius hingegen nicht.

Es mag sein, daß dies den Stolz des Claudiers verletzt hat. Noch mehr aber wird ihm das liederliche Verhalten der Julia unerträglich geworden sein, von der sich scheiden zu lassen er keine Möglichkeit sah.

Zwar war die Monarchie in den Herzen der Römer noch nicht verwurzelt, und des Augustus Bestreben, seinen Nächstverwandten die Nachfolge zu sichern, hat gewiß nicht überall Zustimmung gefunden. Offen zu widersprechen aber wagte längst niemand mehr.

»Was flehn wir besorgt zu der himmlischen Schar?
Wir haben doch dich, den uns Maja gebar!
Du ließest der Götter Verein
Und weilest als herrlicher Jüngling hienieden,
Du, dem es vom ewigen Schicksal beschieden,
Der Rächer des Caesar zu sein!
Du drängst ja die Wolken des Unheils zurück.
O, gönne dem dankbaren Volke das Glück,
Noch lange dein Antlitz zu schauen!
Durch unsere Sünden laß nimmer dich kränken
Und säume, den Schritt von der Erde zu lenken
Hinauf zu den himmlischen Aun!«[4]

Mag Horaz (65–8 v. Chr.) diese recht frei übersetzten Verse einer seiner Oden auf Augustus aus vollem Herzen vorgetragen haben, bei vielen seiner Zeitgenossen verwandelte sich die Dankbarkeit des Dichters für den wiedergewonnenen inneren Frieden sehr bald in Schmeichelei. Ein Verhalten, das einem so aufrechten Manne wie Tiberius zuwider sein mußte.

»Tiberius Körperbau war fest und stark, seine Figur über Mittelgröße. Schultern und Brust waren breit und auch die übrigen Gliedmaßen bis hinunter zu den Füßen ebenmäßig und gut proportioniert... Sein Gesicht hatte einen edlen Ausdruck... Er hatte sehr große Augen... (und) schritt mit steifem zurückgebogenem Nacken einher, meist mit ernstem Gesicht, fast immer schweigend...«[5]

Mit diesen Worten wird Tiberius von Sueton geschildert, und so haben wir uns den Mann vorzustellen, der die nun folgenden sieben Jahre auf Rhodos verbrachte. Zunächst in selbstgewählter Verbannung, dann, als er zurückzukehren wünschte, von Augustus zum Verbleiben auf der Insel gezwungen.

Erst im Jahre 2 n. Chr. wurde ihm die Heimkehr gestattet, und der Tod der beiden von Augustus adoptierten Enkel führte den im Jahre 4 n. Chr. nun endlich ebenfalls Adoptierten wieder an die Spitze des Staates. Entgegen aller anderen Behauptungen hat Augustus ihm auch späterhin voll vertraut:

»Ich habe als Beweis einige Stellen aus diesen (des Augustus) Briefen hier und da herausgeschrieben und lege sie im folgenden vor: ›Leb wohl, mein liebster Tiberius, und mache Deine Sache gut ... Mein inniggeliebter, und so wahr ich glücklich sein möge, tapferster Mann und verdienstvoller Feldherr, lebe wohl!‹«[6]

Sueton hatte als Kanzleisekretär Zugang zu den kaiserlichen Archiven. Wir wollen uns hier mit diesem einen seiner Auszüge begnügen, und in der Tat benötigte Augustus einen tapferen Feldherren, wollte er seine ehrgeizigen Pläne verwirklichen.

Augustus war 76 Jahre alt, als er im Jahre 13 n. Chr. seine Taten aufzeichnen ließ. Tiberius hat die Inschrift vor dem Grabmal des im Jahre darauf Verstorbenen aufstellen lassen. Sie ist verlorengegangen, doch haben sich andernorts Abschriften von ihr gefunden, die besterhaltene in Ankara.

Diese vollständig wiederzugeben ist hier unmöglich. Daß aber der Bericht in so manchem von der Wirklichkeit abweicht und unangenehme Ereignisse verschweigt, dafür mag das folgende Zitat stehen: »Bei allen Provinzen des römischen Volkes, denen Völkerschaften benachbart waren, die unserem Spruche nicht gehorchten, habe ich die Grenzen erweitert. Die gallischen und spanischen Provinzen und ebenso Germanien habe ich befriedet, ein Gebiet, welches durch den Ozean von Gades bis zur Mündung der Elbe umschlossen wird.«[7]

War im Jahre 13 n. Chr. die Elbe wirklich zur Grenze des Römischen Reiches geworden? – Wir kehren in das Jahr 6 v. Chr. zurück, in dem Tiberius den Oberbefehl am Rhein niedergelegt hatte. In den zehn Jahren seiner Abwesenheit ist dort nicht viel zum Nutzen des Reiches geschehen, sieht man davon ab, daß römische Händler das Vorland erschlossen. Ihre Berichte mögen auch für die verwegenen Operationen von Nutzen gewesen sein, die Lucius Domitius Ahenobarbus in den Jahren 3 v. Chr. und 1 n. Chr. durchführte.

»Dieser Domitius machte in seiner Jugend nicht weniger durch seine Geschicklichkeit als Rennfahrer, als in der Folgezeit durch die im Germanischen Krieg erworbenen Triumphabzeichen von sich reden. Aber er war auch anmaßend, verschwenderisch und grausam ... Jagden gab er im Zirkus und in allen Stadtteilen Roms, ferner ein Gladiatorenspiel, bei dem es aber so grausam zuging, daß Augustus sich gezwungen sah, durch ein Edikt Einhalt zu gebieten, nachdem er ihn unter vier Augen vergeblich ermahnt hatte.«[8]

Der Mann, von dem Sueton dies berichtet, stammte aus einer der ersten römischen Familien. Mit Augustus verwandt, zählte er zu dessen engstem Freundeskreis und war kurze Zeit Statthalter in Afrika gewesen. Im Jahre 8 v. Chr. wurde er Statthalter der Donauprovinzen, die zu dieser Zeit offenbar auch das süddeutsche Alpenvorland mit einschlossen.

Als Domitius im Jahre 3 v. Chr. erfuhr, daß Teile des zum Swebenbund gehörenden Volkes der Hermunduren sich auf seine Provinz zubewegten, ließ er seine Reiter aufsitzen, ging an einer uns nicht bekannten Stelle über die Donau und trieb die Hermunduren bis zum Main vor sich her; dort zwang er sie sich anzusiedeln.

Das erfolgreiche Unternehmen trug dem wagemutigen Reiter die ehrenvolle, aber schwierige Statthalterschaft in Germanien ein. Vermutete Domitius bislang unbekannte Reichtümer oder reizten ihn nur die Ferne und der Krieg? Gleichviel, er zog im Jahre 1 n. Chr. vom Rhein nach Osten, erreichte die Elbe und überschritt sie als erster und einziger Römer.

Man sieht den Mann vor sich, wie er mit den Germanen Verträge schließt und seinem Kaiser einen Altar errichtet. Ein Soldat so recht nach dem Herzen des Reiterobersten Velleius, der im Gegensatz zu dem stillen Gelehrten Sueton die vornehme Einfachheit des Domitius rühmt.

Leider erfahren wir nicht, wo Domitius die Elbe erreichte. Auch scheint seinem kühnen Zug kein weiterer Erfolg beschieden gewesen zu sein, denn unter seinen Nachfolgern hören wir von neuerlichen Unruhen in Germanien. Sollte das Land zur römischen Provinz werden, bedurfte es umfangreicherer Mittel und umfassenderer Vollmachten, als sie den bisherigen Statthaltern zur Verfügung standen; über beides verfügte Tiberius, als er im Jahre 4 n. Chr. an den Rhein zurückkehrte.

Als er beim Heere eintraf, soll es zu rührenden Szenen gekommen sein, und sicherlich gab es unter den Soldaten nicht wenige, die sich seiner ausgezeichneten militärischen Fähigkeiten erinnerten. Im übrigen aber waren wohl die meisten unter ihnen einfach froh darüber, von nun an unter dem zweiten Mann im Staat zu dienen, versprach dies doch nicht nur beutereiche Feldzüge, es sicherte auch die regelmäßige Auszahlung des Soldes und eine rechtzeitige Entlassung.

Dies »mittel- und heimatlose Volk«, das da unter den Adlern der Legionen focht, war zwar immer noch in Italien angeworben, aber die notwendigen Leistungen erbrachte es nur unter einer eisern gehandhabten Disziplin und in der Hand hervorragender Führer. Seit Beginn des 1. Jahrhunderts n. Chr. schildert uns die schriftliche Überlieferung die Legionare als jedem Stimmungswechsel nachgebend, von unglaublicher Roheit gegenüber Kameraden und Vorgesetzten und von einer geradezu bestialischen Grausamkeit dem besiegten Feind gegenüber. Diese Leute sind demnach das genaue Gegenteil jener ordentlichen Soldaten, die uns die römischen Staatsdenkmale vor

Augen führen möchten. Und Tiberius wußte sehr wohl, was ihm da als Kerntruppe zur Verfügung stand. Dementsprechend handelte er. Das Jahr 4 n. Chr. begann er mit einer Inspektionsreise durch Gallien und zog aus dessen Häfen eine Flotte an der Rheinmündung zusammen.

Obwohl zunächst wenig erfolgreich, beherrschte die Hochseeflotte Roms um Christi Geburt das Mittelmeer sowie die atlantischen Küsten der Iberischen Halbinsel und Frankreichs. Zur Kontrolle der Flüsse waren außerdem besondere Einheiten aufgestellt. Über die Ausrüstung beider Flotten läßt sich noch immer kein klares Bild gewinnen. Man darf ihre Schiffe jedoch vereinfacht als Galeeren bezeichnen, zumal dieses Linienschiff der Mittelmeermächte des 11.–18. Jahrhunderts die Nachfolgerin der antiken Liburne ist; einem leichten, auch zum Segeln geeigneten Ruderschiff, mit ein oder zwei Ruderreihen übereinander.

Galeeren waren es auch, die schon unter Drusus die Nordseeküste entlanggelaufen waren und nun auf Befehl des Tiberius in die Rheinmündung eindrangen. Rasch unterwarf er mit ihrer Hilfe die dort sitzenden Völker, dann wandte er sich zur Weser, um deren Mittellauf das Volk der Cherusker siedelte.

Mit den Sweben verbündet, wenngleich wohl nicht zum Swebenbunde gehörend, hatten die Cherusker Drusus noch Widerstand geleistet. Nun schlossen sich aus ihren Reihen Freiwillige dem Heere des Tiberius an.

Über ein halbes Jahrhundert war vergangen, in dem die Völker, die ostwärts des Rheins wohnten, den Römern immer wieder begegnet waren. Und wie zuvor das keltische Vorbild, so wirkte nun das römische auf die Vorstellungen ihrer noch um 100 v. Chr. gleichförmigen bäuerlichen Gesellschaften.

Seit zwei Generationen schon dienten germanische Männer als Söldner im römischen Heere, und offenkundig hat sich aus diesen – den Reisläufern (von Reise, Kriegszug) des 13. bis 18. Jahrhunderts vergleichbaren – Leuten ein Stand gebildet, dessen Angehörige nicht nur weltoffener waren als die Daheimgebliebenen, sondern vor allem auch über die bessere Bewaffnung und bare Münze verfügten. Den Angehörigen dieses Standes scheint sehr bald eine führende Rolle zugefallen zu sein, und die meisten von ihnen dürften in Rom eine Macht gesehen haben, mit der man sich arrangieren, ja, deren Gegenwart man sehr wohl zum eigenen Vorteil nutzen konnte.

So brauchen wir uns denn auch nicht zu wundern, wenn wir Arminius – dem späteren »Befreier Germaniens« – im Heere des Tiberius begegnen. Velleius hat ihn »den ständigen Begleiter auf unserem früheren Feldzuge«[9] genannt, und er schildert ihn als einen Mann von persönlicher Tapferkeit und rascher Auffassung, dessen Gesichtsausdruck und Augen das Feuer seines Geistes verrieten.

Seine cheruskischen Reiter hat Arminius jedenfalls so geschickt geführt, daß ihm das römische Bürgerrecht verliehen wurde. Daß ihm dies und seine Erhebung in den Offiziersrang mehr als die pflichtschuldige Anerkennung seiner römischen Kameraden einbrachte, ist unwahrscheinlich; schließlich blieb er in ihren Augen ein Barbar.

Weit über die Weser hinaus ist Tiberius nicht vorgedrungen. Mit Einbruch des Winters führte er das Heer in die festen Lager am Oberlauf der Lippe zurück. Er selbst ging nach Rom. Das ganze Jahr 4 n. Chr. hatte ihm lediglich zur Vorbereitung des entscheidenden Angriffs auf die Elbelinie gedient.

Dann, im Frühjahr des Jahres 5 n. Chr., brach das römische Heer zur unteren Elbe auf, »und eben dahin fuhr, dank dem wunderbaren Glück und Weitblick des Feldherrn, unter Einhaltung des verabredeten Zeitpunktes unsere Flotte, die die Buchten des Ozeans ringsum befahren hatte, sie kam von einem vorher nie gehörten und unbekannten Meere her und fuhr nun die Elbe stromaufwärts«.[10]

So weit Velleius, und in der Tat hatte die römische Flotte die Küste Südjütlands erreicht und verband sich nun mit dem

Landheer. Wo genau dies stattfand, wissen wir nicht. Mit einiger Sicherheit an der unteren Elbe und zwar nach Velleius im Lande der Langobarden. Diese scheinen sich über die Elbe zurückgezogen zu haben. Dem Westufer des Flusses entlang müssen Heer und Flotte dann bis in die Gegend der Havelmündung gelangt sein, wie wir dies aus den Entfernungsangaben des Velleius schließen dürfen. Es ist nach seinen Aussagen das Land der Hermunduren und Semnonen.

Dort: »Als wir das diesseitige Ufer des genannten Stromes mit unserem Lager besetzt hatten und das jenseitige von den Waffen der jungen Mannschaft der Feinde blitzte, die auf jede Bewegung und jeden Versuch unserer Schiffe sofort zurückgingen, da bestieg einer der Barbaren, ein schon älterer Mann von hochragender Gestalt – wie seine Kleidung zeigte, war es ein Mann von hohem Rang – einen Kahn, der, wie es bei jenen Völkern Sitte ist, aus einem Baumstamme ausgehöhlt war. Indem er selbst ganz allein diese Art Nachen lenkte, ruderte er bis zur Mitte des Stromes und bat, ihm zu erlauben, ohne Gefahr an dem von uns mit bewaffneter Macht besetzten Ufer zu landen und den Cäsar zu sehen. Seine Bitte ward ihm gewährt. Als er darauf mit seinem Kahne gelandet war und lange schweigend den Cäsar betrachtet hatte, rief er aus: ›Wahrlich, unsere Jugend ist von Sinnen! Während sie eure Gottheit, wenn ihr fern seid, verehrt, fürchtet sie vielmehr eure Waffen, wenn ihr gegenwärtig seid, als daß sie sich unter euren Schutz begäbe. Aber ich habe, dank deiner gütigen Erlaubnis, o Cäsar, heute die Götter gesehen, von denen ich vorher nur hörte, und ich habe keinen glücklicheren Tag meines Lebens gewünscht oder erlebt.‹ Nachdem er erreicht hatte, daß er die Hand des Cäsars berühren durfte, kehrte er zu seinem Kahn zurück und fuhr, unverwandt nach dem Cäsar zurückschauend, wieder zum Ufer seiner Landsleute.«

Tiberius hat die Elbe nicht überschritten. »Als Sieger über alle Völker und Landschaften, die er aufgesucht hatte, führte der

Cäsar (Tiberius) die Legionen – das Heer war wohlbehalten und unverletzt und nur ein einziges Mal unter schwerem Verlust der Feinde infolge einer List von ihnen angegriffen worden – in die Winterquartiere zurück.«[11]

Auf größeren Widerstand scheinen die Römer demnach nicht gestoßen zu sein. Mit Velleius aber darf man ihre Marschleistungen in dem unwegsamen Gebiet und die geglückten Operationen von Heer und Flotte als »gewaltige Taten« bezeichnen. Der Feldzug des kommenden Jahres sollte das Land zwischen Main und Donau befrieden und mit der Eroberung Böhmens die noch offene Grenze des Reiches zwischen Elbe und Donau schließen.

»Keine Eile kann die Erwähnung dieses Mannes mit Stillschweigen übergehen. Marbod, ein Mann von vornehmer Herkunft, kräftigem Körper und kriegerischem Geist, mehr seinem Volkstum als seinem Verstande nach ein Barbar, gewann unter seinen Landsleuten die Herrschaft.«[12]

Marbods Herkunft und Jugend – In Rom – Das Reich im Osten – Feldzug des Tiberius gegen Marbod – Niederlage des Varus – Feldzüge des Tiberius und Germanicus – Marbod und Arminius – Vertreibung des Marbod und Gefangenschaft

Nach dem Siege über Antonius entließ Octavius, der nachmalige Augustus, seine iberische (spanische) Leibwache. Wenig später bildete er aus Germanen eine neue. Von Unterbrechungen abgesehen, bestand diese bis zum Ende des Römischen Reiches. Stets in der unmittelbaren Umgebung der Kaiser, dienten ihre Angehörigen diesen in Rom wie auf Kriegszügen und Reisen, und unschwer vermag man sich vorzustellen, daß Erscheinung und Benehmen des einzelnen Leibwächters dem jeweiligen Herrscher vertraut waren.

Es ist uns nicht überliefert, ob auch Maroboduus oder – wie wir ihn verdeutscht nennen wollen – Marbod in die Leibwache des Augustus Aufnahme fand. Da er – ein Angehöriger des sich zum Swebenbunde zählenden Volkes der Markomannen – die besondere Aufmerksamkeit des Augustus auf sich gelenkt haben soll, dürfen wir dies vermuten. Ob er als »Reisläufer« oder als Geisel nach Rom gelangte, ist unbekannt. Nicht eindeutig zu bestimmen ist auch das Jahr, in dem er dem Kaiser erstmals begegnete. Nehmen wir – aufgrund seines späteren Wirkens und seines Sterbedatums – an, daß er um 35 v. Chr. geboren wurde, so muß diese Begegnung zwischen 20 und 15 v. Chr. stattgefunden haben.

Zu dieser Zeit siedelten die Markomannen am Main. Nahezu ein Menschenalter war vergangen, seit Angehörige des Volkes im Aufgebot Ariovists gegen Caesar gestritten hatten, und der Rhein schien seitdem Römer und Sweben für immer zu trennen. Auch aus dem Süden drohte den Markomannen keine Gefahr. Zwar saßen immer noch Kelten im Vorland der Alpen, aber wenn es zu Grenzstreitigkeiten kam, so waren die Angreifer wohl meist die Markomannen, wie wir dies aus der Anlage keltischer Befestigungen schließen möchten.

Die Markomannen trugen ihren Namen »Grenzmänner« von eben dieser Grenze und dürfen so als dasjenige Volk des Swebenbundes angesehen werden, das sich im 1. Jahrhundert v. Chr. am weitesten nach Süden vorgeschoben hatte. Trotzdem unterschieden sie sich in nichts von den übrigen Völkern des Bundes.

Seit Ariovist um 70 v. Chr. nach Westen aufgebrochen war, hatten sich deren gesellschaftliche Verhältnisse allerdings erheblich verändert, und wir berichteten bereits, wie das »Reislaufen« das Entstehen eines Standes begünstigte, dessen Angehörige sich durch Weltoffenheit, bessere Bewaffnung und größeres Vermögen auszeichneten.

Ihr Vorbild sahen diese Leute im Leben der gehobenen Schichten Roms, vor allem in dem der höheren römischen Militärs. So galt es zweifellos als »vornehm«, sein Vermögen, auf welche Weise auch immer, ständig zu mehren, Kriege zu führen, zu jagen, zu trinken und zu spielen. Daß zu solchem Leben eine entsprechend größere Behausung, besserer Hausrat und womöglich ein befestigter Wohnsitz gehörten, versteht sich von selbst. Wenn wir mit den, allerdings 1000 Jahre jüngeren Vorgängen im germanischen Norden vergleichen, schuf man sich vermutlich sogar die Götter nach Maß, verehrte zunächst noch den Schwertgott Ziu, später Donar und den lanzengewaltigen Wodan und überließ die übrigen Himmlischen den Bauern.

All dies schloß nicht aus, daß bei den swebischen Völkern die aus freien Bauern bestehende Volksversammlung nicht nur an den alten religiösen Bräuchen festhielt, wie sie uns Tacitus schildert, sondern auch ihr Recht auf politische Mitbestimmung wahrte. Ja, zuzeiten hat sie allein über Krieg und Frieden entschieden, denn schließlich war es die freie Bauernschaft, von deren Erzeugnissen das Volk lebte. Daß das für den Pflanzenanbau und die Viehzucht benötigte Land um diese Zeit im Besitz einzelner Familien und nicht etwa in Gemeineigentum war, steht dabei außer Zweifel.

Wenig hatte sich hinsichtlich der genutzten Pflanzen wie der bei ihrem Anbau gebrauchten Techniken verändert. Neu ist die Egge, und fühlbare Erleichterung, zumal für die Arbeit der Frau, brachten die ersten Drehmühlen. Unter den Haustieren läßt sich nun auch das Huhn nachweisen. Ente und Hauskatze sind, um dies vorwegzunehmen, erst zwei Jahrhunderte später bezeugt.

Noch zu Beginn des 1. Jahrhunderts v. Chr. hatte der Handel zwischen Rhein und Elbe eine nur untergeordnete Rolle gespielt, denn bis auf einige Bodenschätze, wie Salz oder Erze, waren selbst kleinere Siedlungen weitgehend autark gewesen. Gegen Ende des Jahrhunderts änderte sich dies, legte doch von nun an die führende Schicht, auch der swebischen Völker, großen Wert auf römische Produkte.

Gefäße aus Bronze, Silber und Glas wie solche aus Terra Sigillata, der feinen römischen Tonware, wurden dabei besonders bevorzugt. Daneben sind Bronzestatuetten, silberbelegte Bronzespiegel und Schmuckstücke eingeführt worden.

Was gegen diese Waren eingetauscht wurde, läßt sich nur vermuten. Neben dem in Rom begehrten Bernstein waren es wohl vornehmlich hochwertige Felle und Sklaven. Dabei dürfte es sich bei den letzteren um Kriegsgefangene oder unerwünschte Mitglieder der eigenen Gesellschaft gehandelt haben.

Daß ein solcher Warenaustausch über weite Strecken durchgeführt wurde, ist recht unwahrscheinlich, denn nach wie vor gab es außer den Flüssen so gut wie keine Verkehrsverbindungen. Römische Händler werden nach dem schließlichen Rückzug Roms auf Rhein und Donau, außerdem nur noch höchst selten im freien Teil Germaniens gewesen sein. Somit hat auch die römische Münze als Zahlungsmittel im Binnenaustausch nur ihrem Metallwerte nach Bedeutung gehabt.

Wie in der vorhergegangenen Zeit, bestand ein swebischer Hof weiterhin aus Wohnhaus, Stall und mehreren Grubenhäusern für Wirtschaftszwecke. In einigen Gebieten sind Wohnhaus und Stall unter einem Dach vereint worden. Die Bauweise selbst wurde beibehalten, doch gab es nun erhebliche Unterschiede in der Hausgröße. Dabei kam der Raumzuwachs beim Wohn-Stallhaus vor allem dem Stall zugute.

Kaum verändert hat sich die Tracht. Auch die Bewaffnung ist dieselbe geblieben. Das Hiebschwert und die Lanze sind nach wie vor die vornehmsten Angriffswaffen des swebischen Kriegers. Zwar haben beide Waffenarten in der Begegnung mit den Römern mancherlei Umformungen erfahren, auf die Kampfesweise haben solche technischen Veränderungen keinen Einfluß gehabt. In diesem wie in den Jahrhunderten danach griff das swebische Fußvolk im Keil an, einer Formation, die gerne mit dem Kopf des Ebers verglichen wird. Nur unter ganz besonderen Umständen haben sich swebische Heerführer römischer Kampfesweise bedient.

Die Verbindung von Reitern und Fußkämpfern, wie sie die Römer zur Zeit des Ariovist fürchten lernten, ist nach und nach aufgegeben worden. Ausführliche Berichte, wie sie uns über die Kampfesweise der Reiterei anderer Völker vorliegen, fehlen jedoch für die Sweben. Aus späterer Zeit wissen wir, daß unter dem Einfluß östlicher Reitervölker auch ihre Reiterei gegenüber dem Fußvolk an Bedeutung gewann.

Ob es in den Jahrhunderten um Christi Geburt in Germanien

befestigte Fliehburgen gegeben hat, ist bis heute heiß umstritten. Durch Ausgrabungen nachgewiesen ist jedoch, daß größere Siedlungen dieser Zeit mit Palisaden bewehrt waren. Daß es dazuhin befestigte Herrensitze gab, erfahren wir aus den römischen Berichten. – Auf einem dieser Herrensitze wuchs vermutlich auch Marbod heran.

»In jedem Hause wachsen die Kinder halbnackt und ungepflegt in die prächtigen Glieder, in die stattlichen Körper hinein, die wir bewundern... (Dabei kann man) Herrn und Knecht in der Kindheit nicht an irgendwelcher Verhätschelung in der Erziehung unterscheiden: zwischen denselben Haustieren, auf demselben Erdboden leben sie, bis in gewissem Alter der Freigeborene sich absondert.«[13]

»Doch (auch er) darf nach ihrer Sitte keine Waffen tragen, bis die Gemeinde ihn für wehrfähig erklärt hat. Dann schmückt in öffentlicher Versammlung entweder einer der Fürsten oder der Vater oder ein Verwandter den Jüngling mit Schild und Speer.«[14]

Wir müssen nicht alles für bare Münze nehmen, was Tacitus uns erzählt. Aber zumindest reiten und die Waffen nach der Art seines Volkes zu gebrauchen, hatte Marbod gelernt, als er das Maintal verließ und auf welchem Wege auch immer nach Rom gelangte. Außer der lateinischen Sprache die römische Fechttechnik und Kampfesweise zu erlernen, stand ihm dort bevor. Daß ihm daneben Zeit blieb, sich am Kaiserhofe und in Rom umzusehen, dürfen wir annehmen.

Zunächst war da die Stadt selbst. Zu Ausgang des 1. Jahrhunderts v. Chr. bildete sie eine riesige Baustelle. Neben der Wiederherstellung des Kapitols hat Augustus in seiner Regierungszeit über 80 sakrale Bauwerke instand setzen lassen und mehr als zwei Dutzend neu errichtet. Außerdem erbaute er das Augustusforum, die dem Markt- und Börsenverkehr dienende Basilika Julia, das Marcellustheater und eine Anzahl Paläste, von zahlreichen Wasserleitungen und Straßen ganz abgesehen. Da die Stadt über ihre alte Mauer hinausgewachsen war, gab er ihr eine neue. Zur Verteidigung war diese allerdings nicht mehr bestimmt, sie diente lediglich als Zollgrenze.

»Er habe eine Stadt aus Ziegeln vorgefunden und eine aus Marmor hinterlassen«[15], soll Augustus gesagt haben, und er konnte darauf zu Recht stolz sein. Aber die große staatsmännische Leistung des Kaisers spiegelte sich nicht nur in seiner Bautätigkeit, sie fand ihren Widerhall auch in literarischen Werken, wie denen des Dichters Vergil (70–19 v. Chr.) oder des Historikers Livius (50 v.–17 n. Chr.).

Es ist nun recht unwahrscheinlich, daß der junge Swebe gerade an Architektur, Dichtung oder Geschichtsschreibung besonders Wohlgefallen fand. Ihn wird vielmehr das Treiben auf dem Forum Romanum angezogen haben, das mit seinen Anwaltsbüros, Rednertribünen, Banken, Ladenstraßen und Tempeln zu einem internationalen Treffpunkt geworden war. Auch deutet manches in Marbods späterem Verhalten darauf hin, daß ihn zumindest die Umgangsformen des kaiserlichen Hofes nachhaltig beeindruckt haben.

Vermutlich hat Marbod den Kaiser und dessen Stiefsöhne auf ihren Besichtigungsreisen nach Spanien und Gallien in den Jahren 16–13 v. Chr. begleitet und die Neuordnung Galliens miterlebt. Ihm wird dabei deutlich geworden sein, daß die Römer über sehr gute geographische Kenntnisse, auch von den Ländern jenseits des Rheins, verfügten.

Die, gemessen an den Mitteln des Swebenbundes, schier unerschöpflichen Hilfsquellen Roms sind ihm mit Sicherheit bewußt geworden. Was die waffentechnische Überlegenheit der Römer und die sorgfältige Planung ihrer militärischen Operationen anging, so hat er sie unmittelbar erfahren. Er war Zeuge der Vorbereitungen, die Tiberius und Drusus zur Unterwerfung der Alpenvölker im Jahre 15 v. Chr. trafen, und hatte zweifellos Kenntnis von den weiterreichenden Absichten des Kaisers in Germanien. Wir möchten deshalb annehmen, daß er zu seinem Volk zurückkehrte, als des Augustus Pläne Wirklichkeit zu werden begannen.

Im Jahre 9 v. Chr. von Drusus geschlagen, standen die Markomannen vor der Entscheidung, sich den Römern zu unterwerfen oder nach Osten auszuweichen. Eine Entscheidung, die auch die Quaden, ein anderes, dem Swebenbund angehörendes Volk, das im Lahntal siedelte, zu treffen hatten.

Als Marbod an den Main zurückkehrte, war er gegen 25 Jahre alt, und der größere Teil der Markomannen hat sich sogleich seiner Führung anvertraut. Im Jahre 8 v. Chr. zog er mit seinem Volk vom Main nach Böhmen; ihm folgten unter Tudrus, von dem uns nichts Näheres überliefert ist, die Quaden, die sich in Mähren niederließen.

Mähren, das seinen Namen nach der March führt, ist ein Durchgangsland. Zwischen Sudeten und Karpaten öffnet es sich zu den Landschaften an Oder und Weichsel, über das Marchtal zu den Donauländern hin. Anders Böhmen: Böhmerwald, Erzgebirge, Sudeten und die Böhmisch-Mährische Höhe schließen diese historisch so bedeutsame Landschaft gleichsam ein. Sie hat ihren Namen von den keltischen Boiern erhalten und wird schon in der Antike Boihaemum genannt.

Gegen Ende des 1. Jahrhunderts v. Chr. scheinen große Teile der Boier in das keltische Königreich Noricum abgewandert zu sein, dessen Grenzen sich ungefähr mit denen des heutigen Österreich südlich der Donau deckten. Ariovist noch hatte eine der Töchter des norischen Königs zur Frau genommen, mittlerweile aber war das Land zum Verbündeten Roms geworden und hatte sogar eine römische Besatzung erhalten. Den zugewanderten Boiern bot es damit ausreichenden Schutz vor ihren Feinden. Diese können nur Völker des Swebenbundes gewesen sein. Seit langem Nachbarn der Boier, waren sie die Elbe aufwärts nach Böhmen und von dort aus auch nach Mähren vorgerückt. Marbod und Tudrus drangen also in ein Land ein, das teils noch von Kelten, teils schon von Sweben besiedelt wurde.

Was nach der Einwanderung in die neue Heimat aus Tudrus wurde, ist unbekannt. Mehr erfahren wir von Velleius über Marbod:

»Er nahm die genannten Gegenden in Besitz und unterwarf alle seine Nachbarn durch Krieg oder machte sie durch Verträge von sich abhängig. Die Masse derer, die sein Reich schützten, die durch beständige Übung beinahe das feste Gefüge römischer Manneszucht gewonnen hatten, brachte er in kurzer Zeit auf eine hervorragende und auch für unser Reich besorgniserregende Höhe. Er benahm sich aber so gegen die Römer, daß er uns nicht zum Kriege reizte und für den Fall, daß er selbst gereizt werden sollte, zu verstehen gab, daß ihm Macht und Willen zum Widerstand reichlich zur Verfügung ständen. Die Gesandten, die er zu dem Cäsar schickte, empfahlen ihn zuweilen wie einen Schutzflehenden, zuweilen führten sie für ihn wie für einen Gleichgestellten das Wort. Volksstämme wie einzelne Männer, die von uns abtrünnig wurden, fanden bei ihm eine Zuflucht, und überhaupt spielte er schlecht verhüllt den Nebenbuhler. Er rüstete sein Heer, das er auf 70000 Mann Fußvolk und 4000 Reiter gebracht hatte, indem er es durch beständige Kriege gegen die Nachbarn übte, für ein größeres Ziel als das, was er bereits erreicht hatte . . . Das Wachsen seiner Macht ließ auch Italien nicht ohne Sorge, denn von den höchsten Kämmen der Alpen, die die Grenze Italiens bilden, war der Anfang seines Gebietes nicht viel mehr als 200 Meilen entfernt.«[16]

Der Bericht des Velleius bezieht sich auf die Jahre 8 v. Chr. bis 6 n. Chr., 14 Jahre also, in denen Marbod seine Herrschaft festigen und seine Macht ausweiten konnte. Vermutlich haben als erste jene Sweben und Kelten seine Herrschaft anerkannt, die schon vor der Einwanderung der Markomannen und Quaden in Böhmen und Mähren siedelten. Ähnlich Ariovist wurde er damit zum »König« mehrerer bislang nicht zusammengehöriger Volksgruppen.

Aber dieser Vorgang allein hat offenbar nicht genügt, auch

Markomannen und Quaden von Marbods Anspruch auf Alleinherrschaft zu überzeugen. Er mußte erheblichen Widerstand brechen, und einige der angesehensten Familien der beiden Völker zogen es vor auszuwandern. Unter ihnen die Familie des Katwalda, eines Jünglings, den wir noch näher kennenlernen werden. Die Familie fand bei den Goten Aufnahme, einem skandinavischen Volk. Über die Ostsee fahrend, die von den Römern das Swebische Meer genannt wurde, hatte es sich um eben diese Zeit an der Weichselmündung festgesetzt.

Marbod hat, wie wir bereits erfuhren, ein nach römischem Muster gedrilltes Heer von 74000 Mann aufgestellt. Dazu, und um dies Heer zu unterhalten, bedurfte er großer und regelmäßiger Einnahmen. Doch aus welchen Quellen wurden diese Einnahmen gespeist? Suchen wir die Antwort darauf bei Tacitus: »Dort (an Marbods Hof), fanden sich . . . auch Marketender und Händler aus unseren Provinzen, die das Recht, dort Handel zu treiben, dann der Wunsch, ihr Vermögen zu vergrößern und schließlich die Entfremdung von ihrem Vaterlande aus ihrer Heimat in das Land des Feindes verschlagen hatten.«[17]

Alles in allem handelte es sich also um Leute, die sich sehr wohl darauf verstanden, eine geordnete Verwaltung aufzubauen und regelmäßige Abgaben zu erheben. Bei entsprechender Beteiligung waren sie sicherlich auch bereit, den Bergbau auf Edelmetalle und Erze voranzutreiben und die zu Verarbeitung und Vertrieb notwendigen Werkstätten und Unternehmen zu gründen. Ihr Vorbild braucht dabei nicht einmal Rom selbst gewesen zu sein; sie fanden es, sehr viel näher liegend, im Königreich Noricum.

Am linken Ufer der Glan erhebt sich aus dem Zollfeld, zwischen St. Veit und Klagenfurt, der Magdalensberg. Der Berg war seit dem 2. Jahrhundert v. Chr. Sitz der norischen Könige. In sein ständig erweitertes und befestigtes Areal waren auch Quartiere für Handwerker und Händler einbezogen, und jenem Fürstensitz ähnlich, haben wir uns den Königshof Marbods vorzustellen, dessen Lage bis heute leider unbekannt geblieben ist.

Von diesem Hof aus hat Marbod die Grenzen seiner Macht über Böhmen und Mähren hinaus erweitert. Sein »Reich«, wie es mit Recht genannt wird, erstreckte sich schließlich von der Ostsee bis zur Donau und von der Elbe bis hin zur Weichsel. Neben vielen anderen Völkern, darunter den Langobarden, schloß es außer Markomannen und Quaden auch Semnonen und Hermunduren ein. Von den uns bekanntgewordenen bedeutenderen Völkern des Swebenbundes scheinen damit nur jene Teile der Hermunduren nicht seinem Reiche angehört zu haben, die sich seit dem Jahre 3 v. Chr. mit Zustimmung Roms im alten Markomannenland am Main niedergelassen hatten.

Aber nicht nur die Gründung dieses ersten germanischen Reiches hat das Interesse an dem erstaunlichen Manne wachgehalten. Es ist vor allem seine Begegnung und Auseinandersetzung mit dem Cherusker Arminius, die Verstand und Gemüt der Nachwelt bewegt haben.

Wir sind Arminius im Jahre 5 n. Chr. im Heere des Tiberius begegnet. Das Jahr 6 n. Chr. sah dieses Heer und seinen Feldherrn bei einer der größten militärischen Operationen, die Rom je unternommen hat. Sie galt Marbod.

Im Jahre 6 n. Chr. bildete die Donau von ihrer Quelle bis zur Mündung in das Schwarze Meer die Nordgrenze des Römischen Reiches. Tiberius überschritt den Strom bei Carnuntum, einer römischen Festung auf dem Braunsberg, nahe dem heutigen Hainburg. Rasch drang er das Marchtal aufwärts nach Mähren ein, während einer seiner Feldherrn, vom Rhein aus vorrückend, die Pässe des Böhmerwaldes erreichte. Die von Tiberius aufgebotene Streitmacht bestand aus zwölf Legionen. Mit ihren Hilfstruppen war sie den Streitkräften Marbods weit überlegen, die Aussichten des Königs, erfolgreichen Widerstand zu leisten, schienen somit äußerst gering.

Da erhoben sich im Rücken des von Tiberius geführten

Heeres die Völkerschaften Pannoniens zwischen Donau und Save, und ihnen folgten kurz darauf jene Illyriens, die im heutigen Bosnien und Dalmatien saßen. Erst zwei Jahrzehnte zuvor waren ihre Lande zu römischen Provinzen geworden. Nun, als sie zu den Hilfstruppen, die sie bislang schon hatten stellen müssen, weitere zur Unterstützung des Tiberius ausheben sollten, wehrten sie sich. Sie überrannten eine Anzahl fester Flecken und bedrohten die römischen Garnisonen.

»Die menschlichen Absichten macht das Schicksal manchmal zunichte, manchmal hemmt es sie«, bemerkt Velleius dazu lakonisch und fährt fort: »Da gingen die notwendigen Pflichten den nur ruhmbringenden Unternehmungen vor, denn es schien bedenklich, das Heer im Landesinnern verschwinden zu lassen, und dadurch Italien einem so nahen Feind schutzlos preiszugeben.«[18]

Tiberius beeilte sich, mit Marbod Frieden zu schließen, und der König war dazu bereit. Er konnte dies um so eher sein, als die Römer noch volle drei Jahre benötigten, um die Aufständischen niederzuwerfen. War Marbod außerdem davon unterrichtet, was sich zur selben Zeit an Widerstand gegen Rom in Germanien vorbereitete?

An den Feldzügen des Tiberius hatten nicht wenige Männer germanischer Völker teilgenommen, und sie werden es begrüßt haben, daß mit diesen Unternehmen die Vormachtstellung des Swebenbundes zwischen Rhein und Elbe gebrochen wurde. Auch der römische Angriff auf Marbods Reich hat sicherlich noch die Zustimmung dieser Leute gefunden. Aber schon seit dem Jahre 7 n. Chr. muß zumindest einem Teil von ihnen deutlich geworden sein, daß sie dabei waren, die eine Herrschaft gegen die andere einzutauschen, und unter der Führung des Arminius begannen sie, Pläne für einen Aufstand zu schmieden.

Im Jahre 7 n. Chr. hatte Augustus dem 54 Jahre alten Publius Quinctilius Varus den Auftrag erteilt, Germanien als Provinz einzurichten. Wie Velleius behauptet, war Varus der Meinung,

»daß die Bewohner (Germaniens) Menschen seien, die außer der Stimme und den Gliedern nichts von Menschen an sich hätten, und daß sie, die durch das Schwert nicht unterworfen werden konnten, durch das Recht gefügig gemacht werden müßten.« Und mit dem ganzen Hochmut des Frontoffiziers fährt er fort: »Quinctilius Varus... war ein Mann von mildem Wesen, ruhigem Charakter, an Körper und Geist wenig regsam, mehr an das Nichtstun im Lager als an wirklichen Kriegsdienst gewöhnt.« – Aber unser braver Reitersmann übersieht, daß zur Einrichtung einer Provinz mehr gehörte als munteres Dreinschlagen, so wenn er schreibt, daß Varus »die Zeit für den Sommerfeldzug mit Rechtsprechungen und förmlichen Verhandlungen als Gerichtsherr verlor.«[19]

In der römischen Überlieferung gibt es eine Menge mehr oder minder glaubwürdiger Berichte, auf welche Weise es Arminius gelungen sein soll, Varus in Sicherheit zu wiegen. Doch was daran auch immer wahr oder unwahr sein mag, mit Bestimmtheit ereignet hat sich das folgende:

Im Jahre 9 n. Chr. war Varus damit beschäftigt, den Auftrag des Augustus auszuführen, das heißt in der immer noch unruhigen Provinz die germanischen Völker an römische Verwaltung und römische Rechtsprechung zu gewöhnen. Er verfuhr dabei sehr geschickt, indem er die maßgebenden Männer zu sich einlud. Viele unter ihnen zeigten sich auch durchaus aufgeschlossen und dem Römer keineswegs abgeneigt, und obwohl mehrfach gewarnt, glaubte Varus nicht daran, daß Arminius einen Aufstand vorbereitete.

Wo es den Aufständischen dann gelang, ihn und seine drei Legionen zu überfallen und sie mitsamt den zugehörigen Hilfstruppen aufzureiben, ist immer noch umstritten. Die Römer selbst haben im Jahre 15 n. Chr. das Schlachtfeld, das man lange Zeit im Teutoburger Wald suchte, noch einmal erreicht. Ihre Eindrücke schildert Tacitus in seinen Annalen:

»Und nun betraten sie die Unglücksstätte, gräßlich anzusehen und voll schrecklicher Erinnerungen. Das erste Lager des Varus wies an seinem weiten Umfang und der Absteckung des Hauptplatzes auf die Arbeit von drei Legionen hin. Dann erkannte man an dem halb eingestürzten Wall und den niedrigen Graben, daß die schon zusammengeschmolzenen Reste sich dort gelagert hatten. Mitten in dem freien Feld lagen die bleichenden Gebeine zerstreut oder in Haufen, je nachdem die Leute geflohen waren oder Widerstand geleistet hatten. Dabei lagen Bruchstükke von Waffen und Pferdegerippe, zugleich fanden sich an Baumstämmen angenagelte Köpfe. In den benachbarten Hainen standen die Altäre der Barbaren, an denen sie die Tribunen und die Centurionen der ersten Rangstufe geschlachtet hatten. Die Leute, die diese Niederlage überlebt hatten und der Schlacht oder der Gefangenschaft entronnen waren, erzählten, hier seien die Legaten gefallen, dort die Adler von den Feinden erbeutet worden; sie zeigten, wo Varus die erste Wunde erhalten, wo er mit seiner unseligen Rechten sich selbst den Todesstoß beigebracht habe; wo Arminius von der Tribüne herunter eine Ansprache gehalten habe, wie viele Galgen für die Gefangenen, was für Martergruben er habe herstellen lassen, wie er die Feldzeichen und Adler übermütig verhöhnt habe.«[20]

Noch 40 Jahre später wurden Überlebende des greulichen Gemetzels von den Römern befreit. Doch es war diesen armen Menschen verwehrt, den Boden Italiens wieder zu betreten. Sie galten als tot – zu tief hatte die Schmach der Niederlage Rom getroffen.

Arminius sandte das abgeschlagene Haupt des Varus an Marbod und forderte ihn auf, sich den Aufständischen anzuschließen. »Aber« – so meint Theodor Mommsen – »der gebildete und staatskluge König nahm die Gabe des Insurgenten nur an, um den Kopf dem Kaiser Augustus zur Beisetzung zu senden.«[21] Im Grabmal der Quinctilier wurde das Haupt des Unglücklichen niedergelegt neben den sterblichen Resten seines Vaters; auch dieser hatte sich dereinst nach verlorener Schlacht das Leben genommen.

Theodor Mommsen hat recht: Zumindest an Arminius gemessen war Marbod gebildet. Vermutlich aber hat er den auf so tragische Weise umgekommenen Feldherrn auch persönlich gekannt. Varus – mit der Enkeltochter einer Schwester des Augustus vermählt – genoß am kaiserlichen Hofe hohes Ansehen. Im Jahre 13 v. Chr. Konsul, danach Statthalter in Afrika und Syrien, hatte er bewiesen, daß er sehr wohl in der Lage war, eine Provinz einzurichten. Die herabsetzenden Äußerungen des Velleius entsprechen einer Stimmung der Zeit. Für die erlittene Niederlage mußte ein Schuldiger gefunden werden. Des Varus Person ist somit ganz unverdient zum Gegenstand der Verachtung und des Spotts geworden, bis hin zu dem frivolen Studentenlied, in dem »die Römer frech geworden«.

Sogleich nach der Niederlage des Varus eilte Tiberius an den Rhein. Alle römischen Stützpunkte jenseits des Flusses waren gefallen. Aber wenn Arminius und seine Verbündeten gehofft hatten, nun nach Gallien vordringen zu können, so scheiterte ihr Vorhaben an der mangelnden Unterstützung durch Marbod.

Der König sah sehr wohl, daß ein germanischer Einfall in Gallien Augustus keine andere Wahl gelassen hätte, als nun endlich die Elbe zur Grenze des Reiches zu machen. Daß dem Kaiser die Mittel hierfür zur Verfügung standen, wußte der Swebe aus eigener Anschauung. Nebst der Vernichtung der drei Legionen durch Arminius hat demnach sein vorsichtiges Verhalten Germanien mit davor bewahrt, eine römische Provinz zu werden.

Am meisten jedoch trug das Land selbst dazu bei, daß die Römer – von den späteren nutzlosen Feldzügen des Germanicus und der Eroberung Südwestdeutschlands abgesehen – mit dem Rhein als Grenze vorliebnahmen. Ganz Germanien zur römischen Provinz zu machen, hätte zur Voraussetzung gehabt, die riesigen, größtenteils noch unwirtlichen Gebiete durch Menschen mittelmeerischer Zivilisation zu erschließen. Längst aber standen diese Leute nicht mehr zur Verfügung. Im Gegenteil, schon bedurfte Rom der Barbaren, um auch nur seine eigenen Streitkräfte zu ergänzen.

Um wenigstens das Ansehen des römischen Heeres wiederherzustellen, überschritt Tiberius in den Jahren 11 und 12 n. Chr. den Rhein, »doch ging er noch sorgfältiger als gewöhnlich vor. Bei der Überquerung des Rheins ließ er den ganzen Troß, dessen Umfang er genau vorgeschrieben hatte, nicht vorher hinüber, bis er, selbst am Ufer stehend, die Beladung der Wagen daraufhin kontrolliert hatte, ob nichts anderes als Erlaubtes und Notwendiges mitgeführt werde. Jenseits des Rheins aber hielt er sich an folgende Lebensweise: Auf dem bloßen Rasen sitzend, nahm er seine Mahlzeiten ein; oft übernachtete er ohne Zelt; alle Befehle für den folgenden Tag, auch wenn etwas plötzlich anzuordnen war, gab er nur schriftlich, wobei er die Mahnung hinzufügte, man solle sich, wenn etwas unklar sei, nur an ihn allein und niemand anderen wenden, gleich zu welcher Zeit, ja selbst bei Nacht.«[22]

Was für ein großartiger Truppenführer war dieser mittlerweile Dreiundfünfzigjährige, den Sueton uns hier schildert. Aber sein Bericht läßt uns zugleich die Unsicherheit des römischen Feldherrn und Heeres gegenüber dem germanischen Gegner deutlich werden, und nach beiden Feldzügen führte Tiberius bei Einbruch des Winters die Legionen über den Rhein zurück.

Im Jahre 13 n. Chr. übergab er den Oberbefehl dem Sohn seines in Germanien tödlich verunglückten Bruders Drusus. Er selbst ging nach Rom. Am 19. August des darauffolgenden Jahres starb Augustus, und Tiberius übernahm aus seinen Händen die Herrschaft.

Für seine erfolgreichen Feldzüge in Germanien hatte Drusus den Beinamen Germanicus erhalten, und auf Wunsch des Augustus war dieser Beiname auch dem Sohn des so tragisch ums Leben gekommenen verliehen worden. Als Germanicus ist dieser in die Geschichte eingegangen.

Der Ruhm des Vaters hat den im Jahre 14 n. Chr. 29 Jahre alten Mann offenbar nicht schlafen lassen. Zwar hatte er zunächst erhebliche Mühe, mit einer Meuterei der ihm anvertrauten Truppen fertig zu werden. Sehr geschickt aber hat er diesen Umstand dann dazu benutzt, Tiberius verständlich zu machen, daß er sein Heer nur mit einem Einfall in Germanien beschäftigen könne. Noch im Spätherbst des Jahres 14 n. Chr. drang er in Germanien ein, überfiel einige nichtsahnende Dörfer und zog sich, als die Nachbarn diesen zu Hilfe eilten, wieder über den Rhein zurück.

In den beiden folgenden Jahren versuchte Germanicus noch einmal, Germanien bis zur Elbe niederzuwerfen. Weiter als bis auf das rechte Ufer der Weser ist er dabei nicht gelangt. Tiberius, der die nutzlosen und überaus verlustreichen Unternehmen seines Neffen mit wachsender Sorge verfolgte, sah sich schließlich gezwungen einzugreifen. Im Jahre 17 n. Chr. übertrug er dem Germanicus die Ordnung der Angelegenheiten in den orientalischen Provinzen.

Arminius hat in den erfolgreichen Abwehrkämpfen gegen Germanicus seine Stellung als Heerführer der Völker zwischen Rhein und Weser festigen können. Anders als seine Verwandten, die den Römern sogar seine schwangere Frau in die Hände spielten, beharrte er auf einer den Römern feindlichen Haltung.

Ob sich allerdings die Begegnung zwischen ihm und seinem Bruder Flavus im einzelnen so abgespielt hat, wie sie uns Tacitus schildert, mag dahingestellt bleiben. Auf eindrucksvolle Weise aber erfahren wir aus der kleinen, hier stark gekürzt wiedergegebenen Episode, daß die Angehörigen der germanischen Völker sich ganz und gar uneins darüber waren, wie man es mit den Römern halten solle. Denn nicht nur ein cheruskisches Aufgebot unter Flavus, auch Krieger anderer germanischer Völker fochten auf seiten des Germanicus gegen ihre Landsleute.

»Der Strom Visurgis (die Weser) floß zwischen den Römern und Cheruskern. An ihrem Ufer stellte sich Arminius ... auf

... Er bat um die Erlaubnis, mit seinem Bruder zu sprechen ... Die Erlaubnis wurde erteilt; dieser trat vor und wurde von Arminius begrüßt ... Dann entspann sich ein Wortwechsel: der eine sprach von der Größe Roms ... der andere von den heiligen Pflichten gegenüber dem Vaterland ... Allmählich kam es zu einer richtigen Zänkerei: und nicht einmal der Fluß, der sie trennte, hätte sie daran gehindert, miteinander handgemein zu werden, wenn nicht Stertinius (ein Römer) herbeigeeilt wäre und Flavus, der wutentbrannt Waffen und ein Pferd forderte, festgehalten hätte.«[23]

Selbstverständlich waren nicht die Begeisterung für »die Größe Roms« oder »die heiligen Pflichten gegenüber dem Vaterland« der wahre Anlaß für derartige Auseinandersetzungen. Den fruchtbaren Boden hierfür bildeten vielmehr das Streben nach persönlichem Ansehen sowie handfeste Familienkonflikte. Das erstere bewog Arminius schon im Jahre 17 n. Chr., Marbod anzugreifen, das zweite war der Grund, daß sein eigener Oheim zu diesem überlief.

Über ein Vierteljahrhundert war vergangen, seit der Swebe sein Volk nach Böhmen geführt hatte. Er war nun über 50 Jahre alt und regierte sein Reich mit eiserner Hand. Vermutlich haben ihm dabei Männer geholfen, die keineswegs immer Angehörige der Völker gewesen sein müssen, die mittlerweile zu seinem Reich gehörten. Vielleicht sind sie es, die nach ihrem Tode in den überreich ausgestatteten Gräbern bestattet wurden, die man von Böhmen bis zur Ostsee und von der Elbe bis zur Weichsel in unserer Zeit aufgedeckt hat. Wie dem aber auch sei: Offenbar unzufrieden über die Bevormundung durch Fremde, entledigten sich Langobarden und Semnonen der Herrschaft Marbods und schlossen sich dem Arminius an. Wo die Schlacht zwischen dem Sweben und dem Cherusker stattgefunden hat, ist nicht überliefert. Sie verlief unentschieden. Doch Marbod räumte das Feld und zog sich nach Böhmen zurück. Gebrochen war seine Macht nicht. Trotzdem hat er sich um Hilfe an Tiberius gewandt.

Tiberius aber lehnte ab und nutzte die Gelegenheit, den mächtigen Mann unschädlich zu machen. Von Rom ermuntert, brach noch im Jahre 17 n. Chr. Katwalda, dessen Familie einst Marbods Reich hatte verlassen müssen, offenbar mit gotischer Unterstützung in Böhmen ein. Dank römischen Geldes gelang es ihm, viele der markomannischen und quadischen Vornehmen auf seine Seite zu ziehen und, vermutlich durch Verrat, den Königshof Marbods im Handstreich zu nehmen.

Marbod, obwohl immer noch von einer zahlreichen Gefolgschaft umgeben, »ging über die Donau, da, wo sie an der Provinz Noricum vorbeifließt, und schrieb an Tiberius, nicht wie ein Flüchtling oder demütiger Bittsteller, sondern im Tone dessen, der sich seiner früheren glänzenden Stellung bewußt ist«[24]. – Und Tiberius?

»Es ist noch die Rede vorhanden, in der Tiberius (vor dem Senat) die Bedeutung des Mannes, die Wildheit der ihm untertanen Völker und die bedrohliche Nähe dieses Feindes für Italien sowie seine Pläne, den Mann zu stürzen, dargelegt hat.«[25]

Lag es nicht nahe, einen solchen Mann endgültig zu beseitigen? Der Kaiser hat dies nicht getan, und sicher nicht nur – wie Tacitus das oben Berichtete ergänzt – um »wenn die Sweben einmal übermütig wurden, den Anschein zu erwecken, als ob er (Marbod) in sein Reich zurückkehren würde«[26]. Sah Tiberius den jungen Krieger in der Leibwache des Augustus wieder vor sich? War es das lange, von Kriegen erfüllte Leben, das ihn mit dem nahezu Gleichaltrigen verband und zur Milde bewog?

Auch wenn die römischen Quellen das Gegenteil behaupten: Der Kaiser hatte die Hand im Spiel, als der erst siebenunddreißigjährige Arminius vom Schwiegervater seines Bruders Flavus im Jahre 21 n. Chr. ermordet wurde. – Marbod hingegen, dem Widersacher des Cheruskers, hat Tiberius Ravenna als Wohnsitz angewiesen. Und Tacitus schließt seinen Bericht über Marbod mit den Worten: »Er hat Italien die 18 Jahre, die er noch lebte, nicht verlassen; er ist dort alt geworden. Aber seinen früheren Ruhm hat er dadurch stark verdunkelt, daß er allzusehr am Leben hing.«[27]

Weshalb hat Marbod seinem Leben nicht selbst ein Ende bereitet? »Heldenruhm bleibt uns, ob auch heute wir sterben.«[28] Entspricht diese Strophe aus dem alten Hamdirlied der Edda nicht ganz dem Lebensgefühl, das wir von einem Germanen erwarten?

Aber da gibt es andere Strophen aus der Spruchdichtung derselben Sammlung. Sie wurde im 13. Jahrhundert aus Liedern und Weisheiten der Wikingerzeit, des 8. bis 11. Jahrhunderts zusammengestellt: »Besser ist's, lebend als leblos zu sein: Wer lebt kriegt die Kuh.«[29]

Nun, ein allen Germanen gemeinsames, womöglich die Jahrhunderte überdauerndes Lebensgefühl hat es nicht gegeben. Die so grundverschiedene Einstellung zu Leben und Tod, wie sie sich in den beiden oben zitierten Strophen widerspiegelt, ist auch weitgehend unabhängig von Einflüssen der jeweiligen Gesellschaft. Sie entspricht zuallererst verschiedenen, allgemeinmenschlichen Charakteren. Wären ihm die beiden Strophen bekanntgewesen, Marbod hätte, ohne zu zögern, sich den Sinngehalt der zweiten zu eigen gemacht.

Zu Lebzeiten Marbods war Ravenna eine aufblühende Stadt. Die Errichtung der Flottenstation und des Handelshafens Classis (das ist Flotte) durch Augustus hatte der von Etruskern gegründeten Gemeinde neues Leben gegeben. Classis, das heutige Classe, lag damals noch unmittelbar am Meer, und wer die alte Hafenstadt bewundern will, der kann dies auf einem hübschen Mosaik in S. Apollinare Nuovo tun, einer Basilika, die zu Beginn des 6. Jahrhunderts erbaut wurde.

Eingeschlossen von mehreren Flüssen und einem weiten Sumpfgebiet war Ravenna vom Lande her nur über einen schmalen Zugang zu erreichen. Die Stadt eignete sich demnach trefflich für die Unterbringung politisch bedeutender Emigranten, die überwacht werden mußten. Trostlos aber braucht man sich deren Leben nicht vorzustellen, und wir wollen annehmen, daß auch Marbod den vorzüglichen Spargel und die ausgezeichneten Fische genoß, für die Ravenna schon im Altertum berühmt war. Den guten Wein zumal konnte er in einer ihm durchaus vertrauten Gesellschaft trinken. Außer dem Sohn des Arminius fanden sich in der Stadt nach und nach eine Reihe weiterer Emigranten aus Germanien ein, und es fällt nicht schwer, zu erraten, was den hauptsächlichen Gesprächsstoff dieser Leute gebildet hat: Es war der kaiserliche Hof, von dessen Entscheidung ihr Wohl und Wehe abhing.

Während der ersten Jahre seines Aufenthaltes in Ravenna mag Marbod sich noch Hoffnungen auf Rückkehr in sein Reich gemacht haben, denn schon um das Jahr 19 n. Chr. drangen die Hermunduren in Böhmen ein und Katwalda mußte fliehen. Im heutigen Fréjus, dem römischen Forum Julii, fand er Aufnahme. Aber Tiberius dachte nicht daran, ihn durch Marbod zu ersetzen. Er nutzte vielmehr die allgemeinen Wirren, um dem Einfluß Roms bei Markomannen und Quaden noch mehr Geltung zu verschaffen, indem er den Leuten, die mit Marbod und Katwalda auf römisches Gebiet übergetreten waren, zwischen March und Waag neue Wohnsitze anwies und ihnen den Quaden Vannius zum König gab.

Marbod starb gegen 70 Jahre alt, im Jahre 35 n. Chr. Zwei Jahre danach starb Tiberius im Alter von 78 Jahren. Wenige Tage vor seinem Tode wurde der Leuchtturm von Capri, wohin sich der greise Herrscher zurückgezogen hatte, durch ein Erdbeben zerstört. Kann dies verwundern bei einem Manne, der, wie Sueton berichtet, »den Göttern und kultischen Angelegenheiten gegenüber ziemlich nachlässig war, da er ganz der Astrologie ergeben und fest überzeugt war, daß alles durch Schicksal bestimmt sei«. Und Sueton erzählt weiter: »Auf die erste Nachricht von seinem Tode hin freute sich das Volk so, daß ein Teil in den Straßen umherlief und schrie: In den Tiber mit Tiberius.« – Der Claudier, einer der größten Feldherren, die

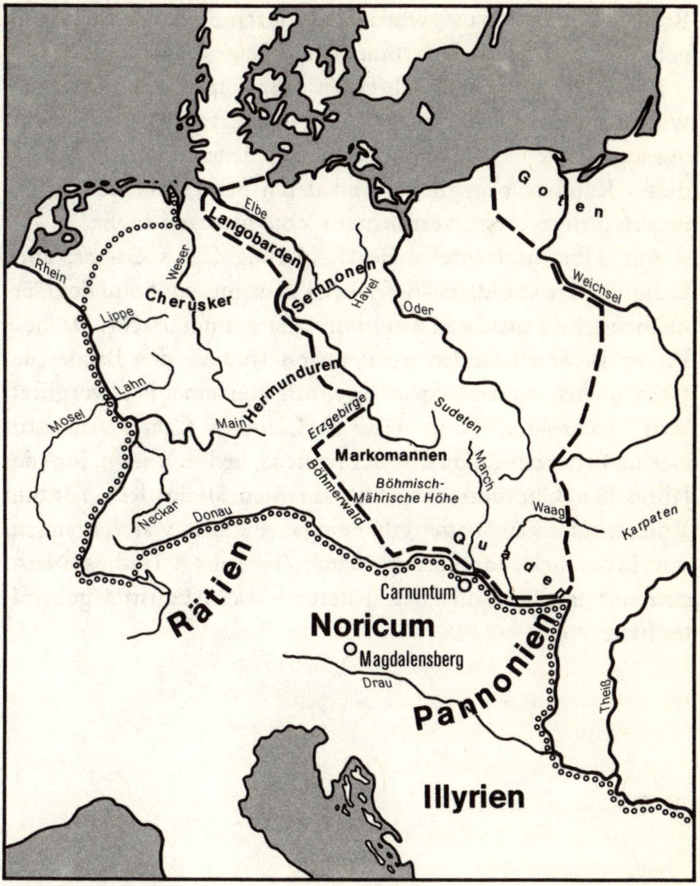

Karte 2 Die Sweben und Rom im 1. Jahrhundert n. Chr. Grenze des Römischen Reiches zu Beginn des 1. Jahrhunderts n. Chr. (punktiert). Reich des Marbod (gestrichelt)

Rom je besessen hat, »wurde aber durch Soldaten nach Rom gebracht und feierlich verbrannt und beigesetzt«[31].

Dem Kaiser waren im Jahre 29 n. Chr. seine Mutter Livia und wohl nur wenige Jahre später sein getreuer Reiteroberst Velleius vorangegangen. Von den Menschen, denen wir am Anfang dieses Kapitels begegneten und deren Schicksale sich auf so merkwürdige Weise verflochten, lebte niemand mehr.

Auf Tiberius folgte in der Regierung Gaius Caesar, auch Caligula, das »Soldatenstiefelchen« genannt, ein Sohn des Germanicus. Er wurde von den Prätorianern umgebracht. Da diese keinen Besseren fanden, setzten sie Claudius, den Bruder des Germanicus, auf den Thron. Er wurde von seiner Frau vergiftet. Sein Nachfolger, Nero Tiberius Claudius Caesar Augustus Germanicus, ein Enkel des Germanicus, ließ sich am 9. Juni des Jahres 68 n. Chr. von seinen Sklaven töten, als ihn der Senat zum Volksfeind erklärt hatte. Über ein Jahrhundert war vergangen, seit Livia sich von ihrem Mann, Tiberius Claudius Nero, getrennt und Octavius, den späteren Kaiser Augustus, geheiratet hatte.

Erste Episode

»Ja, die Germanen glauben, daß den Frauen etwas Heiliges und Seherisches innewohne, und sie verschmähen ihre Ratschläge nicht und achten wohl auf ihre Bescheide.«[1]

Römische und germanische Frauen. Rechte – Ansehen – Seherinnen – Kriegerinnen – Hausfrauen

Zu Ende war es mit dem julisch-claudischen Haus und der Herrschaft Marbods. Doch das Leben ging weiter in Rom wie in Böhmen und Mähren, und folgen wir den Aussagen der römischen Geschichtsschreiber, so wurde es nicht anders als zuvor vornehmlich von Männern bestimmt.

Wird Ihre Reise Sie, verehrte Leserinnen und Leser, nach Kopenhagen führen? Versäumen Sie nicht, die Ny-Carlsberg-Glyptothek zu besuchen. Dort finden Sie eines der schönsten und aufregendsten Marmorbildnisse der Livia, und Sie werden Vagn Poulsen, dem ehemaligen Betreuer jener wundervollen Sammlung römischer Porträts, zustimmen: das Bildnis gibt »une impression durable de la beauté piquante de cette femme d'une grande volonté«[2].

Das Porträt ist zwischen 27 und 23 v. Chr. entstanden; Octavius war zum Augustus und Livia zur ersten Dame des Reiches geworden. Aber die römische Frau hatte im politischen

Leben schon lange zuvor eine hervorragende Rolle gespielt, und wenn Augustus vornehmlich Kleider getragen haben soll, deren Wollstoffe von seiner Frau und seinen Enkeltöchtern gefertigt waren: Als emsige Spinnerinnen dürfen wir uns die Römerinnen nicht vorstellen.

Wie die Knaben, so erhielten auch die Mädchen der höheren Stände Unterricht im Lesen, Schreiben und Rechnen. Sie erlernten die griechische Sprache, beschäftigten sich mit römischen und griechischen Schriftstellern, übten sich im Musizieren und vervollkommneten ihr Benehmen für ihren ersten Auftritt in der Gesellschaft.

Schon mit 13 Jahren galten sie als volljährig, und meist wurden sie zwischen ihrem dreizehnten und sechzehnten Lebensjahr vermählt. Die Ehe schränkte ihre Selbständigkeit jedoch keineswegs ein. Im Gegenteil, die Verheiratete verfügte nicht nur frei über ihr mitgebrachtes oder ererbtes Vermögen, sie beherrschte auch den Haushalt. So spielte denn ihr Hausverwalter, vor allem aber der Verwalter ihres Vermögens eine nicht geringe Rolle, was zu mancherlei Spott Anlaß gegeben hat.

Aber auch in der Öffentlichkeit bewegte sich die Römerin weithin zwanglos. Sie nahm an Gastmählern teil, besuchte das Schauspiel, den Zirkus und das Amphitheater und verfolgte die höchst freimütigen Theaterstücke ebenso aufgeregt wie die gefährlichen Rennen und die gräßlichen Gladiatorenkämpfe. Ihr Einfluß auf die Besetzung der Stellen in der Verwaltung war erheblich, und die Frauen der höheren Offiziere waren sogar Gäste bei militärischen Übungen und Paraden.

Wie zu allen Zeiten haben sich auch im antiken Rom Romanciers und Lyriker mit den Frauen besonders lebhaft beschäftigt, und nicht anders als heute wurden dabei jene schriftstellerischen Erzeugnisse am meisten gelesen und verbreitet, die am schlüpfrigsten waren. Immer wieder abgeschrieben, sind sie deshalb auch auf uns gekommen und haben so ein völlig verzerrtes Bild der Wirklichkeit entstehen lassen.

Gewiß, auch unter den Frauen Roms hat es solche gegeben, die sich über die Regeln des Anstands hinwegsetzten. Aber die meisten von ihnen waren sich ihrer Verantwortung bewußt und brachten bereitwillig die Opfer, die ihre Stellung oder das Wohl des Staates von ihnen forderten.

Von dem von uns so häufig und auch zu Anfang dieses Kapitels zitierten Publius Cornelius Tacitus kennen wir weder den Geburtsort noch das genaue Geburtsjahr. Auch das Datum seines Todes ist umstritten. Mit Sicherheit jedoch wissen wir, daß er im Jahre 77 oder 78 n. Chr. die Tochter des Statthalters von Britannien ehelichte.

Das Mädchen war 14 Jahre alt und Tacitus wohl an die 15 Jahre älter, als er es heimführte. Obwohl die Ehe kinderlos blieb, war sie sehr glücklich, und die junge Frau teilte Freud und Leid mit dem gescheiten Manne, der auf der sprossenreichen Leiter römischer Beamtungen bis zum Konsulat emporstieg. Er war gegen Ende der Regierung Trajans (98–117) Statthalter in Kleinasien, als die Nachrichten über ihn versiegen.

Einige Jahre zuvor ist Tacitus als Beauftragter des Kaisers in einer linksrheinischen Provinz tätig gewesen und hat dort seine Kenntnisse über das freie Germanien erworben. Nicht etwa, indem er das Land bereiste, dies wäre einem Römer seiner Stellung zu jener Zeit nicht mehr möglich gewesen. Auch an den Kriegen, die das Neckarland und das untere Maintal in römische Hand brachten, hat er nicht teilgenommen. Er hat vielmehr Nachrichten gesammelt und diese aus den Berichten über die Feldzüge ergänzt, die vormals die Römer bis zur Elbe geführt hatten, ein, wie er schreibt, »einst berühmter und bekannter Fluß, jetzt kennt man ihn nur noch vom Hörensagen«[3].

Wie wir schon weiter oben feststellten, hat Tacitus mit seinen Veröffentlichungen nicht nur den Zweck verfolgt, sich als Ethnograph und Historiker hervorzutun. Er beabsichtigte zugleich, seinen Zeitgenossen zu zeigen, wie tief sie, gemessen an den Germanen, sittlich gesunken seien. Dies wird in besonderem Maße deutlich an seinen Ausführungen über das Verhalten und die Stellung der germanischen Frau in Ehe und Gesellschaft.

»Also leben sie in Zucht und Keuschheit, nicht verführt durch lüsterne Schaustellungen, nicht durch aufreizende Gelage. Geheimen Briefwechsel kennen die Männer so wenig wie die Frauen. Trotz der zahlreichen Bevölkerung ist Ehebruch höchst selten.«[4]

»Aber Herr Konsul«, sind wir versucht auszurufen, »waren Sie etwa eifersüchtig? Hat Ihre junge Frau anzügliche Billetts erhalten?« Denn die Vorstellung, daß in einem germanischen Dorf oder Gehöft Liebesbriefe zirkulierten, ist überaus erheiternd. Ein Mann wie Tacitus hat selbstverständlich gewußt, daß Lesen und Schreiben im freien Germanien zu seiner Zeit unbekannt waren, sieht man von den wenigen Männern ab, die diese Künste als Offiziere des römischen Heeres mühsam genug erlernt haben mochten.

Große Vorsicht ist demnach am Platze, folgen wir den Auslassungen des Römers, und dies gilt auch für seine Schilderung germanischer Hochzeitsbräuche. Nach ihm nämlich bringt der Mann der Frau, die er heiraten wird, die Mitgift. Es sind Rinder, ein gezäumtes Pferd, ein Schild mit Speer und Schwert und dies: »Damit die Frau nicht wähne, sie stehe außerhalb der Erlebnisse, die männlichen Mut erfordern, und außerhalb der Wechselfälle des Krieges.«[5]

Nehmen wir gutgläubig einmal an, daß diese Geschenke tatsächlich gegeben wurden, weil ihnen symbolische Bedeutung zukam. Doch welches hübsche, junge Bauernmädchen hätte nicht den Mann vorgezogen, der willens und in der Lage war, ihm über Schild, Speer und Schwert hinaus auch einige prächtige Schmuckstücke zu überreichen?

Befragen wir also, wenn wir Genaueres über die Stellung und das Verhalten der swebischen Frau in Ehe und Gesellschaft erfahren wollen, nicht allein die römischen Schriftsteller. Nützlich ist es, die im 6. und 7. Jahrhundert n. Chr. aufgezeichneten alamannischen Rechte zu Rate zu ziehen.

Auf uns gekommen sind, wenngleich lückenhaft, zwei lateinische Aufzeichnungen alamannischen Rechts. Das ältere der beiden Rechte wurde verkündet unter dem fränkischen König Chlothar II., zwischen 613 und 623, das jüngere unter dem alamannischen Herzog Lantfried, etwa 100 Jahre später.

Von den beiden Rechten spiegelt vor allem das jüngere christliches Gedankengut wider. Zitieren wir deshalb zunächst das ältere Recht:

»Wenn ein dem Gatten gegebenes Weib ohne irgendwelche Nachkommenschaft stirbt, sind alle ihre Sachen an die Verwandten zurückzugeben, was immer nach dem Gesetz zufällt. Und wenn sie den Gatten überlebt, sollen alle Bettsachen ihr zugestanden werden. Wenn sie sich freiwillig scheiden lassen wollen, sollen sie nehmen, was jedem nach dem Gesetz zufällt; die Bettsachen sollen sie gleich teilen.« Und weiter: »Wenn ein Gatte seine Ehefrau entläßt, büße er selbst vierzig Schillinge und habe kraft seiner Vormundschaft keine Macht (mehr) und gebe ihr alles zurück, was ihr nach dem Gesetz zufällt.«[6]

Wie wir aus diesen Zitaten erfahren, geriet die Frau bei ihrer Eheschließung zwar unter die Vormundschaft des Mannes – was immer man darunter verstehen will –, keineswegs aber verlor sie den Anspruch auf ihren Besitz, und eine gütliche Scheidung war durchaus möglich.

Welch hohe Achtung der Frau gezollt wurde, mag außerdem aus dem Vergleich zweier Bußgeldkataloge des jüngeren Rechtes hervorgehen: »Wenn eine freie Jungfrau auf ihrem Wege zwischen zwei Gehöften geht und ihr begegnet jemand (und) entblößt gewaltsam ihr Haupt, büße er mit drei Schillingen ... Wenn dies aber mit einem Weibe geschieht, büße er alles doppelt, wie wir vorher von einer Jungfrau gesagt haben.« Und dagegen nun: »Wenn jemand einen schlägt, daß die Hirnschale erscheint und verletzt wird, büße er mit drei Schillingen.«[7]

Nicht nur Tacitus berichtet, daß die Germanen auch in öffentlichen Angelegenheiten auf den Rat der Frauen hörten, weil sie glaubten, daß diesen etwas »Heiliges und Seherisches innewohne«. Dürfen wir dem Glauben schenken? Fügen sich solche Vorstellungen in das Bild germanischer Religiosität?

Zum einen: Eine alle Germanen verbindende heidnische Religion hat es zu keiner Zeit gegeben. Den germanischen Völkern gemeinsam war lediglich die Verehrung unbestimmter Natur- und Hausgeister, deren Aufgabe es war, Fruchtbarkeit und Wachstum zu fördern sowie das Haus und dessen Bewohner zu schützen. Neben diese, offenbar sehr alten »Vanen« traten später als personifizierte Götter und Göttinnen die »Asen«. Auf ihre Hilfsbereitschaft wurde in den verschiedensten Bereichen gezählt. Das Christentum hat sie durch die Heiligen und Nothelfer ersetzt, und nicht anders als deren Bedeutung hat sich zuvor auch die der germanischen Göttinnen und Götter fortwährend gewandelt. Nicht nur von Volk zu Volk, sondern auch innerhalb der gesellschaftlichen Schichten eines Volkes, wie wir dies bereits im vorigen Kapitel andeuteten. Über die von Germanen verehrten Gottheiten läßt sich deshalb Bestimmtes nur aussagen, wenn uns deren Namen schriftlich überliefert sind, sei es in Runeninschriften, sei es auf Weihesteinen der römisch-germanischen Bevölkerung oder in den Berichten der römischen Historiker und christlichen Missionare.

Zum anderen: Obwohl wir von vielerlei heiligen Orten erfahren, an denen von Priestern Opfer dargebracht wurden, und obwohl uns von Prozessionen berichtet wird, die von Priestern geleitet wurden, ein organisiertes Priestertum, das dem der Kelten oder Römer entsprochen hätte, gab es bei den Germanen nicht.

Der ständige Wandel der Götter und das Fehlen eines organisierten Priestertums aber begünstigten die Entfaltung jeglichen Aberglaubens, und so ist es nicht verwunderlich, wenn wir solche Personen eine besondere Rolle spielen sehen, denen hellseherische Gaben und andere übermenschliche Fähigkeiten zugeschrieben wurden. Führen uns die römischen Berichte nicht in die Irre, so handelte es sich dabei vornehmlich um Frauen.

Bei den Sweben beginnt deren Reihe mit den weisen Frauen, die im Jahre 58 v. Chr. Ariovist geraten haben sollen, die Schlacht gegen Caesar nicht vor dem Mondwechsel zu wagen. Da solche Erzählungen zum Repertoire römischer Geschichtsschreiber gehören, wollen wir offenlassen, ob Caesars Bericht zutrifft.

Als nächstes hören wir von der schaurig schönen Geschichte, die uns Cassius Dio (um 150–235 n. Chr.) aus dem Jahre 9 v. Chr. erzählt:

»Von da zog er (Drusus) zum Lande der Cherusker, überschritt die Weser und zog bis zur Elbe, indem er das ganze Land verwüstete. Diesen Fluß . . . machte er Anstalt zu überschreiten, aber er vermochte es nicht, sondern kehrte um, nachdem er Siegeszeichen errichtet hatte. Denn ein Weib von übermenschlicher Größe trat ihm entgegen und rief ihm zu: ›Wohin in aller Welt willst Du, unersättlicher Drusus? Es ist Dir nicht beschieden, alles hier zu schauen. Kehre um, denn das Ende Deiner Taten und Deines Lebens ist da!‹« Und Cassius Dio fährt fort: »Es ist freilich seltsam, daß eine solche Stimme von seiten der Gottheit jemandem offenbar wird, doch ich kann nicht daran zweifeln.«[8] Für eine deftige Swebin hat der Römer die Riesendame offensichtlich nicht gehalten.

Von einer Swebin berichtet er dagegen aus dem Jahre 92 n. Chr. Zu dieser Zeit reiste die Hellseherin Ganna in Begleitung des Swebenkönigs Masyos nach Rom. Dort wurde sie von Kaiser Domitian (81–96 n. Chr.) ehrenvoll empfangen, und nachdem sie ihm prophezeit hatte, was er zu hören wünschte, kehrte sie reich beschenkt in ihre Heimat zurück.

Die Reihe der swebischen Seherinnen endet schon mit der Semnonin Walburg, die auf einer aus Elephantine in Oberägypten stammenden Tonscherbe genannt wird. Die Scherbe stammt aus dem 2. Jahrhundert n. Chr., leider verrät sie uns nicht, auf welche Weise Walburg nach Oberägypten gelangte.

So berühmt wie ihre Kollegin Veleda, die Seherin eines anderen germanischen Stammes, sind die Swebinnen also allesamt nicht geworden. Veleda nämlich gelang es, in den Jahren 68–70 n. Chr. am Niederrhein einen höchst erfolgreichen Aufstand gegen die Römer zu schüren. Sie hatte auch wesentlichen Einfluß auf die Kriegsführung der Aufständischen, die ihr zum Dank für ihre Ratschläge das erbeutete römische Admiralsschiff übergaben. Nach der Niederwerfung des Aufstandes, der vielen Tausenden ihrer Landsleute das Leben kostete, soll Veleda allerdings in römische Gefangenschaft geraten sein. Vermutlich hatte sie dies nicht vorausgesehen.

Ob sich hinter so weitreichenden Prophezeiungen, wie denen Veledas, das nüchterne Kalkül einer gescheiten politischen Führung versteckt, oder ob sie der Ausdruck verborgener Sehnsüchte eines ganzen Volkes sind, solches wird bis hin zum Wirken der Jungfrau von Orleans wohl immer umstritten bleiben.

In dieses sehr weite Feld des Aberglaubens mag auch das wiederholte Auftreten germanischer und darunter auch swebischer Frauen als Kriegerinnen gehören. Neben den römischen Berichten wird es eindrucksvoll belegt durch eine ganze Reihe von Moorfunden. Diese lehren uns, daß nicht nur die Kleidung, sondern auch die Bewaffnung der im Kampfe gefallenen Frauen ganz jener der mit ihnen beigesetzten Männer entsprach.

Was immer aber auch die Gründe gewesen sein mögen, die Frauen dazu veranlaßten, sich Kriegszügen anzuschließen – in einigen Fällen sollen sie dabei sogar die Feldzeichen getragen haben –, die Tatsache als solche widerlegt zumindest die einseitige Vorstellung von der braven, germanischen Frau, die treu und geduldig in Haus und Hof waltet, während ihr Gemahl auf der Bärenhaut liegt oder sich im Krieg vergnügt.

Gegen solche Vorstellung spricht schließlich auch der Hexenglaube und die weitverbreitete Meinung von dem besonderen Talent der Frau als Giftmischerin. So etwa findet sich im älteren alamannischen Recht die folgende Bestimmung:

»Wenn einer eines anderen Freie des Verbrechens einer Hexe oder Giftmischerin beschuldigt und sie ergreift und sie (zwecks Erzielung eines Geständnisses) auf die Hürde legt und irgendwelcher von den Verwandten sie mit zwölf zur Hälfte Ausgewählten oder mit gezogenem Schwert reinigt (und damit ihr Unrecht beweist), büße er 80 Schillinge.«[9]

Leider berichten uns die alamannischen Rechte nichts über die Aufgaben, die der Swebin in der ehelichen Gemeinschaft zufielen, und so mag uns ein vergnüglicher Ausflug in die bäuerliche Gesellschaft des 18. Jahrhunderts erlaubt sein.

Am 17. 2. 1714 wurde in Weißenhorn, im heutigen Bayerisch-Schwaben, Johann Valentin Sailer geboren. Unter dem Namen Sebastian Sailer ist der berühmt gewordene am 7. 3. 1777 in Marchtal an der Donau gestorben. Prämonstratenser, Pfarrer, Kanzel- und Wanderprediger, hat er, was ihn bewegte in Verse gebracht und mit Gesangseinlagen selbst vorgetragen. Nicht alles daraus mag den oberschwäbischen Bäuerinnen und Bauern geschmeckt haben. So den ersteren, wenn er Eva nach der Erschaffung der Welt sagen läßt:

»Goht Adam uf de Acker naus,
Ka er dett Moischter sei,
Doheimet aber oand em Haus
Kairt d'Moischterschaft no mei!
Orna, schaffa ond befeahla,
Kairt der Frau zue und em sealla
Bschtoht ihr ganzer Lau
Ond des will i hau!«[10]

Allen Adams aber, die das Glück haben, mit einer schwäbischen Eva verheiratet zu sein, mag dies »Ond des will i hau« vertraut vorkommen. Es wird auch 2000 Jahre zuvor nicht sehr viel anders geklungen haben. – Doch kehren wir wieder in das 1. Jahrhundert n. Chr. zurück.

»Der Archäologe kann die Tonne finden,
aber dennoch den Diogenes verfehlen.«[11]

Sweben in Südwestdeutschland. Herkunft – Die Neckarsweben

Als die Krieger des Katwalda in Marbods Königshof eindrangen, entdeckten sie dort »alte Beutestücke der Sweben«[12]. Ein Museum also? Gewiß nicht, aber eine Trophäensammlung, wie solche sich auch in den Kunstkammern unserer Renaissance- und Barockfürsten finden.

Doch Marbod scheint kein nur nach rückwärts gewandter Mann gewesen zu sein. An seinem Hofe schufen Gold- und Silberschmiede neuartige und höchst eigenwillige Arbeiten. Man hat den Stil, in dem diese gefertigt wurden, den Markomannischen oder Kelto-Germanischen Stil genannt. Beides hat seine Berechtigung, denn Marbods Reich und Hof wären ohne das Vorbild des keltischen Königreiches Noricum nicht denkbar.

Die schönsten Zeugnisse des Kelto-Germanischen Stils finden sich in den reichausgestatteten Grablegen der Leute, von denen wir annehmen, daß sie zu ihren Lebzeiten Marbod halfen, sein Reich zu regieren. Offenbar aber wurden die prächtigen Kleinodien auch außerhalb der Grenzen von Marbods Reich geschätzt; dafür spricht ihr Vorkommen in Jütland und Skandinavien sowie westlich der Elbe. Ja, wenngleich um vieles einfacher, findet sich ihr Formenschatz bis hin zum Oberrhein.

Seit langem zerbrechen sich Historiker und Archäologen die Köpfe, wer um Christi Geburt Südwestdeutschland bewohnte. Nach ihrer Niederlage durch Caesar im Jahre 58 v. Chr. waren die Helvetier offenbar nicht mehr in der Lage, die vor ihrer Auswanderung bewohnten Teile des Landes erneut zu besiedeln. An ihre Stelle sollen alsbald Einwanderer aus Gallien getreten sein. Wahrscheinlich ist, daß zunächst das Vordringen swebischer Völker, dann die Vorstöße der Römer bis zur Donau und entlang des Maines eine dichtere Besiedlung verhinderten. Jedenfalls bleibt das Land bis zu seiner Besetzung durch die Römer im Jahre 78 n. Chr. fundarm. Mit Ausnahmen allerdings. Im südlichen Hessen, um die Neckarmündung und am Oberrhein wurden und werden immer wieder Siedlungen und Friedhöfe aus dem 1. Jahrhundert n. Chr. aufgedeckt. Das hierbei gefundene Sachgut gleicht dem der an der Elbe wohnenden swebischen Völker, vor allem aber dem der Markomannen in Böhmen. Haben wir es bei den einstigen Bewohnern dieser Siedlungen demnach mit Sweben zu tun und wenn ja, woher kamen diese?

Wer heute das schöne Kurpfälzische Museum in Heidelberg besucht, der findet – unweit einer Vitrine, die Fundstücke der obengeschilderten Art enthält – einen römischen Weihestein des 3. Jahrhunderts n. Chr. Auf ihm ist ein mit Rundschild und zwei Lanzen bewaffneter Reiter dargestellt, und die Inschrift des Steines lautet übersetzt:

»Den Totengeistern. Dem Respectus, Sohn des Berus, 23 Jahre alt, Bürger der Neckarsweben, Kundschafter. Candidus, Sohn des Berus, seinem Bruder aus Liebe.«

Es liegt nahe, in den hier genannten Neckarsweben des 3. Jahrhunderts n. Chr. die Nachkommen jener Siedler des 1. Jahrhunderts n. Chr. zu sehen, deren Sachgut dem der Sweben an der Elbe und in Böhmen so nahe verwandt ist.

Eine wohlbegründete Hypothese geht deshalb davon aus, daß die Neckarsweben des 1. Jahrhunderts n. Chr. Vertriebene aus dem Reiche Marbods waren, die von den Römern noch vor der Besetzung Südwestdeutschlands zum Schutze der Grenze am rechten Rheinufer angesiedelt wurden.

Abb. 1 Germane (1. Jh. n. Chr.)

Abb. 2 Gaius Julius Caesar (100–44 v. Chr.)

Abb. 3 Livia (57 v. Chr. – 29 n. Chr.)

Abb. 4 Tiberius (Kaiser 14–37 n. Chr.)

Abb. 5 Vespasian (Kaiser 69–79 n. Chr.)

Abb. 6 Mark Aurel (Kaiser 161–180 n. Chr.)

Abb. 7 Caracalla (Kaiser 211–217 n. Chr.)

Abb. 8 Sieg über die Germanen (213 n. Chr.)

»Gerne wüßten wir, ob die(se) ... Swebengruppe sich auch ihre heimische Sprache erhalten hat und sich, als ihre alamannischen Vettern ins Land kamen, noch mit diesen verständigen konnte. Aber auf solch neugierige Fragen weiß das stumme Material des Archäologen keine Antwort.«[13]

Die Tonne also haben wir gefunden – und Diogenes? Doch bis zur Besitznahme unseres Landes durch die Alamannen sollten noch 200 Jahre verstreichen, Jahre, die nicht nur die römische Welt verwandelten, sondern auch die der Sweben.

An der Wiege des Stammes

»Vom altgewährten Gehorsam gegenüber den Römern zeigten sich die Swebenkönige Sido und Italicus, die man zum Anschluß an Vespasians Partei brachte ...«[1]

Sweben als Verbündete Roms – Kriege germanischer Völker untereinander – Rom unter den Flaviern – Größte Ausdehnung des Reiches – Wirtschaftliche Blüte – Wandel der römischen Gesellschaft

Nero, der letzte Kaiser aus julisch-claudischem Hause war tot, doch kaum jemand dachte ernsthaft daran, die Republik wiederherzustellen. Auch unter den alten, reichen Geschlechtern, die im Senat saßen, bestand dazu wenig Neigung; allzulange schon beruhte ihr Einfluß auf dem Reichtum des einzelnen und dessen persönlichen Beziehungen zum Kaiser.

Obwohl also die monarchische Staatsform den Interessen der Senatoren durchaus entgegenkam, mußte ihnen daran gelegen sein, daß Akte der Willkür, wie sie unter den letzten Kaisern immer häufiger geworden waren, sich in Zukunft nicht wiederholten. So glaubten sie sich gut beraten, als sie einen Mann aus ihren Reihen zum Kaiser kürten.

Doch der Auserwählte war ein gichtkranker zweiundsiebzigjähriger Greis, der sich nur wenige Monate zu behaupten wußte. Nicht besser auch erging es seinen unfähigen Nachfolgern und die Jahre 68 und 69, während der die Prätendenten, mit der wechselnden Hilfe der Prätorianer und der Rheinarmee, um die Macht stritten, erinnern an die schlimmsten Zeiten des Bürgerkrieges. Es wurde hohe Zeit, daß ein erfahrener, tatkräftiger Mann die Regierung übernahm.

Die Statthalter Syriens und Ägyptens sorgten dafür. Auf ihr Betreiben hin riefen die Legionen des Ostens den 60 Jahre alten Statthalter Judaeas, Titus Flavius Vespasianus, zum Kaiser aus, und die an der Donau stehende Armee folgte ihrem Beispiel. Diese Armee war es auch, der die Aufgabe zufiel, die Gegner Vespasians niederzuwerfen.

Um das Jahr 69 entsprachen die römischen Armeen noch ganz denen der vorangegangenen Zeit, das heißt sie waren zwar vorzüglich ausgerüstet und gedrillt, doch ihre Moral blieb mangelhaft. Es war schwierig, solche Truppen zu führen, zumal wenn es gegen die eigenen Landsleute zu fechten galt. So neigten denn die Befehlshaber der Donauarmee auch allesamt dazu, mit dem Marsch auf Rom abzuwarten, bis weitere Verstärkungen eingetroffen waren. Nicht so der Kommandeur der 7. Legion, Antonius Primus, der die Zaudernden mitriß, denn:

»Nach dem Übertritt zur Partei Vespasians trug er die Kriegsfackel mit Begeisterung voran, wobei er sich nicht so sehr über den Lohn für die bestandenen Gefahren, wie eben an den Gefahren selbst freute.«[2]

Immer an der Spitze einer Kampfgruppe, die er aus Teilen der nächstgelegenen Einheiten gebildet hatte, drang Antonius rasch bis Aquileja vor und schloß Verona ein. Bei Cremona traf er auf die Hauptmacht seiner Gegner und warf diese in die Stadt, wobei »die Sweben Sido und Italicus, sich mit einer auserlesenen Schar ihrer Landsleute in den vordersten Reihen tummelten«[3].

Daß Sido und Italicus sich samt ihren Männern an der entsetzlichen Plünderung des alsbald eingenommenen Cremona beteiligten und nach dem schließlichen Einzug des Antonius in Rom auch dort an den Ausschreitungen des siegreichen Heeres ihren Anteil hatten, dürfen wir annehmen. Zu verlockend muß das Vorbild der römischen Soldateska für die Barbaren gewesen sein. Doch wer waren die beiden Männer, die Tacitus Könige der Sweben nennt?

»Neben den Hermunduren (von denen ein Teil um die Elbe, der hier genannte Teil aber zwischen Main und Donau siedelte) wohnen ... (samt einigen kleineren Völkern) die Markomannen und Quaden ... Diese Völker bilden, soweit sie sich an der Donau hinziehen, gleichsam die Stirn Germaniens. Die Markomannen und Quaden haben bis auf unsere Zeit ihre Könige beibehalten, und zwar aus ihrem eigenen Volk, das vornehme Geschlecht des Marbod und Tudrus. Jetzt lassen sie sich auch Fremde gefallen. Amt und Macht aber haben die Könige durch römischen Einfluß. Selten werden sie durch unsere Waffen, öfters durch Geld unterstützt, und sie stellen sich dabei nicht schlechter.«[4]

So weit Tacitus. Leider lassen sich weder mit Hilfe seiner Angaben, noch mit der anderer Geschichtsschreiber oder Kartographen die Sitze der genannten Völker während des 1. und 2. Jahrhunderts eindeutig lokalisieren, und unklar bleibt auch, wer Marbods Nachfolge angetreten hat.

Wohl mit dem Einverständnis des Tiberius hatten im Jahre 19 n. Chr. die Donau-Hermunduren unter ihrem König Vibilius den Katwalda vertrieben, der zwei Jahre zuvor Marbod gestürzt hatte. Offenbar hat dann derselbe Vibilius um das Jahr 50 n. Chr. auch der Herrschaft des Vannius ein Ende bereitet (S. 86).

Wir wissen nicht, ob Vannius, der sich während der 30 Jahre seines Regiments durch zahlreiche Raubzüge bei seinen Nachbarn höchst unbeliebt gemacht hatte, zu dem »vornehmen Geschlecht des Marbod und Tudrus« gehörte, oder ob dies für seine beiden Schwestersöhne Vangio und Sido zutrifft, die auf der Seite des Hermunduren Vibilius fochten. Jedenfalls teilten sich die beiden nach der Niederlage des Vannius in dessen Reich, und »sie zeigten sich von altbewährtem Gehorsam gegenüber den Römern«, wie dies aus der Teilnahme des Sido und des nicht weiter erwähnten Italicus an den Kämpfen des Jahres 69 hervorgeht.

Die hier geschilderten Auseinandersetzungen zwischen den führenden Sippen der zum Swebenbund gehörenden Markomannen, Quaden und Hermunduren lassen, bei aller Unklarheit über die Einzelheiten des Geschehens, jedoch eines deutlich werden: Der Zerfall der von Arminius geschaffenen Koalition und das Ende von Marbods Reich haben die germanische Welt in ständige Unruhe versetzt. Von nun an werden stets »wenn ihr Heimatgau in langer Friedensruhe untätig ist, viele der vornehmen jungen Leute von sich aus Stämme aufsuchen, die jetzt irgendeinen Krieg führen«[5]. Bis zum Ausgang des 2. Jahrhunderts sehen wir deshalb die germanischen Völker in unzählige Kleinkriege verstrickt, die um nicht mehr geführt werden als ein wenig Beute oder ein Stückchen Land.

»Möge weiter bleiben, so bitte ich, und sich verhärten bei den Völkern, wenn schon nicht die Liebe zu uns, so doch ihr gegenseitiger Haß! Denn dem Geschick unseres Reiches, wenn es schwer auf uns lastet, kann gewiß das Glück nichts Besseres bieten, als die Zwietracht der Feinde.«[6]

Und des Tacitus' frommer Wunsch sollte sich erfüllen, denn für lange Zeit ist es nicht mehr zu größeren Zusammenschlüssen germanischer Völker gekommen. So blieben denn auch deren kriegerische Unternehmen gegen das Römische Reich bedeutungslos, einschließlich jener Kriege, die swebische Völker zwischen den Jahren 69 und 97 anzettelten, gleichgültig ob es sich dabei um Semnonen, Hermunduren, Quaden oder Markomannen handelte. Die letzte Auseinandersetzung dieser Art endete schließlich mit einem Friedensschluß, und abgesehen von der Einsetzung eines quadischen Königs durch die Römer im Jahre 140, erfahren wir bis zum Ausbruch des großen Krieges im Jahre 166 nichts mehr über die Sweben.

Die Sicherheit seiner Grenzen verdankte Rom allerdings nicht allein den Zwistigkeiten der germanischen Völker, sondern nicht minder der Tatkraft der flavischen Kaiser. Nach der Einnahme Roms durch die Truppen des Antonius Primus war Vespasian, während er selbst noch im Orient weilte, am 22. 12. 69 vom Senat als Kaiser bestätigt worden und ob freiwillig oder gezwungen, die Senatoren hatten damit eine gute Wahl getroffen.

Vespasian stammte väterlicherseits aus einer bürgerlichen, mütterlicherseits aus einer senatorischen Familie. Die letztere hatte ihm den Weg in die höchsten Ämter geebnet, aber er war ein bescheidener und sparsamer Mann geblieben und dazuhin ein anständiger und bedächtiger Soldat. Unter seiner Regierung und der seiner beiden Söhne, Titus und Domitian, wuchs die Sicherheit an den Grenzen und auf den Straßen des Reiches, und sogar Sueton, der Domitian verabscheute, konnte nicht umhin festzustellen: »Die Behörden in Rom und die Statthalter in den Provinzen hielt er so fest im Zaum, daß es zu keiner Zeit ehrlichere und gerechtere Beamte gab.«[7]

Ja, selbst die Hauptstadt, die nach einem großen Brand im Jahre 64 noch prächtiger als zuvor wiederaufgebaut worden war, und in der die Paläste der Wohlhabenden mit denen der Kaiser wetteiferten, veränderte ihr Aussehen. »Das Äußere der Stadt ist sauberer, die Luft frischer, und die Ursachen der ungesunden Dünste, durch die die städtische Atmosphäre unserer Vorfahren einen so üblen Ruf erhielt, sind beseitigt ... Und mit diesen vielen (hierzu) notwendigen Wasserleitungen sollte man wirklich die nutzlosen Pyramiden und die unpraktischen, aber hochgepriesenen Bauten der Griechen vergleichen.«[8]

Der Mann, der dies schrieb, Sextus Julius Frontinus, war Truppenführer, Statthalter in Britannien und zweimal Konsul gewesen, als er im Jahre 97 zum »curator aquarum«, also dem für die Wasserversorgung Roms verantwortlichen Beamten bestellt wurde. Kurz vor seinem Tode befragt, ob er sich ein Denkmal für sein Grab wünsche, soll er geantwortet haben: »Aufwendungen für ein Grabmal sind überflüssig; das Andenken an uns wird dauern, wenn wir es durch unser Leben verdient haben.«[9]

Frontin, der um 103 starb – sein Geburtsdatum wird um das Jahr 30 angenommen –, steht gewiß nicht für alle, aber für viele seiner Zeit- und Standesgenossen. Wenn auch nicht mehr von der altrömischen Härte und Strenge, »für die« – wie Tacitus meint – »wir nicht mehr recht zu haben sind«[10], konnten bei solcher Haltung der führenden Schicht Erfolge für Rom nicht ausbleiben.

Noch vor dem Eintreffen Vespasians in Rom wurde ein Aufstand der germanischen Bataver niedergeschlagen, und um die Verbindung von der Donau zum Niederrhein abzukürzen, wurde Südwestdeutschland im Jahre 78 besetzt. Titus eroberte das rebellische Jerusalem, und Domitian führte erfolgreiche Kriege gegen die germanischen Chatten. Er schob die Grenze über die Wetterau und bis auf die Schwäbische Alb vor und sicherte im Süden Schottlands die römischen Eroberungen in Britannien. Er wehrte auch erfolgreich die Vorstöße der Sweben und der nichtgermanischen Sarmaten und Daker an der mittleren und unteren Donau ab.

Das Werk der Flavier hat nach der nur zweijährigen Regierung des Nerva seine Krönung unter Trajan erfahren. Seit 98 Kaiser, machte er den Karpatenbogen und die Walachei als »Dakien« zur römischen Provinz und erreichte entlang des Euphrat den Persischen Golf.

Trajan, im Jahre 53 in Spanien geboren, war 15 Jahre alt, als mit dem Tode Neros Rom im Bürgerkriege zu versinken drohte. Als er im Jahre 117 starb, hatte das Reich seine größte Ausdehnung erreicht.

All die vielen Anstrengungen und Opfer waren somit nicht umsonst gewesen, und nichts davon war vergessen. Sorgfältig hatten die Geschichtsschreiber aufgezeichnet, was in den vergangenen 48 Jahren geschehen war, und mochten sie auch von verlorenen Freiheiten träumen, eines stand für sie außer Zweifel:

Die Bürger des Reiches verdankten ihre Sicherheit und ihren Wohlstand der Monarchie und dem auf den Monarchen eingeschworenen Heer und Beamtentum.

»Sowohl im Befehlen als auch im Dienen müssen Unterschiede erkannt werden«[11], meint schon der Republikaner Cicero, und seine Vorstellungen entsprachen ganz denen des Kaiserreiches. Doch während bis zum Regierungsantritt Vespasians die höheren Stellen der Verwaltung noch den alten, reichen Familien vorbehalten waren, änderte sich dies in der zweiten Hälfte des 1. Jahrhunderts. Eines der alten Geschlechter nach dem anderen erlosch, und gefördert von den Kaisern drangen mehr und mehr Angehörige anderer Stände in die höhere Verwaltung ein. Darunter vornehmlich solche des sogenannten »Ritterstandes«, der sich aus der wohlhabenden bürgerlichen Schicht rekrutierte. Und hatte zuvor seine Herkunft dem Amtsinhaber Glanz und Ansehen verliehen, so waren es seitdem seine Titel, die ihn auszeichneten. Titel, die, verbunden mit einer prächtigen Amtstracht und vielerlei Rangabzeichen, bald auch die Träger des mittleren und unteren Verwaltungsdienstes schmückten.

Besonders deutlich aber spiegelt sich der geschilderte Wandel in dem monströsen Hofzeremoniell, denn auch der Stolz der Kaiser auf ihre Herkunft war mit dem Tode Neros dahin. Fortan bezog der Monarch die Vorstellung von seiner eigenen Bedeutung aus seinem Range als Herrscher.

Von außen betrachtet müssen der Hof und die Beamten des Reiches somit einen überaus prächtigen Eindruck gemacht haben. Doch hinter der verschnörkelten Fassade arbeitete wie bisher eine verblüffend sparsame Verwaltung. Sie ließ sich noch nahezu ein Jahrhundert aufrechterhalten, denn nach wie vor waren die höheren Beamten auf ihr eigenes Vermögen angewiesen, und auch die Städte verwalteten sich weitgehend selbst.

Zur Zeit seiner größten Ausdehnung umfaßte das Römische Reich etwa 3,5 Millionen km^2, auf denen ungefähr 80 Millionen Menschen lebten. Der riesige Raum blieb, an heutigen Verhältnissen gemessen, demnach dünn besiedelt. Aber er war übersät mit größeren oder kleineren Städten, die, durch Kunststraßen und gesicherte Seewege miteinander verbunden, die Knoten eines Wirtschafts- und Verwaltungsnetzes bildeten, in dessen Mittelpunkt Rom lag.

Regiert wurden die in ihre ländliche Umgebung eingebundenen Gemeinden von wohlhabenden Bürgern, deren Großgrundbesitz meist in der unmittelbaren Umgebung der Orte lag. Doch auch Kaufleute und Gewerbetreibende, ja selbst ehemalige Soldaten, die zu Reichtum gelangt waren, gehörten zu den keineswegs immer glücklichen Honoratioren. Auf ihren Schultern nämlich lag nicht nur die Last der Verwaltung. Sie hatten – ausgenommen in Rom selbst – mit ihrem Vermögen auch all das zu bestreiten, was mittlerweile zu den üblichen städtischen Einrichtungen gehörte, also Wasserleitungen, die Kanalisation, öffentliche Bäder, Markthallen, Versammlungsräume, Theater, den Zirkus und vieles andere mehr. Da sie zudem von den Kaisern zu einem eigenen erblichen Stand erhoben worden waren, konnten solche Aufwendungen durchaus zum finanziellen Ruin ganzer Familien führen, weshalb denn auch in Zeiten wirtschaftlichen Niedergangs jedermann versuchte, sich den unangenehmen »Ehrenämtern« zu entziehen.

Doch nicht allein deswegen hat die kommunale Selbstverwaltung schon gegen Ende des 2. Jahrhunderts viel an Bedeutung verloren. Zu unübersichtlich wurde vor allem das Finanzgebaren der Städte, darunter die Kontrolle über den Einzug der Steuern, deren wichtigste Quelle die von den landwirtschaftlichen Mittel- und Großbetrieben erwirtschafteten Erträge waren.

Aber auch Gewerbe und Handel trugen zum Steueraufkommen bei. Längst schon war das Mittelmeer zum »Mare Internum« geworden. Ein lebhafter Handel verband Rom außerdem mit den Städten an den Küsten des Schwarzen Meeres und des Atlantik, und von den Häfen Ägyptens und Arabiens aus gelangten römische Produkte bis Indien. Das mit Raststationen versehene Fernstraßennetz aber wies eine Dichte auf, wie sie in Europa erst während des 18. Jahrhunderts wieder erreicht wurde.

»Man kann ohne Übertreibung sagen, daß niemals in der Geschichte der Menschheit – außer im 19. und 20. Jahrhundert in Europa und Amerika – eine größere Anzahl Menschen ein solches Wohlergehen genossen haben, und daß nie, auch nicht im 19. Jahrhundert, die Menschen in einer solchen Umgebung schöner Bauten und Denkmäler lebten wie in den beiden ersten Jahrhunderten der Kaiserzeit.«[12]

Die hier wiedergegebene Schilderung von Michael Rostovtzeff, aus seiner »Geschichte der Alten Welt« braucht man bis heute nicht zu revidieren, zumindest was das materielle Wohlergehen der Menschen betrifft und den Frieden, den sie genossen. In den Augen der Zeitgenossen wuchsen Macht und Ansehen des Römischen Reiches ins Ungemessene und für jene, die innerhalb seiner Grenzen lebten, schien das goldene Zeitalter wiedergekehrt. Auch unter den beiden Nachfolgern Trajans erwiesen sich diese Grenzen als sicher.

»Dieser Krieg war so schwer wie keiner in der Geschichte ... (und nur) unter ungeheurer Mühsal und Selbstbeherrschung beendete er (Marc Aurel) den Krieg gegen die Markomannen, den diese im Bunde mit den Quaden, Vandalen, Sarmaten, Sueben und all den Barbaren geführt hatten.«[13]

Parther – Sarmaten – Sweben – Gemanische Völker im Osten – Marc Aurel – Der Markomannenkrieg – Swebische Könige und Volksversammlung – Kriegertrupps stehen an der Wiege des alamannischen Stammes – Weitere Schicksale der swebischen Völker

Obwohl keine überragenden Feldherren, sorgten auch die Kaiser Hadrian (117–138) und Antoninus Pius (138–161) dafür, daß die Grenzbefestigungen, wo notwendig, vorgeschoben und ausgebaut wurden und das römische Heer seiner Aufgabe gewachsen blieb, die immer wiederkehrenden Angriffe beutelustiger Nachbarn abzuwehren. Im Norden waren dies sarmatische und germanische Völker, im Osten die Parther.

Nach dem Untergang des Reiches der persischen Achaimeniden durch den Siegeszug Alexanders des Großen im Jahre 330 v. Chr. war ein skythisches Volk in die von Alexanders Nachfolgern, den Seleukiden, beherrschte Provinz Parthia eingedrungen. Sie lag südlich des Kaspischen Meeres, und von dieser Provinz erhielt das Volk seinen Namen.

Unter Arsakes I., nach dem die parthischen Könige Arsakiden genannt werden, warfen die Parther um 250 v. Chr. die Herrschaft der Seleukiden ab und errichteten ein Reich, das sich seit dem 2. Jahrhundert v. Chr. vom Euphrat bis zum Indus erstreckte.

Bereits 92 v. Chr. hatten die Auseinandersetzungen zwischen Römern und Parthern begonnen, und erst nach zahllosen Kriegen, in denen sich insbesondere die parthischen Panzerreiter als gefährliche Waffe erwiesen, schien die Gefahr, die den östlichen Provinzen des Reiches drohte, gebannt. Im Jahre 116 eroberte Trajan die Hauptstadt der Parther, Ktesiphon, die 32 Kilometer südöstlich des heutigen Bagdad gegenüber dem alten Seleukia lag: das Zweistromland wurde zur römischen Provinz. Aber Trajans Nachfolger Hadrian schloß, in der Meinung, die eroberten Gebiete nicht halten zu können, alsbald einen Frieden mit den Parthern, was zu deren Wiedererstarken führte.

Zwischen Weichsel und Wolga saß während der ersten nachchristlichen Jahrhunderte ein zur iranischen Sprachgruppe gehörendes Volk: die Sarmaten. Schon im 1. Jahrhundert v. Chr. hatten die in der südrussischen Steppe heimischen Nomaden die untere Donau erreicht, und eines ihrer Hauptvölker, die Roxolanen, ließ sich dort nieder und bedrohte die römischen Provinzen. Von der für dies Reitervolk so kennzeichnenden Kampfweise und Bewaffnung hat uns Tacitus eine überaus lebendige Schilderung zum Jahre 69 hinterlassen.

»Da alles nur an den Bürgerkrieg dachte, gab man auf die auswärtigen Angelegenheiten nicht genug acht. Um so kühner konnten die Roxolanen, ein sarmatischer Volksstamm, die im Winter zuvor zwei Kohorten niedergemacht hatten, voll Hoffnung in Moesien (einer römischen Provinz südlich der unteren Donau) einfallen, an die 9000 Reiter, denen es in ihrem Übermut über den errungenen Erfolg mehr um Beute als um Kampf zu tun war. Wie sie nun sorglos umherstreiften, fiel plötzlich die dritte Legion, durch Hilfsvölker verstärkt, über sie her. Bei den Römern war alles zum Kampf wohl vorbereitet; so kam es, daß die in ihrer Beutegier weit zerstreuten oder mit Gepäckstücken schwerbeladenen Sarmaten, deren Pferde auf den schlüpfrigen Wegen ihre sonstige Behendigkeit verloren, gleichsam festsaßen und zusammengehauen wurden. Es ist nämlich merkwürdig, wie die ganze Tapferkeit der Sarmaten mit dem einzelnen Mann eigentlich nichts zu tun hat. Im Einzelkampf zu Fuß gibt es nichts so Feiges wie sie; wo sie aber schwadronenweise anrücken, kann ihnen schwerlich eine Schlachtreihe widerstehen. Damals aber – es war ein Regentag und taute – hatten sie von ihren Lanzen und den überlangen Schwertern, die sie beidhändig verwendeten, keinen Nutzen, da die Pferde ausglitten, auch waren ihre Schuppenpanzer zu schwer. Dieser bei Häuptlingen und allen Vornehmen übliche, aus Eisenblechstükken und sehr hartem Leder zusammengefügte Waffenrock ist zwar hiebfest, den durch den feindlichen Anprall zu Boden geworfenen Leuten jedoch beim Aufstehen recht hinderlich. Zugleich drohten sie damals, in dem tiefen, aufgeweichten Schnee zu versinken. Der römische Soldat aber, gut beweglich in seinem Panzer und imstande, mit Wurfspieß und Lanzen leicht heranzuspringen, durchbohrte, wo es nottat, mit seinem Kurzschwert im Nahkampf die ihrer Sitte gemäß durch keinen Schild gedeckten und daher wehrlosen Sarmaten, bis der geringe Rest, der die Schlacht überlebte, sich im Sumpfgebiet verkroch.«[14]

Was Tacitus hier zur Kampfweise und Bewaffnung der Roxolanen sagt, trifft auch auf ein anderes Teilvolk der Sarmaten, die Jazygen zu. Die Jazygen hatten sich zwischen Donau und Theiß festgesetzt; eine unmittelbare Verbindung zwischen ihnen und den Roxolanen bestand allerdings nicht, denn zwischen die beiden Völker schob sich das von Trajan eroberte und von thrakischen Völkern besiedelte Dakien. Die Jazygen waren jedoch zu unmittelbaren Nachbarn der Quaden und der mit diesen verbündeten Markomannen geworden.

In den vorangegangenen Kapiteln haben wir die Kultur der swebischen Völker zu schildern versucht. Soweit wir heute sehen, veränderten sich deren Grundlagen auch während des 2. Jahrhunderts nicht. Zwar macht sich in den schönen Arbeiten des einheimischen Kunsthandwerks römischer Einfluß weiterhin bemerkbar und ebenso wird der nun einsetzende gelegentliche Gebrauch von Schriftzeichen, den sogenannten Runen, letztlich auf römischen Einfluß zurückgehen; im Ganzen gesehen jedoch haben wir es mit einer eigenständigen bäuerlichen Kultur zu tun.

Im Rücken der in Kleinkriege verstrickten swebischen Völker aber zeichneten sich um die Mitte des 2. Jahrhunderts entscheidende Veränderungen ab. Erinnern wir uns:

»Es gab unter den Goten einen adeligen Jüngling namens Katwalda, der vor längerer Zeit von Marbod gewaltsam vertrieben, jetzt, wo dieser (nach der Schlacht gegen Arminius im Jahre 17) in einer mißlichen Lage war, sich an ihm zu rächen wagte. Er drang mit einer starken Heerschar in das Land der Markomannen ein, verleitete die Vornehmen durch Bestechung, sich ihm als Bundesgenossen anzuschließen und erstürmte den Königshof...«[15] – so weit Tacitus. Offenkundig hatten die Goten die Gelegenheit benutzt, den mächtigen Nachbarn loszuwerden.

Vermutlich durch eine Verschlechterung des Klimas gezwungen, hatten sich bereits vor den Goten andere, aus Skandinavien kommende Völker zwischen Weichsel und Oder niedergelassen, als erste die Langobarden, die dann zur unteren Elbe zogen, später Vandalen und Burgunder. Wir werden ihnen im folgenden immer wieder begegnen, bleibt ihre Geschichte doch nicht ohne Einfluß auf die der Sweben. Dies insbesondere um die Mitte des 2. Jahrhunderts, als Vandalen und Burgunder, von den Goten aus ihren Sitzen verdrängt, zu Nachbarn der Sweben wurden.

Die Vorgänge im einzelnen sind aufgrund der spärlich fließenden Quellen freilich verworren, doch darf man in ihnen das Vorspiel der großen germanischen Völkerwanderung des 5. Jahrhunderts sehen. Goten, Vandalen, Burgunder und Langobarden sind diejenigen germanischen Völker, die fern ihrer Heimat auf römischem Boden eigene Reiche gründeten.

Ihren weitreichenden Zügen haben sich später nur Teile eines einzigen swebischen Volkes angeschlossen, der Quaden. Die Vermutung liegt deshalb nahe, daß Wanderungen über weite Entfernungen hinweg ausschließlich dort erfolgten, wo wir es, laut Aussage der römischen Berichte und einiger germanischer Stammessagen, mit der Führung durch ein allseits anerkanntes Herrscherhaus zu tun haben. Dies trifft auf Goten, Vandalen und Langobarden zu und mit Einschränkung auch auf die Burgunder, bei denen sich ein Herrscherhaus erst im 5. Jahrhundert feststellen läßt.

Im Gegensatz zu diesen Völkern gab es seit dem Erlöschen der Dynastien des Marbod und Tudrus ein solches Herrscherhaus bei den Sweben nicht mehr. Soweit wir sehen, wurden seit dem Ende des 1. Jahrhunderts die Geschicke der swebischen Völker wieder wie zuvor von der Volksversammlung bestimmt. Daß deren Entscheidungen von besonders wohlhabenden Geschlechtern beeinflußt waren, dürfen wir annehmen, und aus den Reihen dieser Geschlechter mögen auch einige der Könige stammen, die uns die römischen Berichte nennen.

Aber die nach unseren Vorstellungen so freiheitlichen swebischen Gesellschaften zeigten sich in den Kriegen des ausgehenden 2. Jahrhunderts den Römern trotz beachtlicher Anfangserfolge auf Dauer nicht gewachsen. Tief griff deshalb der verlustreiche Ausgang dieser Kriege in ihr Leben ein und mit ihm beginnt, wie wir zeigen möchten, ein neuer Abschnitt swebischer Geschichte.

Zunächst aber haben wir es noch mit den uns vertrauten Markomannen, Quaden, Hermunduren und Semnonen zu tun. Vereint mit ihren langobardischen, vandalischen und burgundischen Nachbarn und verbündet mit den sarmatischen Jazygen, überrannten sie im Jahre 166 die römischen Grenzbefestigungen. Der Angriff traf Rom unvorbereitet.

»Nachdem die römischen Kaiser ohnehin im Besitz der besten Länder und Inseln sind, wollen sie diese lieber durch Weisheit bewahren als ihre Herrschaft ins Unendliche bis zu barbarischen

Völkern ausdehnen, die infolge ihrer Armut keinen Gewinn brächten. Ich habe selbst in Rom einige Gesandte von solchen Völkern gesehen, die sich freiwillig unterwerfen wollten und die der Kaiser (Antoninus Pius) nicht annahm, weil sie ihm keinen Nutzen gebracht hätten.«[16]

Appian aus Alexandria war nach vielen Bemühungen zum hohen Beamten des Kaisers Antoninus Pius geworden. Mit dem seiner Römischen Geschichte entnommenen Zitat hat er die Außenpolitik des von Hadrian adoptierten und 21 Jahre lang regierenden Herrschers vorzüglich charakterisiert.

Appian war außerdem ein Freund von Marcus Cornelius Fronto, des Erziehers zweier Jünglinge, die noch auf Geheiß Hadrians von Antoninus Pius adoptiert worden waren, Marcus Aurelius und Lucius Verus. Von ihnen war der am 26. April des Jahres 121 geborene Marcus zum Thronfolger bestimmt worden; für den Fall seines vorzeitigen Todes sollte der um neun Jahre jüngere Lucius an seine Stelle treten.

Der erst zu Beginn des vorigen Jahrhunderts wiederentdeckte Briefwechsel des Fronto mit seinen Zöglingen bezeugt den Einfluß des einstigen hohen Beamten und Rhetors vor allem auf Marcus. Aber trotz dieses Briefwechsels und trotz der »Selbstbetrachtungen«, die uns Marcus aus seinen späten Jahren hinterlassen hat, bleibt seine Persönlichkeit bis heute umstritten. Die einen – und wir – sehen in ihm einen empfindsamen Philosophen auf dem Thron, die anderen einen hartherzigen Römer im Gewand des Philosophen. Für die meisten – und für uns – ist er ein Mann, der dank seiner überlegenen Vernunft und seiner Willensstärke aller Schwierigkeiten Herr wurde; einigen hingegen erscheint er als ein Mensch, der mit Hilfe von Opiaten den Widrigkeiten des Lebens auswich.

Kinder ihrer Zeit waren sowohl er als auch Lucius. Aufgewachsen in einer langen Periode des Friedens, die nur gelegentlich von unbedeutenden Grenzkriegen unterbrochen wurde, gehörten sie einer Schicht junger Leute an, die es, im Luxus lebend, ständig nach Selbstbestätigung und Selbstdarstellung verlangte. Die einen, zu denen Marcus gehörte, fanden beides im Dickicht der üppig wuchernden philosophischen Meinungen, die anderen, denen Lucius sich anschloß, in gesellschaftlichen Zerstreuungen. Zum Dienst am Staate fühlten sich auch die beiden Anwärter auf den Thron zunächst nicht berufen.

Es gab deshalb zu jener Zeit nicht wenige, die vom »Greisenalter« Roms sprachen und dessen baldigen Untergang voraussagten. Aber wie sooft in der römischen Geschichte, erwies sich in der Gefahr auch die Generation des Marcus und Lucius um nichts weniger tüchtig als die vorausgegangenen Generationen, und welcher der vielen Meinungen über die Charaktere der beiden Männer man sich auch anschließen mag, beide zeigten sich ihrer Aufgabe gewachsen, als im Jahre 161 die Parther die bislang so sicher scheinenden Grenzen im Osten des Reichs ernsthaft bedrohten. Es war das Jahr, in dessen Märztagen der beinahe vierzigjährige Marcus (Mark Aurel) den Thron bestieg und seinen Adoptivbruder Lucius zum Mitregenten ernannte.

Marcus war in jeder Hinsicht sorgfältig erzogen worden, nur von der Heerführung verstand er nichts, zumindest fehlte ihm jede praktische Erfahrung. In den 19 Jahren seiner Regierung, von denen 17 Kriegsjahre waren, hatte er Gelegenheit, sie zu sammeln. Leicht ist ihm dies sicher nicht geworden. Von kleiner, schmächtiger Statur litt er unter Kälte und neigte zu nervösen Magenverstimmungen. Er nahm deshalb regelmäßig den Theriak ein, ein in der Antike häufig gebrauchtes Beruhigungsmittel, das, wenn auch in geringen Mengen, Opium enthielt.

Marcus ist nicht selbst in den Krieg gegen die Parther gezogen, sondern hat Lucius ins Feld geschickt. Auch der, unerfahren in der Heerführung, überließ diese den Troupiers. Zwar erlitt der erste jener sieggewohnten alten Soldaten, der sich noch vor dem Eintreffen des Lucius auf dem Kriegsschauplatz in Kämpfe mit den Parthern einließ, eine empfindliche

Niederlage, doch dann wandte sich das Blatt. Dank der überlegenen Führung des Feldherrn Avidius Cassius drängten die Römer in den folgenden fünf Jahren die Parther nicht nur über die Grenzen zurück, sie eroberten und zerstörten im Jahre 166 auch die parthischen Residenzen Seleukia und Ktesiphon. Ihren weiteren Vormarsch in das iranische Hochland hielt erst eine bösartige Seuche – lateinisch pestis – auf, wobei aus den antiken Quellen nicht ersichtlich wird, ob es sich dabei um Erkrankungen handelte, die wir heute als Beulenpest oder Lungenpest bezeichnen. Daß die Seuche von dem sich nach Syrien zurückziehenden Heere über das ganze Reichsgebiet verbreitet wurde, steht indes außer Zweifel. In Rom, in dem die beiden Kaiser am 23. August des Jahres 166 ihren Sieg über die Parther feierten, brach sie offenbar im Jahre 168 voll aus.

Wesentlich gefährlicher aber als die Parther und die Pest wurde für die Römer der Krieg, der an der Nordgrenze des Reiches im Winter des Jahres 166 begann.

In den römischen Inschriften wird er bellum Germanicum, expeditio Germanica, bellum Germanicum et Sarmaticum oder expeditio Germanica et Sarmatica genannt. Die römischen Geschichtsschreiber bezeichnen ihn als bellum Marcomannicum, bellum Germanicum et Marcomannicum, bellum Sarmaticum Marcomannicumque und bellum Germanicum. In der deutschen Geschichtsschreibung heißt er heute allgemein der Markomannenkrieg.

Der Krieg, der von den Römern auch »der größte seit Menschengedenken«[17] genannt wird, dauerte 14 Jahre. Da Lucius schon im Jahre 169 starb, führten ihn auf römischer Seite offiziell Marcus und mit ihm ab dem Jahre 177 sein zur Nachfolge bestimmter Sohn Commodus. Die Schlachten schlugen selbstverständlich nicht die Kaiser, sondern deren Feldherren. Anders bei ihren Gegnern, den Markomannen und Quaden, deren Könige in den vordersten Reihen mitfochten und denen sich im Verlaufe des Krieges über 20 verschiedene Völker anschlossen. Unter diesen haben neben den swebischen Hermunduren die sarmatischen Jazygen eine besondere Rolle gespielt.

Bei der langen Dauer des Krieges sollte man erwarten, daß zumindest die Führer der Markomannen und Quaden mehrfach genannt werden. Aber nur zweimal erfahren wir deren Namen.

Aus welchem Jahr ist unbekannt, bei den Markomannen: »... da gleich ihr erster Angriff gescheitert war, gerieten die Barbaren in Furcht und schickten Gesandte zu Julius Bassus, dem Statthalter Pannoniens (der römischen Provinz zwischen Ostalpen, Donau und Save): Ballomarius, den König der Markomannen, und zehn andere Männer; aus jedem Stamm hatten sie einen ausgewählt.«[18]

Und vermutlich aus den letzten Jahren des Krieges bei den Quaden: »Ihren König Furtius (der mit den Römern sympathisierte) aber verjagten sie (die Quaden) und machten auf eigene Faust Ariogaisos zum König ... Auf diesen Ariogaisos hatte Marcus eine solche Erbitterung, daß er bekanntmachen ließ, er werde demjenigen, der ihn lebend in seine Gewalt brächte, 1000 Goldstücke geben: Wer ihn aber töten und seinen Kopf vorweisen würde, der solle 500 haben ... Eine solche Erbitterung hatte er damals auf jenen Fürsten. Trotzdem tat er ihm später, als er wirklich sein Gefangener geworden war, kein Leid an, sondern verbannte ihn nur nach Alexandria.«[19] Welche Bedeutung diesen beiden Männern vor und während des Krieges aber tatsächlich zukam, bleibt uns verborgen.

Ebensowenig kennen wir die Ursachen des Krieges. Vermutlich haben, von den Goten bedrängt, die unmittelbaren Nachbarn der swebischen Völker versucht, sich auf römischem Reichsboden festzusetzen und dabei die Unterstützung der Markomannen und Quaden erhalten. Es mag auch sein, daß der Einsatz zahlreicher an der Donau stationierter römischer Einheiten im Partherkrieg den Markomannen und Quaden nicht verborgen blieb und deren Angriff herausforderte. An irgendwelche überragende Führerpersönlichkeiten, die eine sorgsam geplante Koalition mehrerer Völker zustandegebracht und über 14 Jahre auch zusammengehalten hätten, wird man jedenfalls nicht denken. Männer wie Ariovist, Arminius oder Marbod wären uns, bei aller Dürftigkeit der römischen Überlieferung, bekanntgeworden.

»Aber jener Aufbruch (des Marcus) ins Feld hatte (zu Beginn der Kampfhandlungen) nicht geringen Erfolg... denn die meisten Könige zogen sich mit ihren Völkern zurück und töteten die Urheber des Krieges.«[20]

Wenn wir dieser Nachricht Glauben schenken dürfen, so hätte offenbar die Volksversammlung der Markomannen und Quaden die Führung des Krieges mitbestimmt, und Männer wie Ballomarius und Ariogaisos wären nur »Heerkönige« gewesen. Um dies zu werden, hätte es nicht einmal einer besonderen Herkunft bedurft; es gab genug Fehden, in denen sich ein Krieger hervortun konnte.

Daß aber der große Krieg über so viele Jahre hinweg andauern konnte, dies erklärt sich unschwer aus den Anfangserfolgen der swebisch-sarmatischen Seite und dem unbeugsamen Willen des Marcus, einer Bedrohung wie dieser nicht nur zu widerstehen, sondern sie auch in Zukunft unmöglich zu machen.

Erfolge und Mißerfolge der beiden kriegführenden Parteien wechselten in den Jahren 166 bis 180 verwirrend oft. Doch trotz der nicht immer eindeutigen Aussagen der römischen Geschichtsschreiber läßt sich der äußere Ablauf des Krieges wenigstens in Umrissen nachzeichnen.

In den Jahren 167 bis 170, volle vier Jahre also, befanden sich die verbündeten swebischen und sarmatischen Völker in der Offensive. Sie vernichteten mehrfach römische Heere, drangen vorübergehend bis Aquileja vor, überschwemmten die römischen Provinzen Moesien, Pannonien, Noricum und Dakien und bedrohten die Provinz Raetien, die Graubünden und Tirol sowie das Alpenvorland zwischen Schwäbischer Alb und Inn umfaßte. Erst im Verlaufe des Jahres 171 gelang es den Römern, ihre Provinzen vom Feinde zu säubern und mit den zahlreichen Einfällen fertig zu werden, die, ermutigt durch die Erfolge der Sweben und Sarmaten, auch andere Völker zum Überschreiten der Reichsgrenzen verleitet hatten.

Im Jahre 172 begannen die Römer, offensiv zu werden. Sie schlugen als erste die Quaden, danach die Markomannen und schließlich Hermunduren und Jazygen.

Aber die abgeschlossenen Friedensverträge waren von geringem Wert, und schon 173 mußten sie erneut gegen die Quaden und 174/175 wiederum gegen die Jazygen zu Felde ziehen.

Greifbar nahe schien für die Römer im Jahre 175 der Sieg, da erklärte sich im selben Jahre Avidius Cassius zum Kaiser, jener vorzügliche Feldherr, dem Marcus den Erfolg über die Parther verdankte und dem der Schutz der kleinasiatischen Provinzen anvertraut worden war. Marcus war gezwungen, in den Orient zu ziehen und eine entsprechende Anzahl Truppen mitzunehmen. Zwar wurde Avidius Cassius von seinen eigenen Soldaten ermordet, doch die Abwesenheit des Kaisers genügte, um den Krieg an der Donau im Jahre 177 erneut aufleben zu lassen.

Die Jahre 178 und 179 brachten den Römern schließlich den vollen Triumph. Tief drangen sie in das Markomannen- und Quadenland ein und stationierten dort angeblich 20000 Mann. Ob diese Zahl stimmt, wissen wir nicht; römische Standlager aber hat man teilweise ausgegraben.

Die beiden swebischen Völker müssen die Okkupation als so hart empfunden haben, daß die Quaden versuchten, auszuwandern und die Semnonen um Aufnahme baten. Doch Marcus verweigerte ihnen den Auszug und ließ die Wege ins Semnonenland sperren.

Diese Maßnahme allein besagt nicht, daß Marcus beabsichtigte, zwei neue römische Provinzen, Marcomannia und Sarmatica, einzurichten. Von dieser Absicht berichtet jedoch eine allerdings erst im 4. oder 5. Jahrhundert verfaßte Schilderung seines Lebens. Sie ist Teil der »Historia Augusta«, einem Werk, das Leben und Taten römischer Herrscher von Hadrian bis Alexander Severus verzeichnet. Sein Quellenwert ist umstritten, sieht man jedoch die kurze Notiz: »Er hatte die Absicht, das Markomannen- wie auch das Sarmatenland zur Provinz zu machen«[21], im Zusammenhang mit dem Gesamtgeschehen des Markomannenkrieges, so möchte man ihm Glauben schenken.

Ein vierzehnjähriger Krieg neigte sich seinem Ende zu. Drei römische Provinzen waren entsetzlich verwüstet worden und nicht anders die Länder der verbündeten Sweben und Sarmaten. Die Opfer müssen auf beiden Seiten ungeheuer gewesen sein.

Dabei lassen die römischen Berichte, die stereotyp die Zahlen der Erschlagenen, Gefangenen oder Deportierten nennen, die ganze Scheußlichkeit der Kriegsführung nur ahnen, und nicht anders verhält es sich mit den Darstellungen auf der Säule, die der Sohn des Marcus in Rom errichten ließ. Im dunkeln bleibt auch das Geschick der unzähligen Bewohner römischer Provinzen, die von Sweben oder Sarmaten erschlagen und verschleppt wurden. Sollte der empfindsame Mann auf dem Kaiserthron nicht daran gedacht haben, dies ein für allemal auszuschließen?

Marcus hat das 1. Buch seiner »Selbstbetrachtungen« unterschrieben: »Bei den Quaden am Granuas«, der heutigen Gran also, und das 2. Buch »In Carnuntum«. Dort ist er am 17. März des Jahres 180 gestorben. Sein Sohn beeilte sich, Frieden zu schließen.

»Die Markomannen hatten infolge der Menge der Gefallenen und der dauernden Verwüstung ihrer Wohnsitze furchtbaren Mangel an Nahrung und an Männern. Sie schickten daher an den Kaiser (Commodus) als Gesandte wegen des Friedens nur zwei ihrer Vornehmen und zwei Männer aus dem Volk. Er (Commodus) hätte sie leicht vernichten können: trotzdem schloß er ... mit ihnen Frieden unter denselben Bedingungen wie sein Vater (d. h. sie mußten auf dem linken Donauufer einen Gebietsstreifen abtreten) und unter der Voraussetzung, daß sie ihm die Überläufer und Kriegsgefangenen, die sie seitdem gemacht hatten, zurückgäben und eine bestimmte Menge Getreide lieferten, die jährlich festzusetzen sei, doch verzichtete er später auf diese Forderung. Er erhielt auch von ihnen einige Waffen (ausgeliefert) und an Kriegern von den Quaden 13 000 Mann, von den Markomannen weniger: hierfür erließ er ihnen einen Teil der jährlich zu stellenden Mannschaften. Dazu legte er ihnen die Verpflichtung auf, weder oft noch an vielen Stellen des Landes Versammlungen abzuhalten, sondern nur einmal in jedem Monat und an einem einzigen Ort in Gegenwart eines römischen Zenturionen... Unter diesen Bedingungen schloß er Frieden und gab alle Kastelle, die in ihrem Lande jenseits der abgesonderten Grenzscheide errichtet waren, auf.«[22]

Die Jahre, die auf den Tod des Marcus und den Friedensschluß seines Sohnes Commodus folgten, müssen für die Überlebenden des großen Krieges und die im Markomannen- und Quadenland Heranwachsenden bedrückend gewesen sein.

Ihre Volksversammlungen wurden von römischen Offizieren überwacht; ein unmittelbarer Zugang zur Donau war ihnen verwehrt, und die entlang des Flusses neu errichteten Kastelle verhinderten jeden Raubzug in die römischen Provinzen. So werden sich unter den Männern, die noch gegen Marcus gefochten hatten, wie auch unter denen der heranwachsenden Generation, nicht wenige befunden haben, die danach trachteten, sich der Überwachung durch die Römer zu entziehen. Sie haben ihre Hoffnungen offenbar auf die Semnonen und Hermunduren gesetzt.

Von keiner Quelle belegt, aber durch die späteren Ereignisse wahrscheinlich gemacht, scheinen sich im Lande um die mittlere Elbe, das von den Auseinandersetzungen mit Rom verschont geblieben war, gegen Ende des 2. Jahrhunderts mehr und mehr Leute eingefunden zu haben, die einerseits aus den von den Römern kontrollierten Ländern der Markomannen und Quaden kamen, andererseits aus Landstrichen stammten, die im Osten an das Semnonen- und Hermundurenland grenzten; Gebiete also, die von den unter dem Druck der Goten nach Westen ausweichenden Burgundern nach und nach besetzt wurden.

Daß zumindest die Semnonen bereit waren, solche Menschen aufzunehmen, geht aus dem oben geschilderten Versuch der Quaden hervor, in das Semnonenland auszuwandern; ein Versuch, der nur durch die Römer vereitelt wurde. Es hat demnach den Anschein, daß der von Tacitus über 100 Jahre zuvor so eingehend geschilderte Swebenbund das Marbodreich und dessen Zusammenbruch überdauert hat, und daß Semnonen, Hermunduren, Markomannen und Quaden sich nach wie vor als Sweben empfanden.

Bei aller Gastfreundschaft, die ihnen Semnonen und Hermunduren aber auch geboten haben mögen, es liegt nahe anzunehmen, daß diese Emigranten und Flüchtlinge danach trachten mußten, sich wirtschaftlich unabhängig zu machen. Aus ihren Reihen dürften sich deshalb die ersten jener vornehmlich wohl berittenen Kriegertrupps gebildet haben, die nach Westen zogen, in der Hoffnung, dort in das römische Reichsgebiet einbrechen und Beute machen zu können. Es wird allerdings nicht lange gedauert haben, bis sich auch Semnonen und Hermunduren an solchen Heerfahrten beteiligten. Mit Beginn des Frühjahrs auszureiten und bei Anbruch der kalten Jahreszeit beutebeladen zurückzukehren, wird durchaus nach dem Geschmack jener Leute gewesen sein.

Daß sich um die Führer der Trupps ihnen enger verpflichtete Gefolgschaften gebildet haben, liegt auf der Hand. Wir finden solche Gefolgschaften bei vielen Völkern der Kulturstufe, auf der sich im 3. Jahrhundert die Sweben befanden. Sie sind keine spezifisch germanische Erscheinung, und wenn wir das Verhalten der einzelnen Gefolgsleute genauer betrachten, so erkennen wir, daß diese nicht die bis in den Tod getreuen Männer waren, wie uns das die Heldensagen glauben machen möchten. Auch der germanische Krieger zog es meist vor, zu überleben, vor allem dann, wenn ihm Zeit blieb, das Für und Wider abzuwägen.

Sicher hat es zwischen den einzelnen Trupps Rivalitäten gegeben, zumal ihre Männer aus verschiedenen Völkern des Swebenbundes kamen, und völlig werden sich solche Unterschiede auch späterhin nicht verwischt haben. Die Organisation der Trupps, die Art ihres Vorgehens und ihre Ziele scheinen einander aber doch so ähnlich gewesen zu sein, daß sie sich entweder selbst Alamannen, das heißt Leute aus allen Völkern des Swebenbundes nannten, oder daß sie von ihren Volksgenossen so genannt wurden.

Es gibt eine Menge anderer Deutungen des Namens der Alamannen. Wir halten die hier gegebene für die wahrscheinlichste, zumal sie durch die einzige antike Quelle gestützt wird, die sich mit der Herkunft des Alamannennamens beschäftigt. Sie bezeichnet die Alamannen als »ein zusammengewürfeltes Mischvolk«[23].

Den kriegerischen Unternehmen der Alamannen hat sich immer nur ein kleiner Teil der Angehörigen der swebischen Völker angeschlossen, und das weitere Schicksal dieser Völker ist in ganz unterschiedlichen Bahnen verlaufen:

Die Semnonen werden in den römischen Quellen zum letztenmal im Jahre 178 genannt. Nach Aussage der Bodenfunde können sie ihre Heimat jedoch erst um die Mitte des 4. Jahrhunderts verlassen haben. Sie sind in das von den Alamannen eroberte Südwestdeutschland gezogen.

Die Markomannen sind während des 5. Jahrhunderts aus Böhmen ausgewandert und haben sich den Teilen ihres Volkes angeschlossen, die zuvor schon in Noricum und Pannonien Aufnahme gefunden hatten. Sie erscheinen letztmals im Heere Attilas, das 451 in Gallien einfiel.

Teile der Quaden begleiteten zu Beginn des 5. Jahrhunderts die Vandalen nach Gallien und Spanien. Das »Swebische Reich«, das sie dort gründeten, wurde dem Reiche der Westgoten im Jahre 585 einverleibt. Die Quaden, die in Mähren zurückgeblieben waren, gerieten unter hunnische Herrschaft, befreiten sich nach dem Tode Attilas und unterlagen nach mannigfachen Kriegen gegen Goten und Heruler schließlich den Langobarden. Mit diesen sind sie im Jahre 568 in Italien eingerückt.

Die Hermunduren schließlich siedelten schon während des 1. Jahrhunderts in zwei räumlich getrennten Gruppen. Zum einen ostwärts der mittleren Elbe, wo sie Velleius Paterculus als Nachbarn der Semnonen nennt; zum anderen zwischen Main und Donau gegenüber der römischen Provinz Rätien, wo sie Tacitus erwähnt. Die an der Elbe sitzenden Hermunduren scheinen sich bis zum Ausgang des 3. Jahrhunderts in den Raum von Saale und Unstrut vorgeschoben zu haben. Sie sind in den späteren Thüringern aufgegangen. Die Donau-Hermunduren erscheinen, weshalb wissen wir nicht, seit der Mitte des 3. Jahrhunderts unter dem neuen Namen der Juthungen, und werden schon gegen Ende dieses Jahrhunderts zu Verbündeten der Alamannen.

Wir haben die im Bund der Sweben vereinten Völker bislang mit ihren besonderen Namen genannt oder sie allgemein als Sweben bezeichnet, und die Angehörigen dieser Völker wie die Römer haben dies ebenso gehalten. Nun, mit dem Aufgehen der einzelnen Völker des Bundes in neuen politischen Einheiten erlöschen nicht nur ihre Namen, sondern auch der Name des Swebenbundes; mit Ausnahme bei den Quaden in Spanien und den Alamannen in Südwestdeutschland. Wie bereits erwähnt, hat er sich bei den letzteren erneut durchgesetzt und im Namen der Schwaben bis heute erhalten.

Später als bei den Alamannen und in anderer Weise als bei diesen ist es dann auch bei weiteren germanischen Völkern zur Bildung jener Verbände gekommen, die wir heute die deutschen »Stämme« nennen.

»Die Alamannen, einen Stamm mit zahlreichen Angehörigen, der ausgezeichnet zu Pferde kämpft, besiegte er (Caracalla) völlig in der Nähe des Flusses Moenus (Main).«[24]

Caracalla – Alamannen am römischen Grenzwall – Die Sasaniden – Erste alamannische Einfälle in das Römische Reich – Germanische Völker untereinander – Die Eroberung Südwestdeutschlands durch die Alamannen und die Kriege bis zum Ausgang des 3. Jahrhunderts

»Am 11. August (des Jahres 213) kamen auf dem Capitol vor der Cella der Königin Juno die Arvalbrüder (die sich insbesondere des Kaiserkultes annahmen) zusammen, weil unser Herr, der erhabenste Kaiser, der gnädige M(arcus) Aurelius Antoninus Augustus (genannt Caracalla), der Oberpriester, im Begriff ist, über den Limes von Raetien (das Land) der Barbaren zu betreten, um die Feinde zu vertilgen, auf daß dies Unternehmen ihm mit Erfolg und Glück ausgehe; und sie brachten das Opfer durch L(ucius) Armenius Peregrinus.« Und die Brüder kamen nach Aussage ihrer Protokolle noch »unter den gleichen Consuln (d. h. im selben Jahre 213) am 6. Oktober ... wegen des Sieges ... über die Germanen zusammen und opferten«[25].

Marcus hatte mit der Inthronisation seines Sohnes Commodus auf das Wahlkaisertum verzichtet, und wo immer dies möglich schien, versuchten auch seine Nachfolger die Gründung eigener Dynastien. Gelungen ist dies jedoch nur dem Lucius Septimius Severus, dessen Haus von 193 bis 235 regierte.

Zwar waren weder die Söhne des Septimius, Geta und Caracalla, noch die ihnen folgenden Angehörigen des severischen Hauses den Anforderungen gewachsen, die das Regieren an sie stellte. Aber sie hatten das Glück, tüchtige Ratgeber an ihrer Seite zu wissen, und wenn sie auch nicht immer auf diese hörten, so erscheint unter ihrer Regierung das Reich, zumindest nach außen hin, noch als weitgehend stabil. In mehreren Feldzügen wurden seine Grenzen erfolgreich gegen die Parther verteidigt, ja sogar erweitert, und auch gegen die germanischen Völker fochten die römischen Heere zumeist siegreich, so auch gegen die Alamannen im Jahre 213.

Nach Aussage der Bodenfunde haben wir uns das Vorland des römischen Grenzwalls zwischen dem Unterlauf des Mains und der Donau als nur dünn besiedelt vorzustellen. In dem Raum, in dem sich die alamannischen Kriegertrupps bewegten, lagen weit verstreut die Gehöfte und Weiler der Hermunduren. Ihre Männer mögen sich zum Teil den Alamannen angeschlossen haben, zahlenmäßig blieb die Stärke der Trupps trotzdem gering. Zu mehr als gelegentlichen Streifzügen in das Hinterland des Limes waren sie nicht in der Lage, und Überfälle wie die ihren ereigneten sich zu jeder Zeit und an allen Grenzen des Reiches.

Es mag sein, daß die Aktivität der Trupps um das Jahr 213 lebhafter war als üblich. Die Aufmerksamkeit, die Kaiser Caracalla ihr schenkte, der nach seiner Vorliebe für einen langen in Gallien getragenen Kapuzenmantel so genannt wurde, hat sie wohl kaum verdient. Das riesige Aufgebot, mit dem er den Grenzwall überschritt und in das Barbarenland eindrang, ist jedenfalls schon in der Antike mit Spott bedacht worden. Die Siege, die er errang, dürften sich auf das Niederbrennen einiger hermundurischer Flecken beschränkt haben, und unter den Gefangenen, die er einbrachte, werden sich kaum welche der flinken alamannischen Reiter befunden haben. Daß es ihm aber gelang, Alamannen in seine Leibwache aufzunehmen, dies wird sicher zu Recht berichtet, denn unter den Männern der Trupps gab es gewiß nicht wenige, die das römische Gold lockte.

Ruhig blieb es an der römischen Grenze zwischen Rhein und Donau auch in den folgenden 20 Jahren. Dann erst, im Jahre 233, kam es zu größeren Angriffen der Alamannen. Sie decken sich zeitlich mit dem Abzug römischer Truppen in den Orient. Dort war den Römern ein Feind erwachsen, der ihnen gefährlicher werden sollte als die Parther. Wohl waren auch die Parther, nachdem sie der Herrschaft der Seleukiden ein Ende bereitet hatten, hartnäckige Gegner der Römer geworden, aber wie die Römer, hatten auch sie die griechische Kultur in ihre eigene aufgenommen.

Anders Ardaschir, der seine Ahnenreihe auf Sasan aus der Persis, dem Stammlande der Achaimeniden, zurückführte. Kaum hatte er den letzten König der Parther besiegt und sich im Jahre 226 zum Herrscher erklärt, griff er sogleich auf die Tradition der Achaimeniden zurück und bezeichnete das halbe Jahrtausend griechischer und parthischer Herrschaft kurzerhand als Übergangszeit. Dementsprechend forderte er auch Rom auf, alles Gebiet, das einst zum Reiche der Achaimeniden gehört hatte, das heißt alles Land bis zum Bosporus unverzüglich zu räumen.

Es war jedoch weniger dieser nationale Anspruch, der den Sasaniden für Rom so gefährlich werden ließ. Es war der religiöse Fanatismus, auf den er sich stützen konnte. Neben der Wiederbelebung der nationalen persischen Tradition hatte er eifrig die um 600 v. Chr. entstandenen Lehren des Zarathustra gefördert und sie mit Hilfe einer gut organisierten Priesterschaft zur Staatsreligion erhoben. Die Kriege, die er und seine Nachfolger fortan führten, wurden so zu Vorläufern späterer Religionskriege und sollten insbesondere das Christentum gefährden, das sich in Kleinasien auszubreiten begann.

Als Ardaschir im Jahre 231 in das von Septimius Severus den Parthern wieder einmal abgenommene Mesopotamien eindrang, sah sich dessen Großneffe Severus Alexander gezwungen, auch Abteilungen aus den Legionen an Rhein und Donau abzuziehen und sich selbst auf den Kriegsschauplatz zu begeben. Im Jahre 232 griff er die Perser an, doch ohne jeglichen Erfolg, und vor einer Niederlage rettete ihn nur der Umstand, daß Ardaschir seinerseits im Rücken bedroht wurde.

So brach der Kaiser den Feldzug schleunigst ab, als er erfuhr, daß die »Germanen« in die nördlichen Provinzen eingefallen waren und eilte an den Rhein. Aber die Soldaten hatten das Vertrauen in die Severer verloren. Sie erschlugen Severus Alexander in der Nähe von Mainz, und ein halbes Jahrhundert lang bestimmten nun die Führer rivalisierender Heeresgruppen, wer römischer Kaiser wurde.

Der alamannische Einfall des Jahres 233 läßt sich auch archäologisch nachweisen. Nicht nur an zerstörten militärischen und zivilen Anlagen. Auch die Münzen, die von ihren verängstigten römischen Besitzern dem Boden in oft großer Zahl anvertraut wurden und die man in neuerer Zeit aufgefunden hat, sind dafür ein beredtes Zeugnis.

Doch auch dieser Einfall der Alamannen wurde von dem tatkräftigen Nachfolger des Severus Alexander erfolgreich abgewiesen, und für weitere 25 Jahre hielten unter mancherlei Kleinkriegen die Römer ihre Herrschaft an Rhein und oberer Donau aufrecht.

Germanische Völker haben auch in der Folgezeit wiederholt versucht, beim Abzug römischer Truppen in den Orient die Rhein-Donau-Grenze zu überschreiten, konnten ihnen die Ereignisse im Römischen Reich doch nicht verborgen bleiben. Viele ihrer Angehörigen dienten im römischen Heere, ja oftmals in der unmittelbaren Umgebung des Kaisers, und der Kontakt der germanischen Grenzbevölkerung mit den römischen Truppen war in Friedenszeiten gewiß eng, zumal es dem Grenzsoldaten mittlerweile erlaubt war, eine Familie zu gründen und eigenes Land zu bestellen. Man braucht deshalb nicht an große Koalitionen germanischer Völker zu denken, wenn diese gleichzeitig die Grenzen des Römischen Reichs angriffen.

Das Verhalten der Völker zueinander war außerdem meist ein feindseliges, und die Kriege, die sie gegeneinander führten, waren nicht weniger zahlreich und vor allem nicht weniger grausam als ihre Kriege gegen die Römer. Der Swebe und Alamanne hat im Burgunder und Franken ebenso seinen Feind gesehen wie im Römer und war jederzeit bereit, sich mit dem einen gegen den andern zu verbünden.

In diesem Zusammenhang mag erwähnenswert sein, daß die Sprachforschung für den hier geschilderten Zeitraum bereits vier germanische Sprachgruppen unterscheidet, und zwar die Nordgermanen, die Elb-Oder-Germanen, die Weser-Rhein-Germanen und die Nordseegermanen. Nimmt man die ausgestorbenen germanischen Sprachen hinzu, so läßt sich zudem noch eine ostgermanische Sprachgruppe aussondern, zu der die Goten, Burgunder und Vandalen gehörten.

Wir sind auf die mannigfachen Thronstreitigkeiten innerhalb des severischen Hauses nicht eingegangen. Sie blieben, zumindest was die Namen der Akteure anbelangt, für die Alamannen bedeutungslos. Und dasselbe gilt für die 16 Kaiser, die von 235 bis 284 teils nach-, teils neben- und gegeneinander regierten. Sie alle haben sich redlich bemüht, die Grenzen des Reiches zu schützen; oftmals vergebens, denn außer den Kriegertrupps der swebischen Völker – den Alamannen – begannen nun auch Heerhaufen anderer germanischer Völker, in das Reich einzufallen, voran die der Goten und der Franken.

Wenige Jahre vor dem alamannischen Einfall des Jahres 233 hatte die lange Wanderung der Goten von der Weichselmündung bis zur unteren Donau ihr Ende gefunden, und die Thronstreitigkeiten, die nach der Ermordung des Severus Alexander zwischen den rivalisierenden römischen Feldherren ausgebrochen waren, boten den Goten die Gelegenheit, die römischen Provinzen zu verheeren.

Im Verein mit zahlreichen, auch nichtgermanischen Völkern haben sie den Römern keine Ruhe mehr gegönnt, und als im Jahre 259 Kaiser Valerian zu einem neuen Perserkrieg aufbrechen mußte, der im darauffolgenden Jahr mit einer Niederlage der Römer und der Gefangennahme des Kaisers endete, fielen sie erneut in das Reichsgebiet ein.

Und wiederum nahezu gleichzeitig begann ein großer Angriff germanischer Völker auf die Reichsgrenze. Diesmal erstreckte er sich von der Donaumündung bis zum Niederrhein, wo wir zum erstenmal vom Namen der Franken erfahren.

Der Stammesverband der Franken war aus mehreren germanischen Völkern zusammengewachsen, zu denen auch die im heutigen Hessen siedelnden Chatten gehörten. Seit der Mitte des 3. Jahrhunderts waren es somit Franken und Alamannen, die den Römern am Rhein und an der oberen Donau gegenüberstanden. Im Jahre 259 führten ihre Kriegszüge sie tief in das römische Reichsgebiet, die Franken quer durch Gallien bis nach Spanien, die Alamannen in den Südosten Galliens und nach Italien.

Gallienus, der Sohn und Mitregent des unglücklichen Valerian, hat die Alamannen dabei wiederholt geschlagen, zuletzt offenbar bei Mailand. Das Land zwischen Rhein und oberer Donau aber mußte er aufgeben, und in den folgenden 15 Jahren verzeichnen die römischen Quellen noch mehrmals Einfälle der Alamannen und der mit ihnen verbündeten Juthungen in Italien. Ja, bis in die Nähe Roms sind sie vorgedrungen, wo Kaiser Aurelian die nach ihm benannte Mauer zum Schutze der Hauptstadt errichten ließ.

Erst im Jahre 277 gelang es Kaiser Probus, sie empfindlich zu treffen, denn: »Als sie auf unserem Stromufer, vielmehr schon durch ganz Gallien sorglos umherstreiften, vernichtete er beinahe 400000 von ihnen, die römischen Boden in Besitz genommen hatten, und drängte den Rest über den Fluß Niger (sonst Nicer, der Neckar) und die Alba (Alb) zurück. So viel nahm er den Barbaren an Beute ab, wie sie selbst den Römern geraubt hatten. Gegenüber den römischen Städten errichtete er Lager auf dem Boden des Barbarenlandes und legte Truppen dorthin. Ackerland, Scheunen, Häuser und Getreide stellte er allen denen zur

Verfügung, die er auf Außenwachen ansiedelte. Denn die Kämpfe hörten niemals auf, wobei täglich die Köpfe von Barbaren zu ihm gebracht wurden – für jeden gab es ein Goldstück – so lange, bis neun Könige (hier reguli: Kleinkönige) von verschiedenen Stämmen kamen und sich Probus zu Füßen warfen. Ihnen legte er zuerst die Stellung von Geiseln auf, die sofort geliefert wurden, dann Getreide, schließlich auch die Lieferung von Kühen und Schafen ... Außerdem empfing er 16000 Rekruten, die er sämtlich auf verschiedene Provinzen verteilte, in der Weise, daß er sie zu 50 oder 60 in die Truppenkörper und sogar in die Grenzregimenter einreihte, indem er erklärte: ›Merken müsse man es, nicht sehen, wenn Rom durch barbarische Hilfstruppen unterstützt würde.‹«[26]

Der hier wiedergegebene Bericht ist in mancherlei Hinsicht aufschlußreich. Er zeigt uns, daß es den Römern zwar gelungen war, die Grenze an Rhein und oberer Donau vorübergehend zu stabilisieren, daß sie aber offenbar darauf verzichtet hatten, Südwestdeutschland wieder in Besitz zu nehmen.

Nicht weniger wichtig ist für uns zu erfahren, daß die Alamannen damit begannen, sich in dem von ihnen eroberten Land festzusetzen. Wenn Probus in Gallien auch sicherlich keine 40000 Alamannen erschlagen hat, der Zahl von 16000 von den Alamannen gestellten Rekruten ist man eher geneigt Glauben zu schenken, obgleich uns die Bodenfunde keinerlei Aufschluß über die Art und Dichte einer möglichen alamannischen Besiedlung geben.

Wie aber war es möglich, daß aus den kleinen Kriegertrupps des Jahres 213 im Verlaufe von knapp 50 Jahren ein zahlenmäßig so starker Verband werden konnte; denn die von uns oben zitierte Quelle aus der zweiten Hälfte des 4. Jahrhunderts ist zwar richtig hinsichtlich des ersten Auftretens der Alamannen, gibt jedoch deren Stärke aus der Sicht des 4. Jahrhunderts wieder.

Fassen wir noch einmal zusammen: Wir nahmen an, daß sich

nach dem Ende des Markomannenkrieges im Jahre 180 aus vertriebenen oder emigrierten Männern swebischer Völker Kriegertrupps gebildet hatten, deren Angehörige sich Alamannen, das heißt Männer aus allen Völkern des Swebenbundes nannten, und wir vermuteten, daß sich den Heerfahrten dieser Trupps sehr bald schon beutehungrige Semnonen und Hermunduren anschlossen.

Wir begegneten diesen Trupps erstmals im Jahre 213 am rätischen Limes, doch erst 20 Jahre später gelang ihnen ein größerer Einfall in das Reichsgebiet, und auch dieser wurde von den Römern erfolgreich abgewiesen.

Dann, nach langen Jahren des Kleinkrieges im Vorland des römischen Grenzwalls, erscheinen die Alamannen plötzlich in großer Zahl. Sie überrennen die römischen Grenzsicherungen und brechen tief in Südostgallien und Italien ein.

Erklären läßt sich dies wohl nur damit, daß sich die Stärke der Trupps ständig veränderte. Schmolzen sie in ruhigen Zeiten auf kleinere Banden zusammen, die ihren Bestand durch ein Verdingen an irgendwelche kriegführenden Völker, ja sogar an die Römer gesichert haben mögen, so schwollen sie zu ansehnlicher Größe an, sobald ein Raubzug Aussicht auf Erfolg versprach.

Immer wieder werden sie sich dabei um besonders abenteuerlustige und kriegstüchtige Führer gebildet haben, und solche Führer werden auch die neun »Könige« gewesen sein, die uns im oben zitierten Bericht genannt werden. Bekannt geworden ist nur der Name eines Wibulus, der im Jahre 260 Aventicum, das heutige Avenches in der Schweiz, plünderte.

Über die Art und Weise der Kriegsführung der Alamannen erfahren wir aus dieser Zeit nichts. Durch die Nachbarschaft swebischer Völker zu den sarmatischen Jazygen mögen die Trupps einiges von deren Reitertaktik übernommen haben. Ebenso läßt sich über die Wege, die die Alamannen bei ihren Einfällen nach Südostgallien und Italien nahmen, nur spekulieren.

Eines jedoch ist sicher: Die aus einer rein bäuerlichen Kultur kommenden Männer mußten der Faszination all der Herrlichkeiten erliegen, die ihnen die reichen Kulturlandschaften Galliens und Italiens boten, und für diese furchtbaren Söhne des Krieges verdichtete sich der wirre Traum von immerwährenden Beutezügen und Reichtum verheißenden Eroberungen zur Wirklichkeit. Der Zusammenbruch des Römischen Reiches schien besiegelt.

»Stärker als der Senat und das römische Volk«[27]

Krise des Reiches – Reformen und ihre Folgen

Schon unter der Regierung des Marcus und deutlicher noch während der zwölfjährigen Regierung des Commodus, hatten sich im wirtschaftlichen wie im kulturellen Gefüge des Römischen Reiches Veränderungen bemerkbar gemacht, die im Verein mit der äußeren Bedrohung dessen Bestand im 3. Jahrhundert gefährden sollten.

Mit der Entvölkerung ganzer Landstriche durch Krieg und Pest war die Wirtschaftskraft empfindlich geschwächt worden, ein Zerfall der Währung und schwere soziale Unruhen mußten die Folge sein.

»Wenn ihr von Wegelagerern ungefährdet sein wollt, so ernährt eure Sklaven«[28], ließ der Anführer einer Räuberbande bereits die Regierung des Commodus wissen. Aber es waren zum geringsten Teil entlaufene Sklaven, die das Land und die Straßen unsicher machten. Zahlreiche Deserteure und verarmte Bauern strömten den brennenden und mordenden Haufen zu, und nur vorübergehend gelang es, ihrem Treiben ein Ende zu bereiten. Besonders um die Mitte des 3. Jahrhunderts machten die Aufstände der Bagauden, der »Streitbaren«, wie sie sich nannten, in den gallischen Provinzen den Kaisern zu schaffen. Sie wurden zwar niedergeschlagen, doch flammten sie bis in das 5. Jahrhundert hinein immer wieder auf.

Nicht zuletzt dies wirtschaftliche Elend war es auch, das einen Wandel der religiösen Vorstellungen der Menschen bewirkte und damit ihr Verhalten dem Staate gegenüber von Grund auf veränderte.

»G. Plinius an Kaiser Trajan. Ich habe es mir zur Regel gemacht, Herr, alles, worüber ich im Zweifel bin, Dir vorzutragen. Wer könnte denn besser mein Zaudern lenken oder meine Unwissenheit belehren? Gerichtsverhandlungen gegen Christen habe ich noch nie beigewohnt, deshalb weiß ich nicht, was und wieweit man zu strafen oder zu untersuchen pflegt.«[29]

Und nun folgt ein ausführlicher Bericht des ratlosen Plinius, der sich in den Jahren 111 bis 113 als Statthalter Bithyniens – etwa der heutigen türkischen Provinz Kocaeli – mehrfach an seinen Herrn wandte, um ja nichts falsch zu machen; und der geduldige Trajan antwortete:

»Trajan an Plinius. Mein Secundus! Bei der Untersuchung der Fälle derer, die bei Dir als Christen angezeigt worden sind, hast Du den rechten Weg eingeschlagen. Denn insgesamt läßt sich überhaupt nicht feststellen, was gleichsam als feste Norm dienen könnte. Nachspionieren soll man ihnen nicht; werden sie angezeigt und überführt, sind sie zu bestrafen, so jedoch, daß wer leugnet Christi zu sein und das durch die Tat, das heißt: durch Anrufung unserer Götter beweist, wenn er auch für die Vergangenheit verdächtig bleibt, aufgrund seiner Reue Verzeihung erhält. Anonym eingereichte Klageschriften dürfen bei keiner Straftat Berücksichtigung finden, denn das wäre ein schlimmes Beispiel und paßt nicht in unsere Zeit.«[30]

Dieser berühmt gewordene Briefwechsel ist einer der frühesten Belege für die Haltung eines römischen Kaisers gegenüber dem sich mehr und mehr ausbreitenden Christentum. Er zeigt, mit welcher Gelassenheit das Aufkommen der neuen Religion zunächst noch hingenommen wurde. Auch während der Regierung Hadrians und des Antoninus Pius änderte sich daran nichts.

Offenbar unter dem Eindruck der Pest hat dann Marcus um

die Jahre 166 bis 168 und nochmals im Jahre 177 Edikte erlassen, die die öffentliche Veranstaltung von Tieropfern, Trankopfern und Feiern befahl. Die Opfer sollten die sichtlich erzürnten Götter besänftigen, ein Verhalten also, das ganz der römischen Tradition und Religiosität entsprach. Die Edikte richteten sich demnach keineswegs gegen die Christen, doch mußte es zwangsläufig zu deren Verfolgung kommen, wenn diese die Opfer verweigerten und nach Auffassung der Regierung damit das Wohlergehen der Gemeinschaft gefährdeten. Für seine Person war Marcus gewiß kein Christenverfolger, auch wenn er die religiösen Vorstellungen der Christen ablehnte. Seine Weltanschauung formte sich an dem toleranten, philosophischen Denken der Zeit.

Schon seit dem 1. Jahrhundert hatten sich die Philosophen als die berufenen Wegweiser durch das Leben betrachtet, und Männer wie Frauen aller Schichten waren ihnen willig gefolgt. Nicht zum Schaden der Moral der römischen Gesellschaft, auch wenn die sittlichen Forderungen der Philosophen nicht verhindern konnten, daß bei den grausamen Tierhetzen und Gladiatorenspielen weiterhin Ströme von Blut vergossen wurden und eine bessere Behandlung der Sklaven wohl mehr auf die wirtschaftlichen Überlegungen ihrer Besitzer als auf deren Mitleid zurückzuführen ist.

Der Philosoph war der Seelsorger im eigentlichen Sinne. Die Götter rief man zwar um ihren Beistand an, und man achtete auch ihre Priester als die berufenen Vermittler; in den Kümmernissen des Lebens zu Rate gezogen hat man weder die Götter noch die Priester, sondern den Philosophen. Die Person des Philosophen spielte somit eine weitaus größere Rolle als die von ihm vertretene philosophische Richtung, und gefährdet war die selbsterwählte Stellung der weisen Männer deshalb auch nur dann, wenn sie ihre Anhänger allzu heftig tadelten.

Der Einfluß der Philosophen wurde jedoch zunehmend geringer, als in den Nöten der Pest, der Kriege und des wirtschaftlichen Niedergangs immer mehr Menschen sich den zumeist monotheistischen Erlösungsreligionen des Orients zuwandten, schilderten diese doch das elende diesseitige Leben als die notwendige Stufe zu einem besseren Jenseits und versprachen mit der Auferstehung des Fleisches ein Fortleben nach dem Tode.

Was wir hier sehr vereinfachend darzustellen versuchten, trifft selbstverständlich nicht für alle Teile des Reiches gleichermaßen zu. Ein merklicher Einfluß der Philosophie war nur dort möglich, wo der Philosoph sein Brot fand, das heißt in den Städten, und auch die Ausbreitung der orientalischen Religionen blieb einschließlich der des Christentums noch für lange Zeit auf die Städte und das Umland der großen Garnisonen beschränkt. Nach wie vor lebte auf dem flachen Lande der alte Götterglaube fort, und die in den Provinzen heimischen Götter hüllten sich lediglich in römisches Gewand.

Während des 3. Jahrhunderts haben sich die Kaiser mit den orientalischen Religionen und den mit ihnen zumeist verbundenen Mysterienkulten eingehend auseinandergesetzt, und um deren Einfluß zu begegnen, begannen einige von ihnen, sich als den berufenen Erlöser und Stellvertreter Gottes auf Erden zu bezeichnen. Die Anhänger des alten Götterglaubens und die der neuen Religionen hat dies nicht sonderlich gestört, und wenn die Kaiser verlangten, daß man ihnen opferte, so sah man darin eine politisch-juristische Angelegenheit, die formal erledigt werden konnte.

Nicht so die Christen, und schon »unmittelbar vor der Kampagne des Decius (der großen Christenverfolgung des Kaisers seit dem Jahre 250) schrieb ein führender christlicher Denker wie Origines, daß Christus ... stärker sei als der Kaiser und alle seine Beamten, stärker als der Senat und das römische Volk ... Man war überzeugt, ein eigenes Volk neben Juden und Heiden ›das dritte Geschlecht‹ zu sein.«[31] – Kein Wunder also, daß sich die Kaiser, und nicht nur diese, gegen die Christen wandten und ihre Verfolgung forderten.

Der sich bereits seit dem Markomannenkrieg und der großen Pest abzeichnende Niedergang der Wirtschaft, die hieraus erwachsenden sozialen Spannungen und die mit dem Wandel der Religiosität veränderte Einstellung eines großen Teiles der Bürger zum Staate, dies allein wären Ursachen genug gewesen, den Bestand des Reiches zu gefährden. Nimmt man die entsetzlichen Verwüstungen hinzu, welche die nicht abreißenden Einfälle der äußeren Feinde des Reiches in nahezu allen Provinzen anrichteten, so schien dessen Zusammenbruch gewiß. Daß es dazu nicht kam, war vornehmlich das Verdienst eines Mannes, des im Jahre 284 von der Orientarmee zum Kaiser ausgerufene Gaius Aurelius Valerius Diocletianus.

Wie die Kaiser vor ihm hat auch Diokletian vergeblich versucht, der immer weiter um sich greifenden Staatsverdrossenheit damit zu begegnen, daß er das Christentum bekämpfte und die Anhänger einer ideologisch nicht weniger aggressiven Lehre verfolgte, die der im Jahre 276 von den Achaimeniden ans Kreuz geschlagene Perser Mani begründet hatte: den Manichäismus.

Auch Diokletians Versuchen, ein besseres Steuersystem einzuführen und mit Hilfe von Preisedikten die Währung wieder auf feste Grundlagen zu stellen, war, wie seinen Bemühungen, mit den sozialen Unruhen fertigzuwerden, kein bleibender Erfolg beschieden. Was ihm jedoch gelang war, durch eine Neuorganisation der kaiserlichen Regierung sowie mittels einer Reform der Verwaltung und des Heeres, der äußeren Bedrohung Herr zu werden.

Bei den Reformen der Verwaltung und des Heeres konnte Diokletian auf Maßnahmen zurückgreifen, die schon seine Vorgänger eingeleitet hatten; ausschließlich sein Werk aber war die Neuorganisation der kaiserlichen Regierung.

Die Thronwirren der vergangenen fünf Jahrzehnte hatten deutlich gemacht, daß jeder Feldherr, dem es gelungen war, einen Angriff auf die Grenzen des Reiches rasch und erfolgreich abzuwehren, von den Soldaten zum Kaiser ausgerufen wurde; oftmals gegen seinen Willen. Diokletian beugte dem vor, indem er seinem erfolgreichen Feldherrn Maximian die Regentschaft im Westen übertrug, während er selbst die des Ostens übernahm. Jeder der beiden Kaiser, mit dem Titel »Augustus« benannt, erhielt dazuhin einen Stellvertreter, der den Titel »Cäsar« trug. Für den Westen war dies Constantius I., für den Osten Galerius.

Diese Aufteilung der Regierungsgeschäfte hat sich bis zum Untergang des westlichen Reichsteils bewährt, auch wenn es für kürzere Zeiten immer wieder zur Alleinherrschaft einzelner Kaiser gekommen ist.

Selbstverständlich haben sich die Grenzen zwischen den beiden Reichsteilen des öfteren verschoben. Die in Südwestdeutschland sitzenden Alamannen hatten es jedoch stets mit den Regenten des Westens zu tun; zunächst also mit Maximian und Constantius I.

Dank Diokletians Verwaltungsreform verfügten die beiden über eine nach militärischem Muster straff organisierte und mittlerweile bis in die höheren Ränge dotierte Beamtenschaft, der ausschließlich die Betreuung der zivilen Verwaltung oblag.

Das gesamte Territorium des Reiches war nunmehr aufgeteilt auf vier Präfekturen: Orient, Illyrien (etwa das Hinterland des heutigen Jugoslawien) –, Italien – Afrika und Gallien, die von Statthaltern verwaltet wurden.

Diesen höchsten Beamten des Reiches waren gleichgestellt der Stadtpräfekt von Rom – später auch der von Konstantinopel – sowie Männer, die dem Senat der beiden Städte angehörten oder aufgrund besonderer Verdienste den Titel eines Senators führen durften.

Die Präfekturen waren in eine unterschiedliche Zahl von zuletzt 15 Diözesen eingeteilt, die Vikaren unterstellt waren. Eine Diözese umfaßte mehrere Provinzen – im gesamten Reich ungefähr 120 – denen ein Provinzstatthalter vorstand.

Die etwa 2000 Gemeinden des Reiches und deren Umland wurden zwar wie bisher von ihren Honoratioren verwaltet, doch wurden sie, wie alles und jedes im Reich, von nun an durch kaiserliche Beamte streng überwacht. Eine gewaltige Vergrößerung des Beamtenapparats war die Folge und mit ihr eine Veränderung der römischen Gesellschaft.

Bereits im Verlauf des 3. Jahrhunderts, deutlicher jedoch um die Wende zum 4. Jahrhundert, hatte sich aus den alten begüterten Ständen der Senatoren und Ritter sowie den zu Einfluß und Reichtum gelangten höheren Beamten ein neuer Stand gebildet, der nun zur beherrschenden Schicht des Reiches wurde. In ihm überwogen im Westen zunächst noch die Angehörigen der alten Stände, im Osten unter den Nachfolgern Diokletians die Beamten. Die Angehörigen dieses neuen Standes führten in aufsteigender Folge die ihnen vom Kaiser verliehenen Titel: clarisimus, (clarissimus et) spectabilis und (clarissimus et) illustres. Die Zugehörigkeit zum »Clarissimat« war erblich, die gesellschaftliche und wirtschaftliche Macht des Standes dementsprechend groß. Aus seinen zwei höheren Rängen rekrutierten sich auch der Senat in Rom und später der in Konstantinopel. Ohne jede wirkliche Macht waren dagegen seit langem schon die beiden Konsuln. Ihr Titel aber blieb begehrt, gaben sie doch dem Jahr den Namen, in dem sie amtierten.

Die Reformen Diokletians haben, aus der Not der Zeit geboren, zweifellos ihren Zweck erfüllt, das heißt das Gefüge des Römischen Reiches gefestigt. Aber durch die Verlagerung aller Verantwortung auf den Kaiser und eine kleine Oberschicht war dabei unversehens ein Staat entstanden, der auch denen, die noch danach strebten, die Teilnahme am Aufbau und Erhalt der Gemeinschaft verwehrte.

Die Menschen, die in diesem alles regelnden, von Polizei und Geheimdiensten überwachten und schon bei kleinsten Vergehen mit fürchterlichen Strafen drohenden Zwangsstaat lebten, haben versucht, diesen Verlust wettzumachen, indem sie Mitglie-

Karte 3 Sweben, Alamannen und Rom im 2. und 3. Jahrhundert n. Chr. Grenze des Römischen Reiches bis zur zweiten Hälfte des 3. Jahrhunderts n. Chr. (gestrichelt)

der in einer der unzähligen profanen oder religiösen Vereinigungen wurden oder sich gar den Parteien des Zirkus' anschlossen. Und da ihnen keine andere Wahl blieb, schöpften sie gemeinsam erlebte Freude und Wut nicht mehr aus dem Jubel der großen nationalen Feste oder den Rufen der Hörner und Fanfaren des Schlachtfeldes, sondern aus dem Geplärr und Mordgeheul auf den Straßen der Großstädte und den Sieges- oder Todesschreien in den Arenen.

Einige der Veränderungen, die wir hier schilderten, haben sich erst im Verlaufe des 4. Jahrhunderts voll ausgewirkt. Auch nicht alles, was Diokletian plante, ist schon unter seiner Regierung verwirklicht worden. Manches haben erst seine Nachfolger und unter diesen vornehmlich Konstantin vollendet, so auch die Reform des Heeres.

Zweite Episode

»Als trügen sie das Wohl des Staates in ihren Händen«[1]

Das römische Heer des 4. Jahrhunderts – Alamannen im römischen Heer

Unter Konstantin dem Großen und seinen Nachfolgern wuchs das römische Heer auf eine vorsichtig geschätzte Gesamtstärke von annähernd 500 000 Mann, wobei die Regenten des Ostens und des Westens je etwa über die Hälfte des Bestandes verfügten.

Gegliedert war das Heer, dem ausschließlich militärische Aufgaben zufielen, in das Feldheer, die berittenen Garden und die Grenztruppen. Daneben gab es wie zuvor die Einheiten der Flotte.

Das Feldheer setzte sich zusammen aus den Legionen zu je etwa 1000 Fußsoldaten sowie den Hilfstruppen zu je etwa 800 Fußsoldaten oder 500 Reitern. Die Legionen rekrutierten sich neben Söhnen von Soldaten und angeworbenen Bürgern der Gemeinden, vornehmlich aus Landarbeitern, die von den Großgrundbesitzern abgestellt werden mußten. Da zumal die Landarbeiter den Anforderungen eines Krieges häufig nicht gewachsen waren und ihre Dienstwilligkeit dementsprechend gering war, bildeten den Kern des Heeres nicht mehr die Legionen, sondern die Hilfstruppen, also Barbaren mit nationaler Bewaffnung und Ausrüstung. Sie ergänzten ihren Mannschaftsbestand im Westen aus den im Reich angesiedelten Germanen sowie aus gefangenen oder freien Germanen, wobei seit Konstantin die Anwerbung freier Germanen bevorzugt wurde.

Von Konstantin neu aufgestellt wurden die berittenen Garden, die an die Stelle der aufgelösten Prätorianer traten. In fünf bis sieben Abteilungen gegliedert, schwankte ihre Gesamtstärke zwischen 2500 und 3500 Reitern. Aus ihren Offizieren und Offiziersanwärtern wurde auch die Leibgarde des Kaisers formiert, deren Befehlshaber durch die unmittelbare Nähe zum Herrscher erheblichen Einfluß besaß. Die Leibgarde war zudem die Pflanzstätte des höheren Offizierskorps, und die Leibgardisten wurden je nach ihrem Rang zur Erledigung besonders schwieriger Aufgaben eingesetzt.

Auch das Grenzheer bestand aus Legionen und Hilfstruppen, doch war deren Qualität wesentlich schlechter als die der Einheiten des Feldheeres, und im Kriegsfalle wurde der Befehlshaber eines Grenzabschnittes häufig einem Heermeister unterstellt.

Heermeister waren die obersten Kommandeure sowohl der Fußtruppen wie der Reiterei. Ihre Zahl schwankte nach den militärischen Notwendigkeiten. Im Range folgten ihnen der Befehlshaber der Leibgarde und die Befehlshaber der Grenzabschnitte. Diesen nachgeordnet waren mit dem alten Titel des Tribunen die Befehlshaber zu besonderer Verwendung, die Abteilungsführer der Garden und die Führer der Legionen und Hilfstruppen.

Wenn wir das römische Heer des ausgehenden 3. und des 4. Jahrhunderts hier ausführlicher darstellten, so deshalb, weil uns nun zum erstenmal auch Alamannen in seinen höheren Rängen begegnen.

Aus dem 4. Jahrhundert werden uns als römische Offiziere 46 Männer eindeutig germanischer Herkunft genannt. Von ihnen rückten 28 schon unter den Herrschern des auf Diokletian folgenden konstantinischen Hauses in Offiziersstellen ein: Elf davon lassen sich keinem bestimmten Stamm zuweisen, waren ihren Namen nach jedoch überwiegend Westgermanen; einer war Gote, zehn waren Franken, sechs Alamannen und von diesen fünf in höheren Kommandos. 18 erhielten ihre Offiziersstellen nach 361, dem Tode Julians, des letzten Kaisers der Konstantine. Davon gehörten fünf keinem näher zu bestimmenden Stamm an, vier waren Goten, sechs Franken und drei Alamannen, doch von diesen alle nur Befehlshaber kleinerer Einheiten.

Es fällt auf, daß während der Herrschaft der konstantinischen Dynastie von sechs Alamannen fünf höhere Kommandos bekleideten. Die Gründe hierfür sind unbekannt. Wir können nur vermuten, daß dies allenfalls einem alamannischen König Crocus zuzuschreiben ist. Crocus befand sich während eines Feldzuges Constantius I. in Britannien in der Begleitung des Kaisers, und eine kurze Notiz aus der Reichsgeschichte des Aurelius Victor, der in der zweiten Hälfte des 4. Jahrhunderts lebte, läßt uns wissen: »Nach dessen Tode (des Constantius) übernahm Constantinus (der spätere Konstantin der Große) am 25. Juli 306 die Herrschaft auf Betreiben aller Anwesenden, insbesondere des Crocus, eines Königs der Alamannen, der den Constantius begleitet hatte, um ihm zu helfen (vermutlich also mit einem angeworbenen alamannischen Trupp).«[2]

Möglicherweise hat die Mitwirkung des Alamannen bei der Thronerhebung Konstantins auch den Sippen, die mit ihm verwandt waren, das Vertrauen der Kaiser eingetragen. Im übrigen blieb das Mißtrauen den Alamannen gegenüber wohl bei den meisten Römern bestehen, so, wenn Ammianus Marcellinus berichtet: »Dieser beschämende Verdacht (einen römischen Angriff auf die Alamannen verraten zu haben) richtete sich gegen Latinus, Befehlshaber der Leibgarde, Agilo, Vorsteher des kaiserlichen Stalles und Scudilo, Befehlshaber einer

Gardeabteilung, die man damals hofierte, als trügen sie das Wohl des Staates in ihren Händen.«[3]

Ammian, der in höheren Stäben des römischen Heeres sowohl in Gallien wie im Orient diente, war ein Bewunderer des späteren Kaisers Julian. Schon als Cäsar hat Julian die in Gallien eingefallenen Alamannen bekriegt, und sie im Gegensatz zu seinem älteren Vetter und Augustus Constantius II. zutiefst verabscheut. Diese Abneigung Julians gegen die Alamannen hegte auch Ammian, der uns in seiner römischen Geschichte den ausführlichsten Bericht über die Alamannen im römischen Heere hinterlassen hat.

Über Latinus erfahren wir von ihm allerdings nicht mehr, als daß er Befehlshaber der Leibgarde war, und nur die kurze Notiz aus einer Quelle der zweiten Hälfte des 5. Jahrhunderts berichtet, »daß ... Latinus und Talassius (ein Syrer) beim Kaiser (Constantius II.) am meisten galten«[4].

Mehr weiß Ammian von Scudilo zu erzählen, der sich im Jahre 351 in einer Schlacht hervortat und von Kaiser Constantius II. im Jahre 354 zu seinem unfähigen Vetter und Cäsar Gallus nach Antiochia, dem heutigen Antakya in der Türkei, geschickt wurde. Scudilo sollte Gallus an den kaiserlichen Hof locken, um ihm dort wegen der unter seiner Regierung begangenen Grausamkeiten den Prozeß machen zu können.

»Nach vielen anderen Boten kam Scudilo (zu Gallus) ..., unter dem Deckmantel bäuerischer Einfalt ein gerissener Überredungskünstler. Durch schmeichlerische Reden, vermischt mit falschen Schwüren, verlockte er allein den Gallus dazu, sich auf den Weg zum Kaiser zu machen; mit heuchlerischer Miene wiederholte er immer wieder, daß sein Vetter sehnlichst ihn zu sehen verlange: Wenn irgend etwas Unbedachtes vorgekommen sei, werde er (Constantius) es nachsehen in seiner Milde und Güte.«[5]

Gallus ist Scudilos Lockungen und denen eines weiteren Abgesandten gefolgt, was ihm schlecht bekam, denn unterwegs wurde er umgebracht. Aber die Bösewichte ereilte ihr Geschick: »Die Gerechtigkeit der höchsten Gottheit war jedoch wachsam. Denn den Gallus haben seine grausamen Taten ins Verderben gestürzt und nicht viel später starben auch die beiden einen qualvollen Tod, die ihn, wenn er auch schuldig war, durch Schmeicheleien und Meineide in die Fallstricke des Todes gelockt hatten. Scudilo starb an einem Leberkatarrh infolge eines Blutsturzes, und Barbatio (der andere Abgesandte) ... wurde zum Tode verurteilt.«[6]

Interessanter noch als Scudilos Geschichte ist die des Agilo. Im Jahre 360 wurde er, nachdem er vom Vorsteher des kaiserlichen Stalles zum Befehlshaber einer Gardeabteilung geworden war, mit einer ungewöhnlichen Rangerhöhung zum Heermeister der Fußtruppen in der unmittelbaren Umgebung des Kaisers befördert. Nebst dem Heermeister der Reiterei war er somit der ranghöchste Soldat im römischen Heer.

Agilo ist dies zunächst auch noch unter des Constantius II. Nachfolger, Julian, geblieben, ja, er hat sogar in der Kommission mitgewirkt, die die Untersuchung gegen die Günstlinge des Constantius führen sollte. Beides verdankte er vermutlich der Freundschaft seines Schwiegervaters Araxius mit Julian, doch scheint dieser dem Alamannen fürderhin nicht getraut zu haben, denn er hat ihn entlassen. Trotzdem schloß sich Agilo im Jahre 365 einem Aufstand des mit dem konstantinischen Hause entfernt verwandten Prokop gegen Kaiser Valens an. Aber nach anfänglichen Erfolgen war es um die Aufständischen bald schlecht bestellt, und in der entscheidenden Schlacht des Jahres 366 »verriet Agilo Prokops Sache und sprengte plötzlich aus der Front heraus. Ihm folgten viele Soldaten, die schon ihre Wurfspeere und Schwerter schwangen und gingen zum Kaiser über. Dabei hielten sie die Standarten und Schilde umgekehrt, das offenkundige Zeichen des Verrats.«[7]

Geschadet hat Agilo sein Verhalten offenbar nicht, ja, er konnte sogar dafür sorgen, daß sein Schwiegervater, der sich den Aufständischen angeschlossen hatte, nur mit Verbannung bestraft wurde. Aus dieser ist der vornehme Mann, der schon unter Constantius eine Diözese verwaltet hatte, jedoch bald zurückgekehrt. Agilo selbst scheint sich in das Privatleben zurückgezogen zu haben, jedenfalls hören wir von nun an nichts mehr über ihn.

Eine ähnliche Rolle wie Agilo hat im römischen Heere kein anderer Alamanne gespielt. Auch Vadomar nicht, der ihm als Befehlshaber der Grenztruppen in Phönizien im Range am nächsten gekommen ist. Er ist der einzige, von dem wir wissen, daß er vor seiner Übernahme in das römische Heer ein König der Alamannen war. Ein Mann, der wie Ammian meint: »sich von frühester Jugend an wunderbar darauf verstand, andere hereinzulegen und zu täuschen, wie er dies auch später bewies, als er das Kommando in Phönizien führte«[8], also im heutigen Libanon und den angrenzenden Landschaften des heutigen Syrien.

Ammian war sicherlich voreingenommen gegen die Alamannen, und doch mag er recht damit gehabt haben, daß ihnen weniger zu trauen sei als etwa den Franken, für deren höhere Offiziere im römischen Heere er immer wieder freundliche Worte findet.

Als Kriegertrupps hatten die Alamannen im Jahre 260 den Römern Südwestdeutschland abgenommen. Aber sie zeigten nicht die geringste Lust, sich damit zufriedenzugeben und träumten weiter von Beutezügen und Eroberungen. Seit dem Ende des Markomannenkrieges hatten sie keine andere Bindung mehr gekannt, als die an ihre schnellwechselnden Führer im Kriege, und es scheint dies ihr Verhalten nachhaltig geprägt zu haben. Erst die allmähliche Einbindung in dauerhafte, größere Verbände hat aus den kriegshungrigen, zügellosen Männern wieder verläßliche Bauern gemacht. – Doch kehren wir noch einmal in die Zeit zurück, in der Diokletian die Regierung des Reiches übernommen hatte.

»Alles, was ich jenseits des Rheines sehe, ist römisch.«[9]

Das konstantinische Haus – Ammian als Geschichtsquelle

»Saeculi Felicitas« lautet die Umschrift auf dem in Abb. 10 wiedergegebenen Medaillon. Und in der Tat haben die beiden auf ihm dargestellten Herrscher Maximian und Constantius I. während der Jahre 285 bis 291 den ständigen Einfällen der Alamannen und Franken ein vorläufiges Ende bereitet. Ja, sie sind sogar tief in das rechtsrheinische Gebiet eingedrungen. Der Friede währte allerdings nicht lange, und aus den Jahren zwischen 298 und 330 verzeichnen die römischen Quellen sechs größere Feldzüge, die sich allein gegen die Alamannen richteten.

Wurden diese zunächst noch vom Mitregenten Maximians, dem Cäsar Constantius geführt, so späterhin von Konstantin und dessen Söhnen. Dank ihrer militärischen Erfolge kontrollierten die Römer das Oberrheintal beidseitig, wie dies aus den befestigten Brückenköpfen ersichtlich wird, die bei Ausgrabungen am rechten Rheinufer zutage kamen.

So auch beschreibt ein Lobredner auf Constantius zu Recht: »Wie das Alamannenland von der Rheinbrücke (bei Mainz) bis zum Donauübergang bei Guntia (Günzburg) durch Feuer verwüstet und entscheidend geschwächt wurde«[10], und ein anderer frohlockt: »Der Rhein mag ruhig versiegen, in dünnem Rinnsal kaum ein paar geringe Kieselsteine, im seichten Wasser deutlich zu sehen – darob kein Anlaß zur Furcht; alles, was ich jenseits des Rheines sehe, ist römisch.«[11]

Bis zum Jahre 350 scheint an Oberrhein und oberer Donau dann Ruhe geherrscht zu haben, und in dem halben Jahrhundert erfolgreicher Abwehrkämpfe und des Friedens erlebten die so schwer heimgesuchten Provinzen des westlichen Reichsteils eine neue Blüte. Vor allem die Stadt Trier, die über lange Zeit hinweg den Kaisern als Residenz diente, ist während dieser Zeit großartig wieder auf- und ausgebaut worden.

Am 1. Mai des Jahres 305 hatten sich Diokletian und Maximian von den Regierungsgeschäften zurückgezogen und ihre beiden Cäsaren, Constantius und Galerius, wurden zu Augusti. Aber als es darum ging, die Cäsaren der neuen Augusti zu bestimmen, überging man deren Söhne Konstantin und Maxentius, und zwei andere wurden statt ihrer auserwählt. Es war vorauszusehen, daß das Heer eine solche Regelung nicht mittragen würde, hing es doch trotz des ständigen Wechsels der Kaiser immer noch an der dynastischen Thronfolge. Nicht verwunderlich also, daß es beim Tode des Constantius im Jahre 306 dessen Sohn Konstantin zum Augustus ausrief, und wie wir sahen, half der Alamanne Crocus dabei wacker mit.

Constantius war ein einfacher Offizier gewesen, als er Helena, eines Wirtes Tochter, zur Frau genommen hatte. Sie schenkte ihm um das Jahr 280 Konstantin. Doch als Constantius im Jahre 293 zum Cäsar des Maximian erhoben wurde, löste er seine Verbindung mit Helena und heiratete Theodora, eine Stieftochter des Maximian. Dieser Ehe entsprossen drei Söhne, und die Rivalität zwischen den Nachkommen der Helena und denen der Theodora hat bis zum Erlöschen der Dynastie immer wieder eine verhängnisvolle Rolle gespielt.

Nicht jedoch zu Lebzeiten Konstantins, dessen überragende Persönlichkeit keinen Nebenbuhler aufkommen ließ. Er hat während der Jahre 306–324 das Reich unter seinem Zepter vereinigt, und es von da an bis zu seinem Tode im Jahre 337 unangefochten allein regiert.

Konstantin war ein hervorragender Heerführer, darüber hinaus aber auch ein geschickter Verwalter des Reiches und ein kluger Politiker. Am deutlichsten wird dies am Beispiel der Gründung Konstantinopels auf dem Areal der kleinen Stadt Byzanz. Vom Standpunkt des Soldaten aus war die Lage der neuen Stadt überaus günstig. Sie erlaubte nicht nur die Überwachung der Grenzen an der unteren Donau, sondern rückte auch die durch die Sasaniden ständig bedrohten Ostgrenzen des Reiches in überschaubare Nähe.

Aus der Sicht des Reichsverwalters aber war es hohe Zeit, dem östlichen Reichsteil eine Rom ebenbürtige Metropole zu geben. Nicht so sehr, um dem sprachlichen Unterschied gerecht zu werden – wurde im Osten des Reiches doch vornehmlich griechisch gesprochen – vielmehr, um die üppigen Steuerquellen voll zu nutzen, die in den reichen Städten und Gemeinden der östlichen Provinzen lebhaft sprudelten.

Endlich aber minderte der Kaiser als kluger Politiker durch die Einsetzung eines Senats in Konstantinopel den Einfluß der Senatoren Roms. Dabei sorgte der zum Christentum übergetretene Konstantin dafür, daß sich der Senat Konstantinopels vornehmlich aus Christen zusammensetzte, huldigten die Senatoren Roms doch zumeist noch den alten heidnischen Kulten.

Über die Gründe des Übertrittes von Konstantin zum Christentum wird bis heute lebhaft diskutiert. Es ist unwahrscheinlich, daß sie jemals ganz erhellt werden. Der Kaiser war Anhänger einer Kultgemeinschaft, die den Sonnengott verehrte. Ihr Gedankengut und ihre aus der Philosophie der Zeit erwachsenen ethischen Vorstellungen glichen in vielem denen des Christentums, und es ist anzunehmen, daß Konstantin keinen allzu großen Unterschied zwischen den beiden Religionen gesehen hat. Auch ist er Zeit seines Lebens der römische Oberpriester geblieben und hat nicht etwa den Kaiserkult, sondern nur dessen Opfer abgeschafft. Selbst den Altar der Siegesgöttin beließ er an seinem Platz im Sitzungssaal des Senats in Rom.

Konstantin hat das Christentum auch nicht durch irgendein Edikt zur Staatsreligion erhoben. Er räumte ihm lediglich die Rechte ein, die all den vielen und ganz unterschiedlichen Kultgemeinschaften des Reiches zustanden. Anders als diese haben dann aber die sehr viel straffer organisierten christlichen Gemeinden sich höchst unduldsam verhalten und den Kaiser immer wieder zu Entscheidungen zu ihren Gunsten gedrängt. Schließlich hat ihn »das dem Herrn gehörende Haus«, die Kirche also, sogar zum Schiedsrichter bei theologischen Streitigkeiten angerufen, so auf dem berühmt gewordenen Konzil von Nicaea (dem heutigen türkischen Iznik) im Jahre 325.

Kernpunkt des innerkirchlichen Streites war dabei die Frage, ob Christus ein selbständiges Wesen oder eins mit Gott sei. Der ersten Meinung war der Presbyter Arius aus Alexandria, der zweiten sein Bischof Alexander und dessen streitbarer Diakon und Nachfolger Athanasius. War Christus ein selbständiges Wesen und kein Gott, blieb die Erlösung in der Kommunion mit ihm fraglich, verbürgte doch nur die Aufnahme von Leib und Blut eines Gottes die ersehnte Unsterblichkeit. War Christus ein selbständiges Wesen und zugleich ein Gott, fiel der Eingottglaube. War er aber wesenseins mit Gott, so höhnten die Heiden über den so schmählich am Kreuz Gestorbenen.

Zu einer Einigung haben die vielen zum Konzil entsandten Vorsteher der Gemeinden trotz aller Bemühungen Konstantins nicht gefunden. Der Streit hat sich so lange fortgesetzt, bis ihm Kaiser Theodosius ein Ende bereitete, und den in der Kirche bis heute vertretenen Vorstellungen zum Siege verhalf.

Die innerkirchlichen Streitigkeiten nehmen in der schriftlichen Überlieferung der Zeit einen breiten Raum ein. Auf das außenpolitische Geschehen hatten sie keinen nennenswerten Einfluß, und Konstantin hat sich zum Beschützer aller Christen erklären können, als er einen Krieg gegen die Perser vorbereitete. Doch noch vor Ausbruch der Feindseligkeiten starb der Kaiser am 22. Mai des Jahres 337.

Kurz nach seinem Tode ermordeten die Garden alle männlichen Nachkommen der Theodora mit Ausnahme des Gallus und Julian, von denen der eine gerade krank, der andere zu jung war. So teilten die drei Söhne Konstantins die Verwaltung des Reiches unter sich auf.

Constantinus II., der Älteste, erhielt die Präfektur Gallien, die Britannien und Spanien einschloß, dazuhin die Vormundschaft über den Reichsteil des erst fünfzehnjährigen Constans, nämlich die Präfektur Afrika – Italien – Illyrien, zu der auch die Diözese Rätien gehörte. Constantius II. blieben Kleinasien und der Orient, und er fand sich damit ab, obwohl Konstantinopel und die Diözese Thrakien, die das Land zwischen Balkangebirge und Marmarameer umfaßte, zum Teil des Constans geschlagen wurde. Noch im Herbst des Jahres 338 zog er sich in seine Residenz nach Antiochia zurück.

Antiochia war zu jener Zeit eine wundervolle Stadt. Gelegen am Schnittpunkt mehrerer großer Handelsstraßen und durch den Orontes, den heutigen Nahr el Asi, mit dem Meer verbunden, zählten seine 200000 Bewohner zu den wohlhabendsten und geistig regsamsten Bürgern des Reiches.

Aus einer der vornehmen Familien Antiochias stammt auch der im Jahre 330 geborene Ammian, dessen Römische Geschichte zur wichtigsten Quelle des 4. Jahrhunderts geworden ist. Seiner farbigen Schilderung der Kämpfe zwischen Römern und Alamannen verdanken wir zudem einen tiefen Einblick in die Alamannia.

Aber bevor wir uns dem Alamannenlande zuwenden, wollen wir schildern, wie das Werk Ammians auf uns gekommen ist, zeigt sein Schicksal doch geradezu beispielhaft, auf welchen Zufälligkeiten unser Wissen von der Geschichte Roms und jener der Alamannen beruht.

Überall in Italien war das Interesse an der Antike erwacht, als der apostolische Sekretär Giovanni Francesco Poggio-Bracciolini (1380–1459) den Plenarsitzungen des großen Konstanzer

Konzils der Jahre 1414–1418 lauschte. Die Sitzungen fanden im Münster statt, und Poggio ahnte nicht, daß unter dem Fußboden des herrlichen Baus die Mauern eines römischen Kastells des 4. Jahrhunderts schlummerten. Doch er wird sich bewußt gewesen sein, daß die Stadt den Namen eines Angehörigen der konstantinischen Dynastie trug, auch wenn wir bis heute noch nicht wissen, wie dieser überliefert wurde.

Es ist sicher nicht leichtfertig, wenn wir dem vierunddreißigjährigen Sekretär unterstellen, daß seine Aufmerksamkeit nicht immer den Fragen des Konzils galt und seine Gedanken sich mit ganz anderen Dingen beschäftigten. Wie er uns selbst wissen läßt, hat Poggio viel Zeit darauf verwandt, die in den deutschen Klosterbibliotheken aufbewahrten Abschriften antiker Schriftsteller zu sammeln. Blicken wir auf die Ergebnisse des Konzils zurück, auf dem drei Päpste abgesetzt, ein vierter eingesetzt, und dazuhin der böhmische Reformator Johannes Hus verbrannt wurde, meinen wir ihn zu verstehen.

In Poggios Hand gelangte, auf welchem Wege ist nicht ganz geklärt, auch eine Abschrift der Römischen Geschichte Ammians, die im Kloster Fulda aufbewahrt wurde. Am wahrscheinlichsten ist, daß der Fuldaer Abt sie ihm zu treuen Händen überließ, als er das Konzil besuchte. Aber Poggio dachte nicht daran, den Codex zurückzugeben und nahm ihn mit nach Italien. Dort ist er mehrfach abgeschrieben worden und befindet sich heute in der Bibliothek des Vatikan.

Schon Poggio hatte erkannt, daß der Fuldaer Codex Lücken und Fehler aufwies, und sich deshalb noch von Konstanz aus um den Erwerb einer Handschrift bemüht, die im Kloster Hersfeld lag. Aber der Hersfelder Abt war offenbar ein vorsichtiger Mann und ließ sie ihm – heute müssen wir sagen, leider – nicht zukommen. Die im 9. Jahrhundert gefertigte Hersfelder Handschrift hat sich nämlich später als die Vorlage des Fuldaer Codex erwiesen. Sie ist jedoch nach der Druckausgabe ihres Textes im 16. Jahrhundert bis auf wenige Blätter verlorengegangen, ein

Abb. 9 *Besiegte Alamannia (328/329 n. Chr.)*

Abb. 10 Constantius I. und Maximian (um 300 n. Chr.)

Abb. 11 Konstantin der Große (Kaiser 306–337 n. Chr.)

Abb. 12 Constantius II. (Kaiser 337–361 n. Chr.)

Abb. 13 Julian (Kaiser 361–363 n. Chr.)

Abb. 14 Valentinian I. (Kaiser 364–375 n. Chr.)

Abb. 15 Gratian (Kaiser 375–383 n. Chr.)

Abb. 16 Germanische Leibwächter des Theodosius (Kaiser 379–395 n. Chr.)

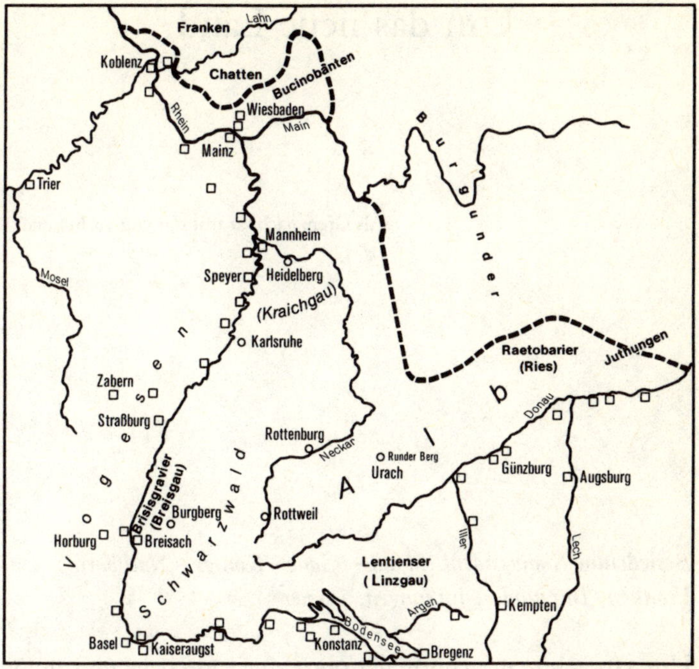

Karte 4 Die Alamannen und Rom im 4. Jahrhundert n. Chr. Ehemaliger römischer Grenzwall (gestrichelt). Römische Stadt- und Befestigungsanlagen im 4. Jahrhundert n. Chr. (□)

Schicksal, das ihr im Italien der Renaissance mit Sicherheit erspart geblieben wäre. Poggio hat nicht so unrecht, wenn er schreibt: »Den Ammianus Marcellinus habe ich den lateinischen Musen zurückerstattet, nachdem ich ihn in den Bibliotheken, um nicht zu sagen den Arbeitshäusern, der Deutschen ausfindig gemacht hatte.«[11]

Wir aber verlassen den Italiener, das Konzil, das ihn zu uns führte und das Konstanzer Münster und wenden unseren Blick über den Bodensee und Oberrhein hinweg, hinüber zur Alamannia.

Um das neue Land

»Als Grenznachbar mit uns eng verbunden«[1]

Besiedelung Südwestdeutschlands – Gaue – Könige – Nachbarn: Franken, Burgunder, Juthungen, Römer

Um 330 geboren, gehörte der oben angesprochene und zuvor (S. 150) schon genannte Vadomar jener Generation alamannischer Könige an, die den Kampf um das von ihren Großvätern eroberte Südwestdeutschland endgültig zugunsten der Alamannen entschied. Alle Männer dieser Generation wuchsen jedoch in einer Zeit auf, in der die kriegerischen Auseinandersetzungen mit Rom weithin einem nachbarschaftlichen Nebeneinander Platz gemacht hatten. Bevor wir uns mit den im Jahre 350 erneut ausbrechenden Feindseligkeiten befassen, wollen wir deshalb die Umwelt zu schildern versuchen, in der sie lebten.

Mit der Besetzung Südwestdeutschlands durch die Römer im Jahre 78 n. Chr. hatte auch dort die römische Zivilisation Einzug gehalten. Zwar darf man sie nicht an der Galliens messen, trotzdem hat sie eine große Zahl schöner und für die Geschichte jener Zeit höchst aufschlußreicher Zeugnisse hinterlassen.

Freilich gab es nur einen einzigen Ort – Arae Flaviae, Rottweil –, der Stadtrecht erhielt, aber auch in den anderen stadtähnlichen Anlagen des Landes ließen sich Handwerker und Händler nieder. Wie in den meisten Provinzen des Reiches, verdienten sie ihr Geld vornehmlich mit Lieferungen an das Heer, um dessen Standorte sich überall größere oder kleinere Dörfer bildeten. Dem Handel und Verkehr dienten die mit Raststationen versehenen Kunststraßen, außerdem die schiffbaren Flüsse. Über gut befahrbare Wege werden auch die Gutshöfe erreichbar gewesen sein, von denen allein in Baden-Württemberg über 1000 nachgewiesen werden konnten.

Diese Gutshöfe sind es auch, die das Bild der römischen Kulturlandschaft des 2. und 3. Jahrhunderts bestimmt haben. Ihre unterschiedliche Größe und Ausstattung verrät uns zugleich die weite Skala der sozialen Stellung ihrer Inhaber, die vom Kleinbauern bis zum Großgrundbesitzer reichte.

In jüngster Zeit mehren sich die Anzeichen, daß ein erheblicher Teil der römischen Bevölkerung das Land beim Eindringen der Alamannen nicht verlassen hat. Vermutlich haben diese unglücklichen Menschen auf die Flucht verzichtet, weil sie das ungewisse Schicksal fürchteten, das ihnen in den nicht weniger heimgesuchten Provinzen jenseits des Rheins und der Donau bevorstand.

Ihr Bleiben verhinderte allerdings nicht, daß die römische Kulturlandschaft sich binnen weniger Jahrzehnte völlig veränderte. Von den zerstörten militärischen Anlagen ganz abgesehen, gab es keine einzige intakte Stadt mehr, und kein Gutshof oder Heiligtum war unversehrt geblieben. Über die vielen tausend Ruinen wuchs Gras und Gestrüpp, und die Straßenstationen und Flußhäfen zerfielen.

Die auch während der Zeit der römischen Besiedlung des Landes mit der heutigen verglichen üppige Tierwelt aber breitete sich weiter aus. Bär, Wolf und Luchs sowie Ur, Wisent und Elch gehörten, außer einer großartigen Vogelwelt und fischreichen Gewässern, zu ihrem festen Bestand, und noch das um 1200 entstandene Nibelungenlied berichtet neben der Jagd Siegfrieds auf Wildschwein und Bär:

»Dar nâch sluoc er schiere einen wisent und einen elch
starker ûre viere und einen grimmen schelch«[2],

bei welch letzterem sich die Zoologen streiten, ob es sich um einen Riesenhirsch oder ein Wildpferd gehandelt hat.

Gerne wüßten wir, wie sich die Alamannen in dem eroberten Land eingerichtet haben. Leider läßt sich darüber nur wenig in Erfahrung bringen. Die bislang aufgedeckten Siedlungsreste scheinen zwar zu bestätigen, daß ein alamannischer Hof den swebischen Gehöften der vorausgegangenen Jahrhunderte und damit denen des Elberaumes glich, auch dürfte nachgewiesen sein, daß mehrere solcher Höfe sich zu Dörfern gruppierten, wie dies zur selben Zeit im Lande um die Elbe der Fall war. Es fehlen jedoch die großen Grabfelder des alten Swebenlandes, und die spärlichen Funde, die aus den wenigen Brand- oder Körpergräbern geborgen wurden, erlauben keine eindeutige Rekonstruktion von Tracht und Bewaffnung der Bestatteten; abgesehen von wenigen Besonderheiten wie überlangen Haarnadeln sowie bestimmten Gewandspangen und Perlenketten, die zur Frauentracht gehörten und ganz solchen Schmuckstücken aus dem Elberaum gleichen. Im übrigen hat, nicht anders als um die Elbe, römisches Kunsthandwerk auch die Arbeiten der heimischen Handwerker beeinflußt. Ob es sich bei diesen immer um Alamannen handelte, muß dabei füglich bezweifelt werden, und selbst ein vermutetes Handwerkerquartier der alamannischen Siedlung des Runden Berges bei Urach mag von Angehörigen der im Lande gebliebenen römischen Bevölkerung bewohnt gewesen sein.

Diese vor wenigen Jahren freigelegte Siedlung auf dem Runden Berg gibt uns einige Hinweise auf die politische und gesellschaftliche Gliederung der Alamannen während des 4. Jahrhunderts. Die Anlage wurde schon zu Ende des 3. Jahrhunderts erstellt, zu einer Zeit also, in der die alamannischen Einfälle nach Gallien und Oberitalien zwar noch andauerten, in der die römische Abwehr jedoch immer erfolgreicher wurde, und die Römer bereits zu Gegenangriffen übergingen.

Die Siedlung lag auf einem 700 Meter hohen Berg und war mit einer Palisade bewehrt, aber weder ihre Lage noch ihre Palisade hätten ein römisches Expeditionskorps an ihrer Einnahme gehindert. Gegen wen also sollte die hochgelegene Feste Schutz bieten und wer war imstande, eine solche »Burg« zu errichten und zu unterhalten?

Von den hölzernen Bauten auf dem Runden Berg ist nichts erhalten geblieben. Doch nach Umfang und Qualität der Fundstücke, die auf dem etwa 300 x 50 Meter großen Gipfelplateau ausgegraben wurden, kann der Erbauer der Anlage nur einer der alamannischen Könige gewesen sein, von denen Ammian uns berichtet.

Gegen Ende des 3. Jahrhunderts hat die kräftige römische Abwehr und die damit geschwundene Aussicht auf weitere erfolgreiche Beutezüge einige der Kriegertrupps offenbar dazu bewogen, in dem ihnen bislang mehr als »Aufmarschgebiet« dienenden Südwestdeutschland seßhaft zu werden. Sicher zum Kummer der dort zurückgebliebenen römischen Bevölkerung, die von den neuen Herren des Landes nun schärfer kontrolliert wurde. Aber das Leben wird nicht nur für diese armen Menschen recht kärglich gewesen sein, sondern auch für die Eroberer selbst, von denen vermutlich die wenigsten dazu bereit waren, das Schwert mit dem Pflug zu tauschen. Jeder ihrer Führer wird deshalb Wert darauf gelegt haben, aus dem Raum um die Elbe Siedler nachzuziehen.

In den Jahren zwischen 260 und 350 und ganz besonders in der Zeit, während der an Rhein und Donau Frieden herrschte, wurden so die Führer rauher Kriegertrupps zu Regenten immer ansehnlicherer Menschengruppen, denen daran lag, in Frieden das Land zu bestellen und ihr Vieh zu hüten.

Bald gaben diese Gruppen sich eigene Namen und begannen, auf die Grenzen ihrer Siedlungsbereiche zu achten. Sicher ist es dabei auch zu Grenzstreitigkeiten und überraschenden Überfällen gekommen, und gegen diese gewährte eine Befestigung wie die auf dem Runden Berg ausreichenden Schutz.

Der Runde Berg bei Urach ist nicht die einzige derartige Anlage, doch die bislang am besten erforschte. Sollten sich weitere Ausgrabungen wie jene, die auf dem Zähringer Burgberg bei Gundelfingen durchgeführt werden, verwirklichen lassen, dürfen wir nicht minder interessante Aufschlüsse über die Sitze alamannischer Könige im 4. Jahrhundert erwarten.

Es waren jedoch nicht allein Grenzstreitigkeiten, die zu einer immer deutlicheren Abgrenzung der einzelnen Siedlungsbereiche führten, der »pagi« oder Gaue, wie die römische Bezeichnung übersetzt wird. Nicht nur entsprechen die Grenzen der Gaue in etwa denen der natürlichen Räume Südwestdeutschlands, und scheinen einige ihrer Namen bereits gallo-römisch gewesen zu sein, auch das jeweilige politische Verhältnis der einzelnen Gruppen zu den Römern mag zu ihrer gegenseitigen Abgrenzung beigetragen haben.

Letzterem zumindest scheinen die Angaben bei Ammian nicht zu widersprechen, der uns leider nur wenig über die Grenzen der Gaue und deren Regenten, die alamannischen Könige, mitteilt. Nach ihm herrschten die Brüder Gundomad und Vadomar am rechten Ufer des Rheinknies, wobei Vadomars Wohnsitz gegenüber den Raurakern lag. Auf deren Gebiet befand sich das Castrum Rauracense, ein von Diokletian erbautes Kastell, das heutige Kaiseraugst.

Gundomad, den Ammian den Mächtigeren nennt, muß demnach weiter nördlich regiert haben, vermutlich im Gau der Brisigavier, dem Breisgau. Ein Name, den wir aus der Notitia Dignitatum erfahren, einem römischen Staatshandbuch, das um 425 entstand. Es führt neben anderem die Truppenteile des römischen Heeres auf und unter diesen die Brisigavii.

Genauer lokalisieren lassen sich auch die von Ammian erwähnten Lentienser im heutigen Linzgau, über die Priarius herrschte sowie die Bucinobanten gegenüber Mainz unter den Brüdern Hariobaudus und Makrian. Von diesen scheint der erstere allerdings nicht lange gelebt zu haben, denn er wird nur einmal genannt.

Wiederum nur mit Hilfe der Notitia Dignitatum und den dort aufgeführten Einheiten vermögen wir die Raetobarier dem Ries zuzuweisen. Nach weiteren Angaben Ammians könnten außerdem geherrscht haben die Könige: Suomar südlich des unteren Mains; Hortar im Kraichgau; um Karlsruhe Chnodomar und neben ihm der Sohn seines bereits verstorbenen Bruders Mederich, Serapio. Am und um den mittleren und oberen Neckar schließlich Westralp, Urius und Ursicinus.

Darüber, wie diese Männer ihre Herrschaft ausgeübt haben, läßt sich einiges aussagen. Die Römer bezeichneten die Führer barbarischer Völker als reges, also Könige. Lag die Führung nicht in der Hand eines Mannes, sondern in den Händen mehrerer Männer, so nannten sie diese principes, wobei jene ersten aus einer regia stirps – einem königlichen Geschlecht – stammen konnten.

Selbstverständlich hing der Gebrauch der beiden Bezeichnungen ab von den Kenntnissen des römischen Historikers über die Herrschaftsverhältnisse bei dem von ihm beschriebenen Volk, und dies gilt auch für die Germanen.

Ammian nun nennt uns für die zweite Hälfte des 4. Jahrhunderts: reges – Könige sowie reguli und regales – Kleinkönige und Angehörige der Königssippen. Principes erscheinen bei Ammian nicht, dagegen primates und optimates, was wir beides als die Vornehmen übersetzen wollen.

Bleiben wir bei unserer Vorstellung, daß die Führer der alamannischen Kriegertrupps von den Römern Könige genannt wurden, so scheint sich also im Laufe des 4. Jahrhunderts neben den königlichen Sippen eine Schicht von Leuten gebildet zu haben, die über mehr Landbesitz verfügten, als die Masse der Alamannen. Es werden dies, so möchten wir annehmen, die Nachkommen jener Männer gewesen sein, die den Führern der Kriegertrupps am nächsten standen, das heißt zu deren Gefolgschaft gehörten, als die Alamannen damit begannen sich in Südwestdeutschland festzusetzen und das Land aufzuteilen.

Daß die Herrschaft der Könige keineswegs absolut war und daß auch der Einfluß der Vornehmen begrenzt blieb, dies geht aus den Schilderungen Ammians eindeutig hervor. Wie vormals in den Volksversammlungen der swebischen Völker und sicher auch bei den Entscheidungen innerhalb der Kriegertrupps, hing die Herrschaft der Könige und der Einfluß der Vornehmen auch jetzt noch zunächst von deren Leistung und dann erst von ihrer Herkunft ab.

Der Gesellschaftsstruktur der Alamannen entsprach weitgehend die ihrer germanischen Nachbarn im Norden und Osten; der Chatten an der Lahn, die schließlich im Stammesverband der Franken aufgingen, der Burgunder, die sich am oberen und mittleren Main festgesetzt hatten und der Juthungen, den früheren Hermunduren, die nördlich der Donau siedelten. Und wenn auch das Sachgut dieser Völker einige Unterschiede zu dem der Alamannen aufweist, ihre bäuerliche Zivilisation gleicht ganz jener der Alamannen und nicht minder ihr Verhalten. Man führte Kriege um Salzquellen und Landstriche, man stahl sich gegenseitig die Pferde und die Rinder, kurzum, man verhielt sich so, wie germanische Völker sich seit Jahrhunderten verhalten hatten. – Wesentlich differenzierter waren dagegen die Beziehungen zwischen Alamannen und Römern.

Beim Tode Konstantins im Jahre 337 hatte Constantinus II. die Präfektur Gallien erhalten, die Britannien und Spanien einschloß. Er übernahm außerdem die Vormundschaft über den Reichsteil seines erst 15 Jahre alten Bruders Constans, nämlich die Präfektur Afrika – Italien – Illyrien sowie die Diözese Thrakien samt Konstantinopel.

Als Constans drei Jahre danach versuchte, sich der Vormundschaft zu entledigen, kam es zum Kriege zwischen den beiden Brüdern, in dessen Verlauf Constantinus II. fiel. Constans beherrschte damit auch die Präfektur Gallien. Lediglich die Diözese Thrakien und Konstantinopel gab er an Constantius II. ab, der sich während der vorausgegangenen Auseinandersetzungen neutral verhalten hatte.

Die Regierung des tatkräftigen Constans bedeutete weitere zehn Jahre Frieden mit den Alamannen, die ihre letzte Schlacht gegen die Römer um das Jahr 330 verloren hatten.

Während dieser Zeit, der Zeit zwischen 330 und 350 – dem Tode des Constans – haben die Römer noch immer das rechte Ufer des Oberrheinknies kontrolliert. Es werden also die Väter der Brüder Gundomad und Vadomar sowie die Väter der Brüder Mederich und Chnodomar gewesen sein, die besonders engen Kontakt zu den Römern hatten.

»Vadomar, als Grenznachbar mit uns eng verbunden, bewunderte zwar das Schauspiel des prunkvollen Aufmarsches (der römischen Truppen), erinnerte sich aber, dergleichen von Kindheit an oft gesehen zu haben.«[3] Dies läßt uns Ammian über eine Begegnung alamannischer Könige mit dem Cäsar Julian wissen und es kann durchaus sein, daß Vadomar einen Teil seiner Jugend als Geisel am Kaiserhof in Trier verbracht hat. Ganz so also, wie dies Ammian von Mederich berichtet, der »lange als Geisel in Gallien festgehalten wurde, dort in griechische Geheimlehre eingeführt wurde, und seinen Sohn, der eigentlich Agenarichus hieß, in Serapio umbenannte«[4].

Es gibt eine Fülle ausgezeichneter und leicht zugänglicher Schilderungen des römischen Gallien sowie der kaiserlichen Residenz Trier und ihrer heute noch sichtbaren römischen Denkmale. Das Trierer Landesmuseum bewahrt auch erlesene Fundstücke aus jener Zeit auf und erläutert sie in vorbildlicher Weise. Deshalb soll hier ein Zeugnis ganz anderer Art für die römische Zivilisation des beginnenden 4. Jahrhunderts stehen.

Vielleicht vermag es mit das ungläubige Staunen zu erklären, das die Alamannen befallen haben muß, wenn sie sich in einer römischen Provinz aufhielten. Es ist ein Höchstpreisedikt Kaiser Diokletians aus dem Jahre 301. Wir beschränken uns auf die Aufzählung einiger in ihm aufgeführter »Waren« und »Löhne«.

Waren: »Gerste, Roggen, enthülste Hirse, gewöhnliche Hirse, ungeschrotete Bohnen, Linsen, Platterbsen, gespaltene Erbsen, nicht gespaltene Erbsen;

Wein aus Picenum, Wein aus Tibur, Wein aus dem Sabinerland, Wein aus Amineum, Landwein, Weizenbier oder Bier, Gerstenbier;

Öl erster Qualität, Öl zweiter Güte, gewöhnliches Öl, Rettigöl, Essig, Fischsauce erster Güte, Fischsauce zweiter Güte, Salz, gewürztes Salz;

Honig bester Qualität, Honig zweiter Qualität, Dattelhonig;

Schweinefleisch, Rindfleisch, Ziegen- oder Hammelfleisch;

Mastgans, nicht gemästete Gans, Huhn, Rebhuhn;

Klippfische aus der See, Süßwasserfische, Pökelfisch, Sardinen;

größere Artischocken, Endivie von bester Qualität, Endivie von zweiter Qualität, getrocknete Zwiebeln, frische Zwiebeln, Knoblauch;

Oliven aus Tarsos, eingelegte Oliven, schwarze Oliven, Rosinen, große getrocknete Weinbeeren, Trüffel;

Schafsmilch, frischer Käse;

sehr guter Militärmantel, Decke für ein Zelt, Bettdecke bester Qualität, weiße Seide, dunkelpurpurgefärbte Seide, dunkelpurpurgefärbte Wolle, hellpurpurgefärbte Wolle, mit tyrischem Purpur hochrot gefärbte Wolle;

Sklave im Alter von 16 bis 40 Jahren, Sklavin des vorgenannten Alters, Mann im Alter von 40 bis 60 Jahren, Frau des vorgenannten Alters, Knabe im Alter von 8 bis 16 Jahren und ein Mädchen des vorgenannten Alters, Mann älter als 60 Jahre oder jünger als acht, eine Frau des vorgenannten Alters.«

Löhne: »Tagelöhner, Maurer, Schreiner, Zimmermann, Kalkbrenner, Fliesenleger, Mosaikarbeiter für Wände, Mosaikarbeiter für Böden, Anstreicher, Stubenmaler;
Wagenbauer, Schmied, Schiffszimmermann für Seeschiffe, Schiffszimmermann für Flußschiffe;
Ziegelstreicher für die Herstellung von gebrannten Ziegeln, Ziegelstreicher für die Herstellung von Luftziegeln;
Kamel-, Esels- und Maultiertreiber, Schäfer;
Tierarzt für die Schur und Herrichtung der Hufe, Tierarzt für einen Aderlaß und Reinigung des Kopfes;
Schreiber für gewöhnliche Schrift, Urkundenschreiber für das Aufsetzen einer Eingabe oder eines Schriftstückes;
Kinderbegleiter, Lehrer für Lesen und Schreiben, Rechenlehrer, Stenographielehrer, Lehrer für Bücherschrift und alte Schrift, Sprachlehrer für Griechisch oder Latein und Geometrielehrer, Lehrer für Beredsamkeit oder ein Sophist;
Anwalt oder Jurist für das Einreichen einer Klage, Anwalt oder Jurist für einen Verhandlungstermin, Lehrer der Baukunst.«[5]

Ein Edikt wie das hier zitierte, ließ sich in dem riesigen von so unterschiedlichen Völkern bewohnten Reich nicht durchführen, auch wenn die Strafen, die für ein Überschreiten der Höchstpreise angedroht wurden, sehr hart waren. Für uns aber ist der Erlaß des Kaisers ein aufschlußreiches Zeugnis römischer Zivilisation zu Beginn des 4. Jahrhunderts und macht uns den Unterschied zwischen ihr und der bäuerlichen Zivilisation der Alamannen deutlich. Ob sich die Alamannen bei einem friedlichen Nebeneinander die römische Zivilisation nach und nach angeeignet hätten, diese Frage stellt sich uns dabei nicht. Die Ereignisse des Jahres 350 beendeten den Frieden der vorausgegangenen zwei Jahrzehnte.

»So barbarisch und verwildert sind wir durch diese Gegenden hier«[6]

Um das neue Land: Constantius II., Chnodomar, Julian und Vadomar

Bei Centcelles, einem kleinen Ort der spanischen Provinz Tarragona, lag unweit der römischen Stadt Tarraco (Tarragona) eine große römische Villa. In ihrem Bereich wurde ein Mausoleum aufgedeckt, das so reich ausgestattet war, daß es nur einer mächtigen Familie als Grablege gedient haben kann. Vermutet wird deshalb, daß das Mausoleum von Constantius II. für seinen im Jahre 350 ermordeten Bruder Constans errichtet wurde.

Constans, der seit dem Jahre 340 auch den Westen des Reiches beherrscht hatte, war ein ungewöhnlich energischer junger Mann gewesen und seiner schnellen und häufigen Kriegszüge halber gleichermaßen geliebt wie gefürchtet. Geliebt von seinen Untertanen, denen er damit den Frieden sicherte, gefürchtet von denen, die auf Raub und Plünderung aus waren – so auch von den Alamannen und Franken.

Seiner Härte wegen verhaßt aber war der Kaiser bei den Soldaten und den Beamten des Hofes. Dies hatte zu seiner Ermordung am 18. Januar des Jahres 350 geführt und die Machtergreifung des Magnentius vorbereitet, eines Mannes, der unter Constans zum höheren Offizier aufgestiegen und von Mutterseite her fränkischer Abstammung war.

Constantius war damit zum legitimen Herrscher des gesamten Reiches geworden. Sich sofort gegen den Thronräuber zu wenden, ist ihm allerdings nicht möglich gewesen, bereiteten doch die Perser, wie nahezu in jedem Jahre, einen neuerlichen Angriff vor. Um Magnentius hinzuhalten und dessen Streitkräfte zu zersplittern, »öffnete er (Constantius deshalb) durch ein Handschreiben den Barbaren (Alamannen) die römischen Grenzen, indem er erklärte, es stände ihnen frei, so viel Land in Besitz zu nehmen, wie sie könnten. Als ihnen Straflosigkeit gewährt und durch diesen Brief die Verträge aufgehoben waren, überschwemmten sie das Land.«[7]

Es besteht kein Grund, an der Richtigkeit dieser Angaben zu zweifeln, die wir dem Nachruf entnehmen, den der berühmte Redner Libanios (314–394) auf seinen Freund Julian verfaßte. Zwar hat der Antiochier den Constantius nicht geschätzt, aber andere Quellen bestätigen seine Aussagen, und die Alamannen selbst scheinen das Versprechen des Kaisers für bare Münze genommen zu haben.

Im Sommer des Jahres 351 fielen sie in Gallien ein, eben zu der Zeit, als Magnentius sich anschickte, dem Constantius in Pannonien die Entscheidungsschlacht zu liefern.

»Da wurden die Dörfer gebrandschatzt, die Mauern (der Städte und Befestigungen) berannt, Geld und Gut, Weiber und Kinder fortgeschleppt, und die (Männer) folgten in die Knechtschaft, indem die Unglücklichen ihre eigene Habe auf den Schultern trugen.«[8]

Magnentius hatte seinen Bruder Decentius zum Cäsar ernannt und ihm den Schutz Galliens anvertraut. Decentius aber erlitt gegen die Alamannen eine schwere Niederlage, und in diesem Zusammenhang hören wir zum erstenmal von jenem Manne, der in den folgenden sechs Jahren zum Führer der Alamannen in ihren Kämpfen gegen die Römer werden sollte: Chnodomar.

»König Chnodomar aber brachte alles in Bewegung und Unruhe, er war ohne Maß, zeigte sich überall und immer, er war der Hauptantreiber zu gefährlichen Wagnissen, mit seiner stolzen Miene, hochgemut durch häufige Erfolge. Denn er hatte auch den Cäsar Decentius besiegt, mit dem er unter gleichen Bedingungen gekämpft hatte, er hatte viele reiche Städte zerstört und ausgeplündert und nach Belieben lange Zeit, ohne Widerstand zu finden, Gallien durchstreift.«[9] »Mit einem flammendroten Haarwulst auf dem Haupt, furchtlos im Bewußtsein seiner ungeheuren Körperkraft zog er einher... wo hitziger Kampf zu erwarten war, unmenschlich groß auf seinem schäumenden Roß, hochaufgerichtet mit einer Lanze von fürchterlicher Länge, im Glanz der Waffen sichtbar vor den anderen, ein tapferer Kämpfer und als fähiger Heerführer den übrigen überlegen.«[10]

Natürlich wüßten wir gerne, wie alt der Mann war, von dem uns Ammian dies lebendige Bild zeichnet. Da er zumindest im Kriege eine überragende Stellung unter den »übrigen« alamannischen Königen einnahm, muß er wohl gegen 30 Jahre alt gewesen sein, hat also um 320 das Licht der Welt erblickt, ein Datum, das zum Nachdenken zwingt.

Die letzten Kämpfe zwischen Alamannen und Römern hatten um 330 stattgefunden. Chnodomar war damals gegen zehn Jahre alt, und wie wir weiter oben schon ausführten, gehörte somit auch er jener Generation an, die im Frieden mit Rom aufwuchs. Von was aber werden diese jungen Männer an den langen Winterabenden geträumt haben? Wir können sicher sein: von nichts anderem als vom Kriege gegen Rom, dem Kriege, der anders als die Scharmützel mit Franken und Burgundern Reichtum verhieß. Dieser Krieg war die Welt ihrer Väter gewesen, ja, schon die ihrer Großväter und Urgroßväter, und sie sehnten sich nach dieser Welt. Es kann für Chnodomar nicht schwer gewesen sein, sie allesamt mitzureißen, als er ihnen die Briefe des Constantius vorlesen ließ.

Doch über die vom römischen Kaiser gleichsam bescheinigten Beutezüge hinaus, versprachen diese Briefe Land auf dem linken Rheinufer, und: »Als nun die Güter unseres Landes in das der Feinde verschleppt waren, bebauten die Sieger unseren

Grund und Boden mit ihren eigenen Händen, ihren eigenen dagegen ließen sie durch Gefangene bestellen.«[11] Diese Stelle im Brief des Libanios macht deutlich: Die Alamannen waren nicht in der Lage, das Land auf beiden Seiten des Rheins gleichzeitig zu besiedeln.

Ob es nun ein Entschluß Chnodomars war oder was wahrscheinlicher ist, eine Entscheidung der Volksversammlungen jener alamannischer Gaue, die an den Eroberungen den größten Anteil hatten: An die um die Elbe siedelnden Sweben muß die Aufforderung ergangen sein, nach Südwestdeutschland oder in das Elsaß zuzuwandern. Und sie kamen, wie dies aus der abnehmenden Zahl der Bodenfunde vornehmlich im Semnonenlande ersichtlich ist. So auch erklärt sich das Staunen der Römer darüber, daß trotz der schweren Verluste, die sie den Alamannen zufügten, deren Volkszahl stetig wuchs.

Constantius mag gehofft haben, die von ihm zu Hilfe gerufenen Alamannen rasch wieder aus Gallien herausdrängen zu können, um sie dann zu einem friedlichen Nebeneinander zu zwingen. Das erstere gelang ihm auch, aber der Heißhunger der Zuwanderer nach neuem Land und ihre ständig wachsende Zahl wurden so groß, daß die Römer nach einem halben Jahrhundert fortwährender Abwehrkämpfe die Rheingrenze aufgeben mußten.

Schon in der Antike ist Constantius deshalb zum Vorwurf gemacht worden, daß er die Alamannen zu Hilfe gerufen hat. Ihm, dem gläubigen Christen, hat dies besonders sein Neffe und Nachfolger Julian vorgehalten, der zum Heidentum zurückkehrte. Doch leichtfertig hat Constantius seine Entscheidung nicht getroffen, dazu war er ein viel zu ernster und gewissenhafter Herrscher.

Constantius wurde am 7. August des Jahres 311 geboren, und noch als Knaben hatte man ihn zur Armee geschickt. Obwohl er zeitlebens den zivilen Dienst höher schätzte als den militärischen, war er doch ein tüchtiger Soldat. Den Speer warf er gut, schoß ausgezeichnet mit dem Bogen und ritt vorzüglich. Als Heerführer allerdings blieb er vorsichtig bis zur Ängstlichkeit. So hat er denn auch das Fußvolk der Reiterei vorgezogen und dessen Exerzierreglement ebenso peinlich genau überwacht wie die Verwaltung des Reiches.

Alle, die ihn näher kannten, bezeugen, daß seine Lebensführung untadelig war. Er aß und trank mäßig, und im Gegensatz zu vielen hohen Würdenträgern wahrte er die eheliche Treue. Immer um Gerechtigkeit bemüht und standhaft bei der Durchführung seiner Entschlüsse war auch sein Auftreten in der Öffentlichkeit stets würdig. Dabei kam ihm sein Äußeres zugute. Zwar hatte er etwas kurze, krumme Beine, doch fiel dies nicht auf, wenn er zu Pferde oder auf dem Thron saß, und unter seinem brünetten Haar bot sich dem Betrachter ein klar geschnittenes Gesicht, das große, von der Farbe her nicht zu bestimmende Augen beherrschten.

Was ihn unbeliebt gemacht hat, war sein Mißtrauen gegen jedermann. Doch er hatte dazu allen Grund: Als er acht Jahre alt war, wurde seine Mutter das Opfer einer Hofintrige; man bezichtigte sie – ob zu Recht oder Unrecht ist niemals erwiesen worden – der Liebschaft mit ihrem Stiefsohn. Vermag man zu ermessen, was in dem Knaben vorging, als seine Mutter hingerichtet wurde?

Und damit nicht genug. Das Leben des Kaisers blieb überschattet von der Feindschaft der beiden Frauen seines Großvaters, der Helena und Theodora. Wohl hatte Helena, des Constantius' Großmutter, unter der glorreichen Herrschaft ihres Sohnes Konstantin Genugtuung erfahren, und um viele Jahre hatte sie ihre Rivalin überlebt; ihr Mißtrauen jedoch war wachgeblieben. Es übertrug sich auf ihre Enkel, und wie wir sahen, ließen diese zu, daß alle männlichen Nachkommen der Theodora von den Garden ermordet wurden, mit Ausnahme des Gallus und des Julian.

Mußte Constantius deren Rache nicht fürchten? Er hat den

Gallus nur hinrichten lassen, weil dieser sich zum Regieren unfähig erwies. Julian aber, dem er ein militärisches Kommando anvertraute, zog gegen ihn zu Felde.

Und des Constantius' leibliche Brüder? Kaum zur Macht gelangt, führten sie gegeneinander Krieg, bis der eine umkam und ein Usurpator den anderen ermorden ließ. Ja, sogar die obersten Hirten der Kirche, der Constantius sich rückhaltlos hingab, scheuten vor Denunziation und Verleumdung nicht zurück. – Wem also hätte der Mann noch vertrauen dürfen, in dessen Händen das Geschick des Reiches lag? – Doch kehren wir zurück in das Jahr 351.

Schon im Frühjahr dieses Jahres hatte Constantius seinen Neffen Gallus zum Frater Augusti – zum Bruder des Augustus – ernannt, und ihm Antiochia als Residenz angewiesen. Er hoffte, sich damit den Rücken gegen die Perser freizuhalten, und führte sein Heer gegen Magnentius.

Nach mancherlei Vorgefechten kam es noch im September desselben Jahres bei Mursa, dem heutigen Osiek in Jugoslawien, zur Schlacht. Magnentius wurde geschlagen, aber er war damit keineswegs besiegt, und es dauerte noch volle zwei Jahre, bis Constantius in Gallien eindringen konnte und Magnentius und Decentius sich den Tod gaben.

Mittlerweile hatten die Alamannen in Gallien fürchterlich gehaust und die Franken hatten sich beeilt, es ihnen gleichzutun. Nach den Angaben Julians betrug »die Zahl der Städte mit zerstörten Befestigungsanlagen etwa fünfundvierzig, ohne die einzelnen Bollwerke und die kleineren festen Stützpunkte. Die Ausdehnung des Landes, das die Barbaren (Alamannen und Franken) da am Rhein innehatten, entspricht der Strecke, die er von seinen Quellen bis zum Ozean erfaßt. 300 Stadien (55 km) vom Rheinufer entfernt wohnten diejenigen, die am weitesten vorgedrungen waren; noch dreimal so breit war das nach der Ausplünderung öde zurückgelassene Niemandsland.«[12]

Es war hohe Zeit, Alamannen und Franken aus Gallien zu

vertreiben, und Constantius hielt es für notwendig, selbst gegen die Alamannen ins Feld zu ziehen. Er hatte den Winter in Arles verbracht, war im Frühjahr 354 nach Valence gegangen, um seine Truppen zu sammeln und rückte nun gegen Vadomar und Gundomad.

Die beiden Könige zogen sich über den Rhein zurück. Von den römischen Brückenköpfen auf dem rechten Flußufer scheint keiner mehr in römischer Hand gewesen zu sein, denn das römische Heer mußte nach dem vergeblichen Versuch, eine Schiffsbrücke zu bauen, nach einer Furt suchen. Daß sie wirklich gefunden wurde, mag man bezweifeln, zumal wenn man bei Ammian liest, daß das Heer erst »nach Überwindung vieler Schwierigkeiten, da die meisten Bergstraßen (in den Alpen) durch Schnee verschüttet waren, in die Nähe von Rauracum (Kaiseraugst)«[13] gelangt war, und sich Constantius nach dem recht kurzen Feldzug ins Winterlager begab. Es muß demnach Frühsommer gewesen sein, und der Rhein führte Hochwasser.

Vor dem angeblich vorgesehenen Überraschungsangriff sollen Vadomar und Gundomad gewarnt worden sein und zwar von drei Alamannen, die sich als höhere Offiziere in der unmittelbaren Umgebung des Constantius befanden. Wir sind ihnen bereits begegnet und haben erfahren, daß der Kaiser ihnen voll vertraute (S. 147). Mit Ammian anzunehmen, daß Latinus, Agilo und Scudilo Constantius verraten haben, wäre deshalb sicher nicht richtig. Daß die drei ihm abgeraten haben, Vadomar und Gundomad anzugreifen, ist dagegen wahrscheinlich, und sie werden es auch gewesen sein, die die beiden Könige dazu überredeten, Frieden zu schließen.

Und so läßt denn Ammian auch den Constantius vor versammeltem Heer eine lange Rede für den Frieden halten und erzählt: »Sobald der Kaiser geendet hatte, billigte die gesamte Menge, mit seinem Wunsche einverstanden, den Plan und stimmte für Frieden. ... Hiernach wurde nach dem Völkerrecht das Bündnis geschlossen, und nach Beendigung der feierlichen Handlung begab sich der Kaiser nach Mediolanum (Mailand) ins Winterquartier.«[14] Von dort aus befahl er die Hinrichtung des unfähigen Gallus, den Scudilo so geschickt aus Antiochia herausgelockt hatte.

Es ist eine merkwürdige Situation, vor der wir zu Ende des Jahres 354 stehen: Seit mindestens vier Jahren verheeren Alamannen und Franken Gallien und vermutlich auch Rätien; der römische Kaiser aber schließt mit zwei Königen der Alamannen einen Separatfrieden. Doch die Ereignisse der folgenden Jahre zeigen, wie geschickt Constantius verfuhr, um die Alamannen und Franken hinter den Rhein zurückzudrängen.

Schon im Frühsommer des Jahres 355 bekriegte er die Lentienser und vermutlich auch die Rätobarier. Zwar erlitt der Führer seiner Vorhut eine Schlappe, doch der Feldzug schloß mit einem römischen Erfolg ab. Und als im Spätsommer die Verteidigung am Mittel- und Niederrhein durch die Revolte seines Heermeisters Silvanus so empfindlich geschwächt wurde, daß die Franken sogar Köln erobern konnten, setzte er – nach der Ermordung des Rebellen – seinen Neffen Julian, den späteren Apostata, als Cäsar in Gallien ein und gab ihm einige erfahrene Soldaten zur Seite.

Nun endlich konnte er im Jahre darauf den offenbar schon lange geplanten Zangenangriff auf die Alamannen durchführen. Außerdem scheint er in deren Rücken die Burgunder zum Eingreifen ermuntert zu haben. Das Unternehmen hatte Erfolg. Als Julian von Gallien aus zum Oberrhein vorstieß, vermochte er die alamannischen Haufen aufzureiben, die vor dem Heer des Constantius flohen; der Kaiser war offenbar von Süden kommend und unter Umgehung von Vadomars Herrschaftsbereich bis in die Gegend von Rottweil vorgedrungen. So konnte Julian im September zum Niederrhein ziehen. Durch einen Vertrag mit den Franken gewann er Köln zurück, und während Constantius sich nach Italien begab, rückte er über Trier nach Sens und verteilte sein Heer auf die Winterquartiere.

Aber Chnodomar gab nicht auf. Die römischen Truppen waren abgezogen, und noch hielten sich die Alamannen im Elsaß. Vermutlich stand der König hinter dem mitten im Winter durchgeführten alamannischen Überfall auf Sens, in dem Julian nur mit einer schwachen Begleitmannschaft residierte. Es muß bitter für Chnodomar gewesen sein, als seine Leute nach 30 Tagen vergeblicher Belagerung abziehen mußten. Wäre ihm der Cäsar in die Hände gefallen, hätte dies zweifellos höchst nachteilige Folgen für den römischen Widerstandswillen in Gallien gehabt.

Ob Chnodomar es war, der die mit den Alamannen verbündeten Juthungen im Frühjahr 357 zum Einfall in Rätien bewog? Wir wissen es nicht. Annehmen dürfen wir es, kam dieser Einfall doch einem neuerlichen Zangenangriff der Römer zuvor.

Constantius ließ sich dadurch nicht beirren. Dieser Kaiser, der einen Großteil seines Lebens in Kriegen gegen äußere und innere Feinde verbracht hatte, schlug seine Schlachten zwar nicht mehr selbst und es ist auch unwahrscheinlich, daß er seine Feldzugpläne allein entworfen hat. Seine Handschrift aber tragen diese Pläne alle. Wie schon die Feldzüge gegen die Perser und Magnentius, zeichnen sich auch die gegen die Alamannen durch ein überaus behutsames Vorgehen und möglichste Schonung der Truppe aus. Der 40 Jahre alte Constantius und seine erfahrenen Heermeister waren Feinde, gegen die ein alamannischer König vielleicht eine Schlacht, niemals aber einen Krieg gewinnen konnte.

Der Feldzugplan des Jahres 357, den auszuführen der Kaiser Julian und dem Heermeister Barbatio überließ, glich ganz dem des Vorjahres. Wieder sollte Julian vom Westen kommend in das Elsaß einrücken, während Barbatio, der die Juthungen erfolgreich abgewehrt hatte, vom Süden her den Oberrhein überschritt. Das Unternehmen scheiterte daran, daß es den Alamannen gelang, den Heermeister am Bau einer Schiffsbrükke bei Kaiseraugst zu hindern. Er zog sich zurück und erlitt dabei noch eine Niederlage.

Julian stand mittlerweile mit 13000 Mann bei Zabern, das er neu befestigte. Gesandte Chnodomars, die ihn zum Rückzug bewegen wollten, ließ er als Spione verhaften, obwohl sie ihm Briefe des Constantius vorwiesen, »die ihnen das Land übereigneten«[15]. Als er erfuhr, daß Chnodomar sich anschickte, den Rhein zu überschreiten, zog er ihm entgegen.

Der Cäsar war ein kurioser Feldherr: »Bei mir ist es ein Wunder, wenn ich überhaupt noch griechisch sprechen kann; so barbarisch und verwildert sind wir durch diese Gegenden hier«[16], schreibt er aus dem Felde und erinnert sich an anderer Stelle wehmütig seines fernen Landsitzes: »Tiefe Stille herrscht ringsum den Ort, wenn du Dich niederläßt, um in ein Buch zu sehen. Willst du dazwischen einmal dein Auge ausruhen lassen, so ist es überaus wohltuend, auf die Schiffe und das Meer hinauszuschauen.«[17]

Julian, im Jahre 332 zu Konstantinopel geboren, »war etwas geschwätzig und konnte nur selten seine Zunge im Zaum halten«, meint Ammian, und man darf hinzufügen: seine Empfindungen auch nicht. Da er sich zudem ständig mit der eigenen Person befaßte, war ihm das Lob anderer wichtig und »auch bei nichtigem Anlaß haschte er unbeherrscht nach Beifall«[18].

Zum Feldherrn passen solche Eigenschaften nicht, und nur dieser interessiert uns hier; nicht der »Apostata«, der Abtrünnige und Restaurator heidnischer Kulte, als der Julian Aufsehen erregt und ein Ansehen erlangt hat, das über seine wirkliche Bedeutung weit hinausgeht.

Ammian hat Julian aus vielerlei Gründen geschätzt und rühmt auch die Anhänglichkeit der Soldaten an den Cäsar. Doch für den einfachen Mann war – auch wenn er gelegentlich lauthals schimpfte – ein Angehöriger des kaiserlichen Hauses allemal eine Art höheres Wesen, mehr einem Feldzeichen als einem Menschen vergleichbar. Dies galt auch dann, wenn – wie Julian von sich selbst schreibt – er erst mit Hilfe des Barbiers und Schneiders vom Philosophen zum Krieger wurde.

Was aber mag in den Köpfen der Offiziere vorgegangen sein, »wenn er, der Philosoph, noch als Fürst gezwungen war, die Anfangsbegriffe des Exerzierens zu üben, und die Kunst des Gleichschritts im Waffentanz zum Spiel der Flöten lernte«[19]? – Der mittlerweile Fünfundzwanzigjährige hatte sein Leben im Kreise von Geistlichen und Philosophen verbracht und nie zuvor eine militärische Ausbildung erhalten.

Selbstverständlich hätte in Gegenwart Julians keiner der Offiziere gewagt, offen über seine Unfähigkeit als Feldherr zu reden. Es wäre ihnen auch nicht in den Sinn gekommen, irgendeinem anderen als dem Cäsar die militärischen Erfolge zuzuschreiben, die sie trotz allem über die Alamannen errangen. Dies hätte nicht römischer Sitte entsprochen, und Julian klagte zu Unrecht, wenn sich Constantius seine Siege zuschrieb, obschon er einige hundert Kilometer vom Kriegsschauplatz entfernt war. Der regierende Kaiser war es, der die Siege errang.

Doch lassen wir uns von Ammian noch erzählen, wie der Mann aussah, der zum Gegner Chnodomars wurde: »Er (Julian) war mittelgroß, sein Haar war weich und wie gekämmt, und er trug einen struppigen, spitz zulaufenden Bart. Seine funkelnden Augen waren hübsch und ließen auf einen scharfen Verstand schließen. Die Augenbrauen waren zierlich, die Nase sehr gerade, der Mund etwas zu groß, und die Unterlippe hing etwas herab. Sein Hals war kräftig und gebogen, die Schultern waren muskulös und breit. Vom Kopf bis zu den Zehen war sein Gliederbau symmetrisch, und aus diesem Grunde verfügte er über Kraft und war ein guter Läufer.«[20]

»Ein guter Läufer«, das ist alles! Kein guter Speerwerfer, kein ausgezeichneter Bogenschütze, kein vorzüglicher Reiter wie der Kaiser. Trotzdem: in die bevorstehende Schlacht wird auch der Cäsar nicht zu Fuß gezogen sein, und das, was er an Truppen mit sich führte, gehörte zur Elite des römischen Heeres.

Die kleine Armee bestand vornehmlich aus Fußsoldaten. Ihren Kern bildeten die Hilfstruppen; Einheiten also mit barbarischen, zumeist germanischen Mannschaften. Sie wurden von Landsleuten geführt und trugen in römischen Fabriken hergestellte und verbesserte nationale Bewaffnung. Soweit es sich nicht um besonders ausgerüstete Einheiten handelte, hat diese Bewaffnung sich allerdings kaum noch von jener der römischen Legionare unterschieden. Lange schon war auch bei diesen das Kurzschwert dem Langschwert gewichen, die Wurflanze hatte ihre Form verändert, und der große rechteckige Schild war durch kleinere ovale oder runde Schilde ersetzt worden.

»Die ersten Sonnenstrahlen färbten bereits den Himmel rötlich, da erklangen schon die Trompeten, und die Fußtruppen wurden in langsamem Marsch aus dem Lager geführt. Ihre Flanken deckten Reiterschwadronen, unter ihnen Panzerreiter und Bogenschützen, eine furchterregende Waffengattung.«

So beschreibt uns Ammian den Aufbruch von Julians Heer aus Zabern, und er fährt fort: »Von der Stelle, wo sich die römischen Truppen befanden, bis zur Stellung der Barbaren betrug die Entfernung 14 Leugen, das heißt 21 römische Meilen (31,5 km).«[21]

Vermutlich auf der von Zabern über Ittenheim führenden römischen Straße »rückte das Heer vor und kam zu einem Hügel, der sich mit sanfter Steigung erhob und mit schon reifem Getreide bedeckt war. Von den Rheinufern war er nur eine kurze Strecke entfernt. Auf seiner Höhe hatten die Feinde drei Späher zu Pferde aufgestellt, die die plötzliche Ankunft des römischen Heeres melden sollten. Jetzt eilten sie zu den Ihrigen, doch ein Fußsoldat, der mit ihnen nicht Schritt halten konnte, wurde durch die Behendigkeit unserer Soldaten gefangengenommen und verriet, daß die Germanen drei Tage und drei Nächte lang den Fluß überschritten hätten.«[22]

In dem Hügel, auf dem der Alamanne gefangengenommen wurde, vermutet man heute die Kuppe mit der Markierung 175 beim Ort Oberhausbergen, etwa drei Kilometer nordwestlich Straßburg, und als Datum der Schlacht gilt das Ende des Monats August im Jahre 357.

So sind wir also, was Ort und Zeit der »Schlacht von Straßburg« anbelangt, sehr viel besser unterrichtet, als über jene erste kriegerische Begegnung zwischen Sweben und Römern im Jahre 58 v. Chr. Leider sind die Aufzeichnungen Julians über die Schlacht selbst nur wenig genauer als die Kommentare des Gaius Julius Caesar. Trotzdem wollen wir versuchen, aus der Sicht Chnodomars und seines alamannischen Aufgebotes die Ereignisse vor und während des Treffens nachzuzeichnen.

Chnodomar war dem römischen Zangenangriff des Jahres 357 geschickt begegnet. Auf der inneren Linie operierend hatte er zunächst Barbatio am Überschreiten des Rheins gehindert. Nun vereinte er sein Aufgebot gegen Julian. Dabei ist es ihm – offenbar mit Hilfe der alamannischen Volksversammlungen – gelungen, die meisten Gaukönige von der Notwendigkeit eines Feldzugs zu überzeugen. Zu seinem Heere stießen Westralp, Urius, Ursicinus, Suomar und Hortar, dazuhin scheinen ihm Makrian, dessen Bruder Hariobaudes und Priarius Freiwilligenkontingente geschickt zu haben. Schwierigkeiten hatte der König mit den Brüdern Gundomad und Vadomar, die sich an die mit Constantius im Jahre 354 geschlossenen Verträge gebunden fühlten. »Wenig später wurde jedoch der eine von ihnen, Gundomad, der mächtigere und in seiner Treue (gegenüber den Römern) festere, hinterhältig ermordet, und sein gesamtes Volk verschwor sich unseren Feinden. Unverzüglich schloß sich auch das Volk Vadomars, obwohl gegen seinen Willen, wie er versicherte, den Scharen der zum Kriege drängenden Barbaren an.«[23]

Chnodomar soll zu Beginn der Schlacht über 35000 Mann verfügt haben, eine Zahl, die sicher zu hoch gegriffen ist. Man wird sie auf höchstens 25000 Bewaffnete reduzieren müssen. Wie und wo der König den Übergang über den Rhein bewerkstelligte, ist unbekannt. Ihn zu beschleunigen hatte er nach der Gefangennahme seiner Gesandten durch Julian allen Grund. Wir wissen jedoch nicht, ob es ihm gelang, sein ganzes Aufgebot rechtzeitig auf das linke Rheinufer zu führen.

Die Alamannen waren sich der Bedeutung der bevorstehenden Auseinandersetzung zweifellos bewußt. Sie hatten sich auf die Zusagen des Constantius verlassen, hatten vor sieben Jahren einen breiten Streifen linksrheinischen Landes besetzt und schließlich die Semnonen nach Südwestdeutschland gerufen. Nach ihren Niederlagen im Jahre 356 waren sie den im Winter aus dem Elsaß abziehenden Römern sofort wieder nachgerückt. Vor ihren Augen reifte das Getreide, das sie im Frühjahr gesät hatten. Wer immer damit begonnen hatte, auf dem linken Rheinufer zu siedeln, er mußte sich um sein und seiner Familie Fortkommen sorgen.

Das Verlangen dieser Männer, das von ihnen bestellte Land zurückzuerobern, muß so groß gewesen sein, daß sie selbst vor Morden an ihren Königen, wie dem Mord an Gundomad, nicht zurückschreckten, wenn diese sich ihrem Willen widersetzten. Bei dem Aufgebot, das Chnodomar in die Schlacht folgte, handelte es sich deshalb nicht mehr um beutehungrige Krieger, wie der König sie zu den ersten tiefen Einfällen nach Gallien geführt hatte. Die Mehrzahl seiner Leute waren Bauern, und nicht wenige unter ihnen werden ihre Höfe an der Elbe erst vor wenigen Jahren verlassen haben.

Ihr Kampfwert war somit gering. Auch ihre Bewaffnung wird höchst unterschiedlich gewesen sein. Das Langschwert führten sicher nicht alle, die Qualität ihrer Schilde reichte an die der römischen nicht heran und soweit nicht von Römern erbeutet, trugen selbst die wohlhabenden Alamannen weder Helme noch Panzer. – Mit solchen Leuten ließ sich gegen die gut gedrillten und kriegserfahrenen römischen Truppen ein Sieg nur durch den massiven, aus der zahlenmäßigen Überlegenheit heraus genährten Angriff gewinnen.

Chnodomar hat seine Haufen dementsprechend aufgestellt. Den rechten Flügel vertraute er seinem Neffen Serapio an, der einen Teil seiner Leute in der Nähe eines römischen Viadukts verdeckt postierte. Den linken Flügel, den seine Reiter bildeten, und das Zentrum führte er selbst, wobei er den ersten Stoß der Reiterei anvertraute. Sie tritt uns hier wieder einmal mit Fußsoldaten gemischt entgegen.

Chnodomar gegenüber standen die römischen Reiter und das von Julian befehligte Zentrum. Serapio hatte es mit dem erfahrenen römischen Heermeister Severus zu tun. Als Chnodomar zum Angriff ansetzte, murrte das Fußvolk und verlangte, seine Führer sollten von den Pferden absteigen, um sich im Falle einer drohenden Niederlage nicht in Sicherheit bringen zu können. Man sieht: Mit der Herrschaft alamannischer Könige und alamannischer Vornehmer war es nicht allzuweit her, und hier zogen Bauern in eine von ihnen als notwendig erachtete und keineswegs mutwillig herbeigeführte Schlacht.

Der König und die Führer des Fußvolkes saßen sofort ab. Dann griff die Reiterei der Alamannen und ihr im Zentrum stehendes Fußvolk an. Wie Chnodomar erwartet hatte, drang der Angriff durch. Die römischen Reiter rissen aus, das Zentrum der Römer geriet ins Wanken, und Julian hätte auf sich allein gestellt die Schlacht verloren.

Severus aber hatte den Hinterhalt Serapios rechtzeitig entdeckt und dessen Haufen zersprengt. Nun fiel der erfahrene Soldat Chnodomar in die Flanke. An keinerlei taktische Manöver auf dem Gefechtsfeld gewohnt, mußte dies für die Alamannen die Niederlage bedeuten. Eine Zeitlang hielten sie noch stand, dann flohen sie dem Rhein zu.

Offenbar haben die alamannischen Pferdehalter die Gefahr, in die ihre Herren gerieten, rechtzeitig erkannt, denn zumindest Chnodomar war beritten, als er zu fliehen versuchte.

»Da stürzte er vom Pferd, denn es glitt auf dem lehmigen und weichen Untergrund aus. Trotz seines Gewichts infolge des starken Leibesumfangs entkam er schnell in den Schutz eines benachbarten Hügels, doch wurde er erkannt ... und eine Kohorte umstellte die bewaldete Anhöhe ... Der König ergab sich aus freien Stücken. Er trat allein hervor, und zweihundert seiner Begleiter sowie drei seiner nächsten Freunde ließen sich fesseln.«

Julian »ließ sich Chnodomar vorführen. Zuerst verbeugte sich dieser, dann warf er sich demütig auf den Boden und bat in seiner Muttersprache um Verzeihung. Der Cäsar hieß ihn darauf guten Mutes sein. Nach wenigen Tagen wurde er an den Hof des Kaisers gebracht und von dort nach Rom geschickt. Hier starb er im Ausländerquartier auf dem Berge Caelius an der Schlafsucht.«[24] So weit Ammian. Andere übersetzen: »an Altersschwäche«, wieder andere: der König sei an Heimweh gestorben.

In der Schlacht sollen auf römischer Seite 246, auf alamannischer Seite 6000 Mann gefallen sein, ein zweifellos unrichtig wiedergegebenes Zahlenverhältnis.

»Der junge Feldherr ... ließ alle Toten unterschiedslos bestatten ... dann kehrte er nach Zabern zurück. Von dort aus ließ er die Beute samt allen Gefangenen nach Metz schaffen ... Er selbst marschierte nach Mainz, um dort auf einer Brücke den Rhein zu überschreiten und die Barbaren auf eigenem Gebiet heimzusuchen. Aber das Heer widersetzte sich und wollte ihn daran hindern.«

Julians Beredsamkeit gelang es schließlich, die Soldaten zu weiterem Vorgehen zu bewegen, und »sobald man an den erwähnten Platz gekommen war, wurde der Strom auf einer Brücke überschritten. ... Dann drangen die Truppen in das Feindesgebiet ein.«

Vor der Kriegsdrohung der Alamannen aber zog Julian sich sogleich wieder auf seinen Brückenkopf zurück. Er beschränkte sich auf ein Kommandounternehmen von 800 Mann, die er oberhalb der Rheinbrücke anlandete und denen er eine Reiterabteilung über den Main hinweg zu Hilfe schickte. Es muß der Gau Makrians gewesen sein, in dem »unsere (die römischen) Truppen ... die an Vieh und Früchten reichen Gutshöfe plünderten. Die Gefangenen befreiten sie und setzten alle Wohnhäuser in Brand, die sorgfältig nach römischer Weise gebaut waren.«

Bevor Julian über den Rhein zurückging, stellte er ein altes römisches Kastell wieder her. Wo dieses lag, ist unklar. Immerhin scheint es auf die Alamannen einigen Eindruck gemacht zu haben, denn sie ließen sich auf einen zehnmonatigen Waffenstillstand ein. Was allerdings ohne jede Bedeutung war, denn »bei dem strengen Frost hätte man höchstens zwecklose Anstrengungen, noch dazu unter großen Gefahren unternehmen können. Die herbstliche Tagundnachtgleiche war bereits vorüber, und es war in jenen Gegenden schon Schnee gefallen. Gleichmäßig bedeckte er Berge und Felder.«[25]

So legte Julian seine Truppen in die Winterquartiere; er selbst residierte in Paris. Wie unsicher das römische Hinterland aber noch immer blieb, geht daraus hervor, daß er sich auf dem Rückmarsch vom Rhein mit einem fränkischen Kriegertrupp herumschlagen mußte, der tief nach Gallien eingedrungen war.

Es ist zweifellos das Verdienst Julians, in den nun folgenden zwei Jahren die römische Grenze am Rhein wieder gefestigt zu haben. Schon im Frühsommer des Jahres 358 griff er die Franken und germanischen Chamaven am Niederrhein an. Beide besiegte er und siedelte große Teile der Franken auf römischem Gebiet an. Was er dabei nicht voraussehen konnte, war, daß aus dem Volke dieser, der salischen Franken, dermaleinst Chlodewech hervorgehen sollte. Er hat den Römern im Jahre 486 das letzte ihnen noch verbliebene Stück gallischen Boden entrissen.

Im Hochsommer überschritt der Cäsar wiederum auf einer Schiffsbrücke und vermutlich südlich von Mainz den Rhein. Er drang in den Gau Suomars ein, und der König bot sofort den Frieden an. Anders Hortar, den Julian von Speyer aus angriff.

Sein Widerstand allerdings war vergeblich. Er unterwarf sich, als sein Land verwüstet war, und Julian ging in die Winterquartiere nach Gallien.

Im Jahre danach scheint er nochmals von Speyer aus die Gaue am mittleren und unteren Neckar verheert zu haben und dann bis in die Gegend gelangt zu sein, »die Capellatii oder Palas genannt wird, wo Grenzsteine die Gebiete der Römer und Burgunder scheiden«[26]. Leider hat man bis heute nicht herausgefunden, welche Stelle am ehemaligen römischen Grenzwall damit gemeint ist.

Das Resultat dieses Kriegszuges war außerordentlich. Mit Ausnahme des nördlich des Bodensees herrschenden Priarius baten neben den bereits unterworfenen Gauen Suomars und Hortars auch die anderen alamannischen Gaue um Frieden.

Zu den Friedensverhandlungen waren als erste die Brüder Makrian und Hariobaudus erschienen, und »nach ihnen kam sofort auch König Vadomar, dessen Wohnsitz gegenüber Augusta Rauracorum lag (Kaiseraugst). Da er ein Schreiben des Kaisers Constantius vorwies, das ihn warm empfahl, wurde er freundlich aufgenommen, wie es sich gehörte, zumal er vor langer Zeit vom Kaiser unter den Schutz des römischen Staates gestellt worden war.«

Wir haben weiter oben bereits auf das enge Verhältnis zwischen Vadomar und den Römern hingewiesen. Zu der Begegnung mit Julian war er »gekommen, um für sich selbst sichere Verhältnisse zu schaffen und überdies in der Eigenschaft eines Gesandten, Bitten anderer vorzubringen«.

Vadomar hat für Urius, Ursicinus und Westralp verhandelt. Sein Ansehen bei den Alamannen muß also erheblich gewesen sein. Er war es wohl auch, der erreichte, daß Julian Frieden schloß, allerdings unter der Bedingung, »daß sie (die Alamannen) alle Gefangenen zurückgaben, die sie bei ihren häufigen Raubzügen verschleppt hatten«[27].

Eunapios aus Sardes, der von etwa 345 bis 420 lebte, widmete seinem Freunde Oreibasios, dem Leibarzt Julians, eine Geschichte der Zeit von 270 bis 404. Nur in Fragmenten ist dies Werk auf uns gekommen, und der Text eines der Fragmente lautet:

»Ein gewisser Badomarius (griechisch; im lateinischen Vadomarius) ragte durch Macht und Kühnheit unter den Germanen hervor; allmählich glühte solcher Hochmut in ihm, daß folgendes geschah: Er hatte seinen Sohn als Geisel gegeben bis zur Rückgabe der Kriegsgefangenen, die er bei seinem Raubzug (nach Gallien und offensichtlich vor 354) zusammengetrieben hatte und festhielt; er gab sie nicht heraus, forderte aber die Geisel zurück und drohte alles mögliche an, wenn er (Vadomar) ihn (seinen Sohn) nicht bekomme. Da schickte Julianus den Knaben dem Badomar zurück und fügte nur noch hinzu: ein einziges Kind sei für ihn kein entsprechendes Unterpfand für so viele Menschen von besserer Herkunft. Also entweder müsse er die Gefangenen, dreitausend an der Zahl, den Gesandten, die gleich kommen würden, übergeben, oder er solle wissen, daß er im Unrecht sei. Dies schrieb er und schickte die Gesandtschaft ab. Er selbst folgte der Gesandtschaft von der Gegend der Nemetes (um Speyer) aus zum Rhein vorgehend. Er war schon im Gebiet der Rauraci, wo ein fester Platz ist (bei Kaiseraugst)«,[28] – und hatte sich von dort aus zu Ende des Jahres 360 in das Winterquartier nach Vienne begeben, da – und nun folgen wir wieder Ammian – »wurde er von einer Nachricht erschüttert, die ihm Trauer und Kummer bereitete. Er erfuhr nämlich, daß sich die Alamannen vom Gau des Vadomar erhoben hatten, von denen er nach Abschluß des Vertrages (wohl in den Jahren 354 wie 359) kein Unheil mehr erwartete, und daß sie die Rätien benachbarten Gebiete verheerten.«[29] – Was war geschehen?

Nach dem erfolgreichen Feldzug des Jahres 356 hatte sich Constantius nach Mailand begeben, und am 28. April 357 besuchte er zum erstenmal in seinem Leben Rom.

»Zwischen den Gipfeln der sieben Berge besichtigte er die

Teile der Stadt, die sich über die Abhänge und Ebenen hinziehen und ihre Umgebung. Er meinte, alles was er gerade sah, rage über alles andere hinaus.« Und als er zur Trajanssäule kam, »da blieb er wie vom Donner gerührt stehen, und seine Gedanken schweiften um die gigantische Konstruktion, die Worte nicht schildern können«[30].

Constantius kannte Konstantinopel, Antiochia, Alexandria und Trier, und doch war er überwältigt. Keine dieser Städte konnte sich mit Rom messen, das durch die Bautätigkeit der Kaiser und reicher Familien, wenn vielleicht auch nicht zur schönsten, so doch zur imposantesten aller Metropolen des Reiches geworden war.

Nach seinem Besuch Roms zog Constantius zur Donau. In diesem und den beiden folgenden Jahren bekriegte er Sarmaten und Quaden und wandte sich schließlich gegen die Perser, die die römischen Provinzen heimgesucht und mehrere größere Städte eingenommen hatten.

Um den persischen Feldzug vorzubereiten, residierte er im Winter 359 auf 360 in Konstantinopel, und da ihm nicht genügend Truppen zur Verfügung standen, forderte er von Julian Verstärkungen an. Aber die Einheiten, die in den Osten abgehen sollten, murrten wie zumeist in solchen Fällen, und Julian scheint dies sogleich benutzt zu haben, um sich von den unzufriedenen Soldaten zum Augustus ausrufen zu lassen.

Constantius, den er darum bat, hat es abgelehnt, die Proklamation anzuerkennen. Doch da er mit dem Feldzug gegen die Perser beschäftigt war, blieb Julian ausreichend Zeit, nochmals an den Niederrhein zu ziehen und im weiteren Verlauf des Jahres 360 die Befestigungen entlang des Flusses zu inspizieren.

Man darf annehmen, daß Vadomar die Spannung zwischen Constantius und Julian zu nutzen gedachte. Gundomad, sein Bruder, war ermordet worden, als er sich weigerte, an dem Feldzug Chnodomars teilzunehmen, und der König beherrschte somit auch den Breisgau. Chnodomar war geschlagen worden und saß in Gefangenschaft; er, Vadomar allein, hatte den glimpflichen Frieden mit den Römern ausgehandelt. Für den Alamannen schien sich dieselbe Gelegenheit zu bieten wie im Jahre 350, das heißt als Verbündeter des rechtmäßigen Kaisers einen Usurpator aus dem Elsaß zu werfen.

Es steht keineswegs fest, daß Constantius beabsichtigte, sich mit Vadomar gegen Julian zu verbünden. Selbst Ammian, der auf der Seite Julians stand, und auf dessen Bericht wir weitgehend angewiesen sind, bezweifelte dies. Julian aber scheint nach dem Einfall von Vadomars Leuten in Rätien eine solche Möglichkeit nicht ausgeschlossen zu haben und »richtete alle seine Gedanken auf das eine Ziel, Vadomar gewaltsam und unverhofft schnellstens festzunehmen«. Und als Vadomar an einem Gastmahl des Kommandeurs der römischen Truppen bei Kaiseraugst teilnahm, ließ er ihn verhaften. »Ohne daß man ihm Vorwürfe machte, wurde er nach Spanien geschickt. Denn mit großem Eifer wurde dafür Sorge getragen, daß beim (bevorstehenden) Abzug Julians aus Gallien kein Ungeheuer von einem Menschen den mit Mühe geordneten Zustand der Provinzen in Unordnung bringen sollte.«[31]

Dank der Verbindung Vadomars zu seinen alamannischen Vettern im römischen Heere scheint die Verbannung des »Ungeheuers« nach Spanien nicht lange gedauert zu haben. Schon im Jahre 365/366 finden wir Vadomar als höheren Offizier an der Seite des Kaisers Valens. Im Jahre 371 hat er für die Römer eine Schlacht gegen die Perser gewonnen und ist vermutlich aufgrund dieses Sieges zum Befehlshaber der Grenztruppen in der Provinz Phönizien ernannt worden. Von da an verliert sich seine Spur. Sollte er unter den 35 römischen Truppenführern gewesen sein, die im Jahre 378 bei Adrianopel, dem heutigen türkischen Edirne, im Kampf gegen die Goten fielen?

Vadomars Gegner Julian zog noch im Jahre 361 die Donau abwärts, um den rechtmäßigen Kaiser zu bekriegen. Aber vor der Schlacht starb Constantius am 3. November desselben Jahres.

Seine Alleinherrschaft hat Julian dazu genutzt, die heidnischen Kulte, oder was immer er darunter verstanden haben mag, wiederherzustellen. Ein nutzloser Versuch, denn: »Der Erforschung von Vorzeichen war er allzu ergeben ... mehr abergläubisch als ein wirklicher Beobachter heiliger Handlungen schlachtete er schonungslos unzählige Tiere, so daß man schon annahm, es werde nicht mehr genug Rinder geben, wenn er aus Persien zurückkehrte.«[32]

Im Jahre 362 hat Julian den von Constantius seinetwegen abgebrochenen Krieg gegen die Perser wieder aufgenommen. In einem äußerst ungeschickt geführten Feldzug fiel er am 26. Juni des Jahres 362. Nach kurzem Zwischenspiel trat an seine Stelle ein Mann, der weder Philosoph noch religiöser Neurer war, sondern Soldat: Flavius Valentinianus.

»Dort stand er (Makrian) am Rande des Rheinufers, hocherhobenen Hauptes, und von allen Seiten tönte der Schall der Schilde seiner Mannen. Auf der anderen Seite bestieg der Kaiser (Valentinian), umgeben von seiner großen Schar von Offizieren, Flußkähne und kam bis auf sichere Entfernung an das Ufer heran, weithin sichtbar im Glanz der schimmernden Feldzeichen ... Und es wurde Freundschaft zwischen ihnen geschlossen und durch einen Treueid bekräftigt. Nachdem dies erledigt war, ging (Makrian) der König und Meister der Unruhen besänftigt davon und sollte uns von da an ein guter Bundesgenosse sein.«[33]

Um das neue Land: Valentinian, Vithikap, Makrian, Gratian und Priarius – Am Beginn der germanischen Völkerwanderung

Die im obigen Zitat geschilderte Begegnung des alamannischen Königs Makrian mit Kaiser Valentinian fand im Jahre 374 statt. Etwa sechs Jahre danach ist Makrian im Frankenlande umgekommen. Er muß bei seinem Tode zwischen 45 und 50 Jahre alt gewesen sein, denn schon im Jahre 359 wird er uns als König der Bucinobanten genannt »quae contra Mogontiacum gens est Alamannica«[34] – einem Alamannenstamm gegenüber von Mainz.

Und wie zuvor Constantius und Julian zu Gegnern Chnodomars und Vadomars geworden waren, so wurde nun Makrian zum Gegner Valentinians, dessen Erscheinung und Charakter uns Ammian ausführlich beschreibt.

Valentinians »Körper war muskulös und kräftig, sein Haar leuchtend (blond) und seine Gesichtsfarbe hell. Die blaugrauen Augen blickten immer etwas schräg und finster, seine Gestalt war schön, seine Glieder hatten die richtige Ebenmäßigkeit. Im ganzen gab er ein prachtvolles Bild kaiserlicher Hoheit ab.

Er war in der Hitze des Kriegsgetümmels gestählt ... schrieb dazuhin eine hübsche Handschrift, verstand es, reizend zu malen und zu modellieren und neue Waffen zu erfinden. Er hatte ein gutes Gedächtnis und verfügte über eine lebhafte Ausdrucksweise ... Er liebte Sauberkeit und hatte Freude an kultivierten, doch nicht verschwenderischen Banketten.

Innerhalb seines Hauses und draußen (sorgte er) für anständiges und sauberes Verhalten. Schließlich wurde seine Regierung durch eine maßvolle Haltung in Religionstreitigkeiten berühmt, in denen er (als Christ) eine unparteiische Haltung annahm.«[35] Und daß »seine Sorge um den Staat jemals mangelhaft gewesen wäre, wird ihm auch ein hartnäckiger Neider nicht vorwerfen können, besonders wenn er bedenkt, daß es ein wertvollerer Dienst war, die Barbaren durch die Grenzverteidigung in Schranken zu halten, als sie zu vertreiben«[36]. Dabei würde »unter seinen Taten eine alle anderen überstrahlt haben, wenn er nämlich den damals furchtbaren König Makrian hätte lebend fangen können«[37].

Daß die Gegnerschaft zwischen Valentinian und Makrian sich bis zum persönlichen Haß steigern konnte, dafür sorgte schon das Temperament des Kaisers, der so sehr zum Jähzorn neigte, daß »wenn er in Wut geriet, seine Stimme und Miene, ja, sein Gang und seine Farbe sich veränderten«[38].

Des Kaisers Temperament war es wohl auch, das zumindest mittelbar einen neuerlichen Krieg mit den Alamannen auslöste, die er in einer seiner Ansprachen »als die Feinde des ganzen römischen Erdkreises«[39] bezeichnete.

»Aus folgendem Grund nämlich waren sie (die Alamannen) feindseliger denn je gestimmt. Als ihren Gesandten, die sie an den Hof geschickt hatten, bestimmte und nach der Gewohnheit feststehende Geschenke dargereicht werden mußten, übergab man ihnen kleinere und billigere. Kaum hatten sie diese in Empfang genommen, wurden sie wütend und warfen die Geschenke als unter ihrer Würde auf den Boden. Ursatius, der damalige Oberhofmeister, ein (wie sein Kaiser) jähzorniger und bärbeißiger Mann, behandelte sie daraufhin in grober Weise. Nach ihrer Rückkehr übertrieben sie diesen Vorfall und stachelten die schrecklichen Völker auf, die sich schmählich beleidigt fühlten.«[40] – Julian hatte sein ungestörtes Abrücken in den Osten offenkundig mit Tributzahlungen erkauft.

Der Vorfall ereignete sich zu Ende des Jahres 364 in Mailand. Schon kurze Zeit nach seiner Proklamation zum Kaiser am 25. Februar 364 hatte Valentinian seinen Bruder Valens zum Mitregenten ernannt, und die beiden Kaiser hatten die Verwaltung des Reiches geteilt. Valentinian hatte die des Westens übernommen, doch erst im Herbst des Jahres 365 machte er sich auf den Weg nach Gallien. In der Zwischenzeit war es dort zu außerordentlich heftigen Kämpfen mit den Alamannen gekommen.

Noch aber war es nicht Makrian, der hinter deren neuerlichen Einfällen stand, sondern jener Knabe, der dem Julian kein entsprechendes Unterpfand für römische Gefangene gewesen war: Vadomars Sohn Vithikap, »dem Anschein nach ein verweichlichter und kränklicher, in Wirklichkeit jedoch ein energischer und tapferer Mann«[41]. – »Ein Jüngling in erster Mannesblüte.«[42]

Wie erbittert die Kämpfe waren, die zwischen Römern und Alamannen geführt wurden, geht aus den Berichten Ammians hervor:

Den Alamannen »wollte ... Charietto (der römische Feldherr) entgegentreten ... Sobald jedoch die Abteilungen ins Handgemenge gerieten und mit gezückten Schwertern kämpften, wurde unsere Schlachtordnung ... erschüttert. Voller Furcht wandten sich alle zur Flucht ... Charietto versuchte, ... die Fliehenden aufzuhalten. Doch fand er schließlich den Tod, als ihn ein Wurfspeer traf.«

»Die Nachricht von dieser Niederlage hatte größte Niedergeschlagenheit zur Folge.« Aber dem römischen Feldherrn Jovinus gelang es, nacheinander drei alamannische Haufen aufzureiben und »wie er (danach) erfuhr, war der König der feindlichen Abteilungen zusammen mit einigen wenigen Gefährten gefangengenommen und ... ans Kreuz geschlagen worden«. Wie Ammian meint in »militärischem Übereifer«[43].

Aber der König, der da ans Kreuz geschlagen wurde, war nicht Vithikap, und in den folgenden drei Jahren »fanden in den verschiedenen Gebieten Galliens viele Kämpfe statt ... die einer Darstellung weniger wert sind ... da ihr Ausgang nichts Wesentliches mit sich brachte«[44]. Für erwähnenswert hielt Ammian jedoch den Überfall des Rando, dem Angehörigen eines alamannischen Königshauses auf Mainz. Rando überfiel vermutlich zu Ostern des Jahres 368 die Stadt: »Zufällig geriet er in die Feier eines alljährlich stattfindenden Festes der christlichen Gemeinde und konnte ungehindert die schutzlose Menge von Männern und Frauen aller Stände mit wertvollem Hausrat mit sich fortführen.«[45]

Und die »vielen Kämpfe«, die diesem Überfall vorangingen, können nicht leicht gewesen sein, denn Ammian fährt fort: »Nach kurzer Zeit leuchtete dem römischen Staat eine unerwartete Hoffnung auf freudigere Zeiten auf.« – Diese Hoffnung bestand im Tode Vithikaps.

»Man hatte angelegentlich Mühe darauf verwandt, ihn auf jede mögliche Art und Weise zu beseitigen. Immer wieder unternahm man einen derartigen Versuch, doch ergab sich keine Möglichkeit, ihn zu überwältigen oder ihm durch Verrat beizukommen. Endlich fand er den Tod durch Verrat eines persönlichen Dieners, den unsere Leute bestochen hatten. Nach seinem Tode hörten die feindlichen Beutezüge eine Zeitlang auf. Der Mörder selbst lief schnell auf römisches Gebiet über.«[46] – Der Vater des Ermordeten aber, Vadomar, bekleidete zur selben Zeit die Stelle eines höheren Offiziers im Heere des Valens, des kaiserlichen Bruders!

Und Valentinian selbst? Er hatte die Kampfhandlungen gegen

die Alamannen geleitet. Im Jahre 367 schwer erkrankt, hatte er seinen neunjährigen Sohn Gratian zum Mitkaiser erhoben und bereitete nun von Trier aus einen Feldzug in das rechtsrheinische Gebiet vor.

Im Sommer des Jahres 368 überschritt er den Fluß an einer uns unbekannten Stelle. Er erreichte den oberen Neckar und lieferte den Alamannen um eine befestigte Anhöhe bei Solicinium ein Treffen. Man identifiziert den Ort wohl zu Recht mit dem Sülchen bei Rottenburg, und beinahe hätte der Sülchen durch die Gefangennahme oder den Tod eines römischen Kaisers Berühmtheit erlangt, denn Valentinian »überheblich, wie er war, behauptete, noch einen anderen Weg, der zu den steilen Felsen führte, ausfindig machen zu können neben dem, den die Spähtrupps entdeckt hatten. So ritt er über unbekanntes und sumpfiges Gelände, vom Wege abgekommen, dahin und hätte beim plötzlichen Angriff einer im Hinterhalt verborgenen (alamannischen) Schar den Tod gefunden, wenn er nicht als letzte Rettung in höchster Not dem Pferd die Sporen gegeben hätte und, über den schlüpfrigen Schlamm hinweg entkommen, im Schutz der Legionen untergetaucht wäre. Der äußersten Gefahr war er so nahe, daß sein Kämmerer, der den mit Gold und Edelsteinen verzierten Helm (dem Kaiser) nachtrug, samt diesem spurlos verschwand und später weder lebend noch tot aufzufinden war.«[47]

Der Feldzug blieb ohne jedes greifbare Ergebnis, und: »Nach diesen Taten, die mit wechselndem Erfolg vollbracht wurden, kehrten die Truppen in die Winterlager, die Kaiser (Valentinian und sein Söhnchen Gratian) nach Trier zurück.«[48]

Valentinian hat sich in den Jahren 369 und 370 auf den Ausbau der Befestigungen am Rhein beschränkt, und in dieser Zeit sind auch einige kleinere Kastelle am rechten Ufer des Flusses angelegt worden. Der Versuch aber, ein Kastell in der Nähe Heidelbergs, also im alamannischen Hinterland, zu errichten, scheiterte am Widerstand des betroffenen Gaues, dessen Männer die römischen Pioniere beim Schanzen überfielen und niedermachten.

Man darf annehmen, daß die Initiative in den Kämpfen der Alamannen gegen die Römer nach dem Tode Vithikaps auf Makrian übergegangen war, denn gegen diesen König richteten sich nun alle Anstrengungen Valentinians und: »Er stellte viele Überlegungen an, mit welchen Mitteln er den Übermut der Alamannen und ihres Königs Makrian brechen könne, der ohne Maß und Ziel den römischen Staat mit ruhelosen Raubzügen erschütterte.«[49]

Noch im Jahre 370 versuchte er deshalb, die Burgunder, die ostwärts von Makrians Gau siedelten, zu einem gemeinsamen Feldzug zu bewegen. In ständige Kleinkriege mit den Alamannen verstrickt, waren diese auch bereit, der römischen Aufforderung Folge zu leisten. Anscheinend hat dann aber Valentinian auf ihre Hilfe verzichtet, auch wenn dadurch ein Angriff mißglückte, den er zur selben Zeit von Rätien aus in das Gebiet der Lentienser führte.

Im Jahre 371 hat der Kaiser nochmals versucht, Makrian in seine Gewalt zu bringen. So heimlich wie möglich ließ er eine Schiffsbrücke über den Rhein schlagen und drang in Richtung auf Wiesbaden in den Gau der Bucinobanten ein. Doch ein nächtlicher Überfall, den die vorausgeschickten römischen Reiter auf den Hof des Königs unternahmen, mißlang, und Makrian konnte sich in Sicherheit bringen. An seiner Statt setzte Valentinian den Alamannen Fraomar als König ein. Vergeblich, denn Fraomar mußte nach kurzer Zeit vor dem zurückkehrenden Makrian zu den Römern fliehen. Er erhielt das Kommando über eine alamannische Einheit in Britannien, die »sich zu jener Zeit an Mannschaftszahl und Stärke auszeichnete«. Mit Fraomar erhielten »Biterhid und Hortar, zwei Vornehme aus demselben Volk (der Alamannen) ... ebenfalls Stellen als Truppenführer. Als jedoch Hortar ... angezeigt wurde, daß er an Makrian und die barbarischen Vornehmen gegen das Staatsinteresse Nachrichten gegeben habe, ließ er (Valentinian) ihm auf der Folter die Wahrheit abpressen und ihn dem Flammentod ausliefern.«[50]

Valentinian hat darauf verzichtet, sich noch einmal gegen Makrian zu wenden. Im Herbst des Jahres 374 hat er Frieden mit dem Alamannen geschlossen (S. 190), zumal er seine Truppen zum Schutz der Donaugrenze benötigte. Makrian hat sich an sein Wort gehalten, und der Frieden überdauerte sogar den Tod Valentinians.

Valentinian hatte wie am Rhein so auch an der Donau die Anlage neuer Befestigungen befohlen. Und wie am Rhein die Alamannen so wehrten sich auch an der Donau ihre swebischen Vettern, die Quaden, gegen Übergriffe der Römer auf ihr Land. Mit Hilfe ihrer alten Verbündeten, den Sarmaten, vernichteten sie zwei Legionen und drangen tief in das römische Reichsgebiet ein. Im Frühjahr 375 zog Valentinian von Trier zur Donau und verheerte im Sommer das Quadenland. Als er am 17. November eine Gesandtschaft der Quaden empfing, die um Frieden bat, erboste er sich über deren berechtigte Feststellung, daß die Römer die Verursacher des Krieges seien, so sehr, daß er einem Blutsturz erlag.

Nach dem Tode Valentinians übernahm dessen Sohn Gratian die Regierung des Westens. Im Jahre 359 geboren, zeigte sich der vorzüglich und christlich erzogene Jüngling der schweren Aufgabe gewachsen. Als er in Trier vom Tode seines Vaters und der überraschenden Proklamation seines Halbbruders Valentinian II. durch die Donauarmee erfuhr, erkannte er den erst Vierjährigen sofort als zweiten Augustus an und ging damit allen Auseinandersetzungen aus dem Wege. Auch erwies er im Jahre 376 Rom mit einem Besuch rechtzeitig die erforderliche Reverenz und gewann dank seiner Liebenswürdigkeit die Sympathie der Senatoren. Doch er behielt Trier als Residenz bei und dort auch erreichte ihn im Jahre 377 die Nachricht, daß Valens, sein Onkel und Regent des Ostens, in Schwierigkeiten geraten war. Er hatte Mühe, die über die untere Donau drängenden

Goten abzuwehren und rief nach Verstärkungen. Gratian zögerte nicht, ihm beizustehen, und schon machten sich einige seiner Kontingente auf den Weg nach Osten.

Doch ein Angehöriger des Gaues der Lentienser, der in der kaiserlichen Garde diente und sich auf Heimaturlaub befand, »berichtete in seiner Geschwätzigkeit... Gratian werde auf Anforderung seines Onkels Valens bald das Heer nach dem Osten in Marsch setzen, um mit verdoppelten Kräften die Bewohner der Grenzgebiete (die Goten) zu vertreiben, die sich zum Verderben des römischen Staates verschworen hatten. Diese Nachrichten griffen die Lentienser begierig auf, da sie die Vorgänge gleichsam aus der Nachbarschaft beobachteten. Behende und raubgierig wie sie sind, rotteten sie sich zu Plünderbanden zusammen und gingen im Februar (378) über den Rhein, den die Winterkälte begehbar gemacht hatte.«

Die in der Nähe stehenden römischen Truppen schlugen die Eindringlinge zurück. »Doch... die Germanen... wußten, daß der größte Teil des Heeres nach Illyrien vorausmarschiert war, da der Kaiser dort bald eintreffen werde. So nahmen sie ein großes Vorhaben in Angriff, boten die Einwohner aller Gaue auf und brachen froh und voller Übermut in unser Gebiet ein, mit 40000 Kriegern oder sogar 70000, wie manche behaupten, um den Ruhm des Kaisers noch zu steigern.«

»Als Gratian davon erfuhr, ergriff ihn große Furcht, und er rief die Abteilungen zurück, die er nach Pannonien vorausgeschickt hatte. Weitere Truppen zog er zusammen, die er in kluger Voraussicht in Gallien zurückbehalten hatte und übertrug die Angelegenheit einem Heerführer von besonderer Tüchtigkeit.« Und dieser schlug die Alamannen bei Horburg im Elsaß so, »daß von der vorhin erwähnten Anzahl schätzungsweise nicht mehr als 5000 im Schutz der dichten Wälder entkamen. Unter vielen anderen kühnen und tapferen Männern fiel auch der Anstifter dieser verderblichen Kämpfe, König Priarius.«[51]

Daß Priarius von der Absicht Gratians, nach Osten zu ziehen, genau unterrichtet war, geht aus den Mitteilungen Ammians hervor. Zweifellos wäre ihm auch ein überraschender Einbruch in Gallien geglückt, hätte nicht einer seiner Haufen im Februar vorschnell angegriffen und damit das Unternehmen verraten. Sicher ist die Zahl von 40000 alamannischen Kriegern übertrieben, die Priarius unter seiner Führung vereint haben soll. Aber selbst, wenn sie wesentlich geringer war, so wird doch deutlich, daß nach dem Friedensschluß zwischen Valentinian und Makrian die Führung der alamannischen Gaue im Kriege auf die Lentienser und deren König übergegangen war.

Priarius wird nur ein einziges Mal genannt, und zwar an der hier zitierten Stelle. Sein Name scheint nicht germanisch zu sein, was nichts über seine Herkunft aussagt. Wir nehmen an, daß er schon zur Zeit der Schlacht von Straßburg, also im Jahre 357, König der Lentienser war. Er dürfte bei seinem Tode demnach ein Alter von 45 Jahren erreicht haben.

Nach der Niederlage des Priarius setzte Gratian seine Truppen in Marsch, doch »schon auf dem Wege nach Osten wandte er sich nach links, überquerte heimlich den Rhein und beschloß in kühner Erwartung, das ganze treulose und nach Unruhe trachtende Volk zu vernichten«. Was ihm so wenig wie seinen Vorgängern gelang, und nach einem höchst zweifelhaften Sieg zog er schleunigst weiter.

Wir aber wüßten gerne, wo das Gefecht stattgefunden hat, von dem Ammian erzählt: »Unsere Soldaten teilten Hiebe aus, aber es fielen von ihnen nicht wenige, dabei wurden die Waffen der kaiserlichen Garde, die von Gold und hellen Farben glänzten, durch einen Hagel von Steinwürfen beschädigt.«[52] – Es war das letztemal, daß römische Soldaten den Boden Südwestdeutschlands betraten. Die Alamannen aber setzten auch in den folgenden Jahren ihre Raubzüge nach Gallien fort.

Etwa zwei Jahre nach dem Untergang des Priarius kam auch Makrian um. Nicht im Kriege gegen die Römer, sondern gegen die Franken, und es waren die Franken, die von nun an zu den gefährlichsten Gegnern der Alamannen wurden. Doch erst ein volles Jahrhundert nach Makrians Tod fiel der letzte, ungenannte König der Alamannen im Kampfe gegen den König der Franken, Chlodewech.

Gratian hätte gut daran getan, sich nicht mit den Lentiensern zu beschäftigen, denn als er die Donau abwärts ziehend bis ins heutige Bulgarien gelangt war, erreichte ihn die Nachricht, daß Valens am 9. August von den Goten vernichtend geschlagen worden war und sein Leben verloren hatte.

So blieb dem Kaiser nichts anderes übrig, als einen begabten Soldaten zum Regenten des Ostens zu erheben, und er wählte dazu den 32 Jahre alten, zum Christentum bekehrten Theodosius, der eine glänzende militärische Karriere hinter sich hatte. Am 19. Januar des Jahres 379 übergab er ihm den Osten des Reiches. Er selbst kehrte nach Trier zurück.

Aber schon im Jahre 380 mußte er für den erkrankten Theodosius mit den Goten einen Vertrag schließen, der diesen Land auf römischem Boden einräumte. – Was aber hatte dies Volk, das bislang nur zu Raubzügen in das Reichsgebiet aufgebrochen war, veranlaßt, seine Heimat aufzugeben?

»Die Saat des ganzen Verderbens und der Ursprung der verschiedenen Katastrophen, die die Wut des Kriegsgottes, alles mit ungewöhnlichem Brand erfüllend, heraufbeschwor, hatte folgende Ursache. Das Volk der Hunnen ... dieses kampfkräftige und ungezähmte Menschengeschlecht ... durchquerte raubend und mordend die Nachbarländer und ... überrannte das Gebiet der Alanen ... In Gemeinschaft mit ihnen überfielen sie in einem unerwarteten Ansturm kühn die weit ausgedehnten und reichen Gaue des (gotischen Königs) Ermanerich.«[53] Und nach zahlreichen Niederlagen »verbreitete sich das Gerücht bei den übrigen Gotenstämmen, daß dieses vorher noch nie gesehene Menschengeschlecht ... jeden Widerstand zerbricht und in Trümmer legt. Darum suchte der größte Teil des Volkes (der

Goten) nach Wohnsitzen, die den Barbaren völlig unbekannt waren ... Sie besetzten daher die Donauufer, schickten Unterhändler zu Valens und ersuchten mit demütiger Bitte um Aufnahme.«[54]

Dieser kurze Auszug aus einem langen und ausführlichen Bericht Ammians über die Hunnen und deren erstes Auftreten gibt wieder, was wir über die Ursachen der germanischen Völkerwanderung des 5. Jahrhunderts wissen.

Zu Ende des 4. Jahrhunderts in äußerste Unruhe versetzt, verließen die im Osten der römischen Provinzen siedelnden Völker ihre Wohnsitze und drängten über die Grenzen des Reiches. Das durch die furchtbare Niederlage bei Adrianopel geschwächte römische Heer war nicht mehr imstande, sie aufzuhalten. Und wie im 3. Jahrhundert minderten zur selben Zeit schwere innere Unruhen die Abwehrkräfte des Reiches.

Gratian wurde im Jahre 383 auf Geheiß eines Usurpators ermordet, dieser von Theodosius entmachtet. Valentinian II., dem Theodosius den Westen anvertraut hatte, starb im Jahre 392, und sein fränkischer Heermeister Arbogast bestimmte den ihm genehmen gallischen Vornehmen, Eugenius, der dazuhin Heide war, zum Kaiser. Theodosius warf beide nieder, aber auch ihm war es nur kurze Zeit beschieden, das Reich unter seiner Herrschaft zu vereinen. Er starb am 17. Januar des Jahres 395. Von seinen Söhnen Arcadius und Honorius übernahm Arcadius den Osten, Honorius den Westen des Reiches.

Elf Jahre danach überschritten Vandalen, Quaden und Alanen den Rhein. Sie verheerten Gallien und zogen bis Spanien. Im Jahre 410 aber hielt erstmals ein germanischer König, der Gote Alarich, Einzug in Rom.

Unsere Kenntnis über die Auseinandersetzungen zwischen Rom und den Germanen beruht für das 4. Jahrhundert vornehmlich auf der Römischen Geschichte Ammians. Wir erwähnten bereits, wie diese auf uns gekommen ist und berichteten, daß Ammian zu Antiochia im Jahre 330 geboren wurde.

Sein Sterbedatum ist nicht bekannt, doch beendete er sein Werk um das Jahr 397. Er schließt es mit den Worten: »Dies habe ich, der ehemalige Soldat und Grieche ... nach Maßgabe meiner Fähigkeiten ausgeführt.« – Welch merkwürdiger Mann!

Er legt großen Wert darauf, ein gebildeter Grieche zu sein, aber Rom und die Kaiser stehen im Mittelpunkt seiner Schilderung, die er in Latein verfaßt, der Sprache des Militärs. Er ist kein Christ, aber am alten Götterglauben hängt er nicht. Er macht sich lustig über die reichen Müßiggänger aus der Oberschicht der Hauptstadt, und doch: »Du bist zu beneiden um Rom und Rom um dich; denn du hast eine Stadt gewonnen, die ihresgleichen sucht in der ganzen Welt, und diese Stadt hat einen Mann gewonnen, der nicht zurücksteht hinter ihren Bürgern, deren Vorfahren Götter waren.«

Dies ist der Anfang eines Briefes, den Libanios aus Antiochia an Ammian schrieb, und gegen Ende des Briefes klingt es nicht anders: »Also laß nicht nach, solche Werke zu schreiben und sie von deinem Studierzimmer in die Auditorien zu bringen, und werde der Bewunderer nicht überdrüssig, sondern werde selbst immer berühmter und laß uns daran teilhaben.«[55]

Ammian hatte sein Werk in Rom vorgetragen. Aber vor wem? Es können nur die Angehörigen der reichen Oberschicht der Stadt gewesen sein; Leute also, die, wie ihre Standesgenossen, allüberall die Fäden des goldenen Netzes in Händen hielten, in dem Kaiser und Reich gefangen waren. Dieser Schicht – dem Clarissimat – anzugehören, war das Bestreben jedes römischen Bürgers, und zählte er nicht zu den Glücklichen, die dies ihrer Geburt verdankten, so suchte er – jeder auf seine Weise –, dorthin zu gelangen: Der fähige Soldat wie der Philosoph, der wagemutige Kaufmann wie der gescheite Redner. Und wie zu allen Zeiten haben diejenigen, die das ersehnte Ziel erreichten, versucht, das Erreichte auch für ihre Nachkommen festzuhalten und ihre Verwandtschaft an ihrem Glück teilhaben zu lassen. Der Glaube des einzelnen hat dabei nur selten eine Rolle gespielt, und gehörten Christen zunächst nur im Osten der reichen Oberschicht an, so änderte sich dies unter den Kaisern Gratian, Valentinian II. und Theodosius bald auch für den Westen.

Im Jahre 381 setzte sich auf dem Konzil von Konstantinopel die Lehre von der Wesensgleichheit Christi mit Gottvater durch. Ein Jahr danach wurde der Altar der Göttin Victoria aus dem Sitzungssaal der römischen Senates entfernt, und kein Einspruch vermochte an dieser Anordnung Gratians etwas zu ändern. Schließlich brach mit dem Sieg des Theodosius über den von Arbogast eingesetzten Gegenkaiser im Jahre 393 die heidnische Reaktion vollends zusammen. Zu einem ernsthaften Versuch, das Christentum als Staatsreligion zu beseitigen, ist es seitdem nicht mehr gekommen.

Und die Germanen? Einige der Völker waren zum Christentum bekehrt worden, doch huldigten sie zumeist der Vorstellung, daß Christus lediglich Gottes Sohn sei. Dies hat zu Streitigkeiten zwischen ihnen und der von ihnen unterworfenen römischen Bevölkerung geführt. Mit der Zeit aber haben sie sich alle zum »rechten Glauben« bekannt; soweit sie nicht, wie die Alamannen, noch auf lange Zeit hinaus Heiden blieben.

Gerne wüßten wir mehr über die geistige Kultur der Alamannen während des 4. Jahrhunderts. Leider versagen uns historische und archäologische Quellen die Auskunft, und es wäre falsch, wollten wir die Vorstellungen des noch heidnischen oder des schon christlichen frühen Mittelalters auf den hier geschilderten Zeitabschnitt übertragen.

So viel aber dürfen wir feststellen: Das Verhalten des Menschen zu seiner Umwelt war, ob er ihr freundlich oder feindlich gegenüberstand, zu jener Zeit immer »personenbezogen«. Himmel und Erde, Feuer und Wasser, Tier und Pflanze und all ihre verschiedenen Erscheinungsformen waren »Personen«, mit denen man reden konnte. Und nicht anders verhielt es sich mit den vom Menschen selbst geschaffenen Dingen: dem Haus, dem Schiff, dem Schmuckstück oder der Waffe. – Ist dies

Verhalten so gänzlich verschieden von dem unseren? Ist der Aberglaube, der aus ihm erwächst, uns so fremd?

Mit Beginn der germanischen Völkerwanderung endet der früheste Abschnitt schwäbisch-alemannischer Geschichte, den zu schildern wir uns hier vorgenommen hatten. Doch bevor wir noch einen Blick auf die nachfolgenden Jahrhunderte werfen, mag den oft so schrecklichen Auseinandersetzungen der Römer und Alamannen um das neue Land ein versöhnlicher Aspekt gegenübergestellt werden.

An dem Feldzuge Valentinians im Jahre 368 nahmen im Gefolge des Kaisers zwei zu jener Zeit bereits hochberühmte Redner teil. Der eine, Quintus Aurelius Symmachus, entstammte einer der reichsten Familien Roms und war ein noch junger Mann, der andere, der in Bordeaux als Sohn eines wohlhabenden Arztes geborene Decimus Magnus Ausonius, zählte schon über 60 Jahre. Er wurde Erzieher Gratians und gelangte unter dessen Herrschaft zu den höchsten Würden.

Aus der Beute des am oberen Neckar plündernden römischen Heeres erhielt Ausonius ein alamannisches Mädchen zugesprochen. Ausonius war kein Dichter, zumindest kein guter, und doch hat das kleine, nur teilweise erhaltene Gedicht von Bissula ihn auch als solchen in der Nachwelt fortleben lassen. Es lautet:

»Bissula, drüben zu Haus, dort über dem eisigen Rheinstrom,
Bissula, die oft belauscht heimlich der Donau Quell;
Kriegsgefangne, dann frei vom Feind gelassen, sie herrscht nun
In dem Bereiche des Manns, dem sie der Kriegsgott geschenkt...
Wenn auch durch Latiums Gesittung ihr Wesen ein andres geworden,
Blieb sie Germanin doch stets, Augen blau, blond auch ihr Haar.

Zweifel erweckt bald die Sprache und bald die Gestalt meines Mädchens:
Hiernach wär' sie am Rhein, danach in Latium zu Haus.

*

Herzblatt, Wonne, Zeitvertreib, Liebe, Lust,
Barbarenkind! Und doch stellst du die Mädchen Latiums in den Schatten,
Bissula, gröblicher Name für ein zartes Mädchen,
Wohl etwas garstig für den, der ihn nicht gewohnt, doch deinem Herrn gar lieblich.

*

... Wohlan denn, Maler,
Mische purpurne Rosen und mische Lilien,
Und die Farbe, die aus beiden wird – eben die soll die ihres Angesichts sein!«[56]

Nehmen wir an, Ausonius hat dieses einem Freunde zugedachte Gedicht dem toleranten und kunstsinnigen Valentinian vorgetragen, als der Kaiser von seinem Feldzuge nach Trier zurückgekehrt war. Vielleicht befand sich zu jener Zeit neben Ausonius und Symmachus auch der wohlerzogene, aus einer vornehmen Trierer Familie stammende Ambrosius am Hofe und amüsierte sich im stillen über den verliebten alten Herrn. Ambrosius, damals ein noch junger Mann und Heide dazu, später Bischof Mailands, dem die katholische Kirche nicht nur die Durchsetzung ihrer Glaubensvorstellungen verdankt, sondern auch die Verschönerung ihres Gottesdienstes und das lateinische Kirchenlied.

Welch eine Idylle! Konnten die drei klugen und gebildeten Männer ahnen, daß nur eine Generation später nahezu ganz Gallien sich in den Händen der Germanen befinden würde?

Epilog

»Ein frommer und gottesfürchtiger Mann
von senatorischem Geschlecht«[2]

Ein Jahrhundert nach dem Tode des Theodosius herrschten Sweben und Goten in Spanien und Italien, Sachsen und Vandalen in Britannien und Nordafrika. Um dieselbe Zeit verlor der letzte König der Alamannen Schlacht und Leben gegen den Franken Chlodewech, der sich anschickte, ganz Gallien zu unterwerfen. Die Wanderzüge germanischer Völker hatten dem weströmischen Reiche den Untergang bereitet und das Gesicht Europas völlig verändert.

Was aber wurde in den Stürmen des 5. und 6. Jahrhunderts aus jenen Familien, deren Häupter die höchsten Ämter des Reiches bekleidet hatten, den Nachkommen des Ausonius und des Symmachus?

»Der einst mit hundert Pflügen die Erde umbrach, schwitzt nun, um noch zwei Rinder halten zu können. Der oftmals im Wagen durch herrliche Städte fuhr, geht nun mit müden Füßen mißmutig über ein verödetes Land. Jener, der früher mit zehn stolzen Schiffen die Meere durchfurchte, besteigt nun einen winzigen Kahn und rudert ihn selbst. Nicht das Land und nicht die Städte wahren ihren Bestand. Alles stürzt jäh dem Ende entgegen. Durch Schwert, Pest, Hunger, Gefangenschaft, Hitze und Kälte rafft auf tausendfache Weise ein und derselbe Tod die Menschen hinweg. Kriege toben allenthalben, Raserei packt alle an, mit ungezählten Waffen stürzen Könige aufeinander los. Unheilige Zwietracht wütet auf der verwirrten Welt. Der Friede hat die Erde verlassen, überall erblickst du die letzten Dinge.«[1]

Prosper Tiro von Aquitanien, den wir hier zitieren, hat von etwa 390 bis 463 gelebt. Die Schrecken der Völkerwanderung hat er in Gallien, Nordafrika und Rom unmittelbar erfahren, zuletzt als Sekretär in der Kanzlei von Papst Leo dem Großen (440–461), jenes großartigen Papstes, der durch sein persönliches Eintreten im Jahre 452 den Hunnenkönig Attila zur Umkehr bewog und im Jahre 455 den Vandalenkönig Geiserich von einer neuerlichen Plünderung Roms abhielt.

Aber das von Prosper Tiro geschilderte Elend traf die Bewohner des Reiches keineswegs gleichmäßig. Mit Ausnahme Nordafrikas und Britanniens ist es vielen der reichen Familien gelungen, sich den neuen Verhältnissen anzupassen. So finden sich während des 5. Jahrhunderts zahlreiche ihrer Angehörigen in den höchsten Verwaltungsstellen germanischer Reiche auf vormals römischem Boden. Vor allem aber stellen sie dort die hohen kirchlichen Würdenträger.

Dies trifft auch noch für das 6. Jahrhundert zu, aus dem uns für das von den Franken beherrschte Gallien ein Angehöriger dieser Familien ein höchst aufschlußreiches Zeugnis hinterlassen hat. Es ist Gregor, der Bischof von Tours. Ihm verdanken wir eine Geschichte des fränkischen Reiches, die unter anderem eine Liste seiner Vorgänger auf dem Bischofsstuhl von Tours enthält. Wir beginnen unser Zitat der Liste um die Mitte des 5. Jahrhunderts:

»Als fünfter Bischof wurde Eustochius eingesetzt, ein frommer und gottesfürchtiger Mann von senatorischem Geschlecht. – Als sechster Bischof wurde Perpetuus eingesetzt; er war, wie man sagt, gleichfalls aus senatorischem Geschlecht, ein Verwandter seines Vorgängers und sehr reich und hatte im Gebiet vieler Städte Besitzungen. – Als der siebente Bischof aber wurde Volusianus eingesetzt, aus senatorischem Geschlecht, ein frommer und sehr reicher Mann, auch er war ein Verwandter seines Vorgängers, des Bischofs Perpetuus. Zu seiner Zeit herrschte Chlodewech schon in einigen Städten Galliens. – Als der achte Bischof wurde Verus eingesetzt ... Sein Vermögen vermachte er den Kirchen und den ihm Nahestehenden.« – Es folgen drei Bischöfe, die offenbar nicht sonderlich begütert waren, dann: »Der zwölfte Bischof war Ommatius, ein Bürger von Clermont aus senatorischem Geschlecht, der sehr viele Landgüter besaß.« – Der dreizehnte Bischof war nur ein halbes Jahr im Amt. – »Der vierzehnte Bischof war Francilio, der von Senatoren abstammte, ein Bürger von Poitiers; er hatte eine Ehefrau mit Namen Clara, aber keine Kinder. Und sie waren beide sehr reich an Landgütern.«[2] Noch einmal folgen drei Bischöfe nichtsenatorischer Herkunft, und dann nach dem achtzehnten Bischof Eufronius, wiederum »aus senatorischem« Geschlecht, folgt als neunzehnter Bischof Gregor.

Er hat großen Wert auf seine Herkunft aus einer senatorischen Familie gelegt und vermerkt mit Genugtuung, daß »mit Ausnahme von fünf Bischöfen all die anderen, welche das bischöfliche Amt von Tours innehatten, mit meinem Haus verwandt waren«[3].

Gregor wurde um das Jahr 538 zu Clermont in der Auvergne geboren, erhielt 573 den Bischofsstuhl von Tours und starb im Jahre 594. Wie die meisten der Männer, die wie er auf ihre Herkunft aus den großen, römischen Geschlechtern stolz waren, hat er sich voll und ganz mit der germanischen Herrschaft abgefunden, aber er beklagt, daß »die Pflege der schönen Wissenschaften in den Städten Galliens in Verfall geraten, ja sogar im Untergang begriffen ist«[4]. – Und es ist dieser Verlust des geistigen Erbes, der im Westen des ehemaligen Römischen

Reiches dazu geführt hat, daß die Angehörigen der senatorischen Familien sich von denen des germanischen Adels schließlich nicht mehr unterschieden. Auch im 7. Jahrhundert und danach wird es immer noch reiche und mächtige Männer aus den senatorischen Familien gegeben haben. Für uns nachweisbar sind sie nicht mehr.

»Einer Jungfrau aus edelstem schwäbischem Geschlecht... von der Sippe des Alamannenherzogs verlobte er sich (Karl der Große und) er zeugte mit ihr drei Söhne, von denen Pippin der König über Italien war...«[5]

Das 5. Jahrhundert ist durch die abenteuerlichen Wanderungen germanischer Völker auch zum Feld geworden, aus dem die germanischen Heldensagen wuchsen: Die Sage von Dietrich von Bern und dem Hunnenkönig Etzel, die ihre Vorbilder in Theoderich und Attila hatten, oder die Sage vom Untergang der Burgunder am hunnischen Hof, die wohl auf die Niederlage der Burgunder durch ein hunnisches Aufgebot zurückgeht, das der römische Feldherr Aetius ausgeschickt hatte.

Hat diese Zeit, die sich bis hin zum farbigen Stile des Kunsthandwerks so lebhaft darstellt, auch in den Nachrichten über die Alamannen ihren besonderen Niederschlag gefunden?

Verständlicherweise nicht. Zwar erfahren wir von einigen alamannischen Einfällen in das Reichsgebiet um die Wende des 5. Jahrhunderts, dem großen Wanderzug aber, der die Vandalen, Quaden und Alanen im Jahre 406 über den Rhein hinweg nach Gallien und bis Spanien führte, haben sich die Alamannen nicht angeschlossen. Auch ihr Siedlungsgebiet haben sie nur nach und nach ausgedehnt. Sie haben Teile des Elsaß und der Schweiz besetzt, und zumindest vorübergehend sind sie bis Passau vorgedrungen. Dort ist einer ihrer Könige um das Jahr 470 dem hl. Severin begegnet. Er – Gibuld – ist zugleich der letzte uns namentlich bekanntgewordene alamannische König.

»Batavis (Passau) heißt eine zwischen zwei Flüssen, nämlich Inn und Donau gelegene Stadt, wo der selige Severin in gewohnter Weise eine kleine Zelle für ein paar Mönche begründet hatte, und zwar deshalb, weil er selbst auf Ersuchen der Einwohner öfter dorthin kam, hauptsächlich wegen der ununterbrochenen Einfälle der Alamannen, deren König Gibuld ihm die größte Ehrerbietung entgegenbrachte. – Einst auch eilte dieser in dem dringenden Wunsche, ihn zu sehen, herbei. Ihm ging der Heilige entgegen, damit er durch seine Ankunft nicht die Stadt behellige und redete den König mit solcher Festigkeit an, daß dieser vor ihm heftig zu zittern begann und beim Abzug seiner Truppen bekannte, er hätte niemals – weder im Kampfe noch infolge irgendeines Schreckens – dermaßen vor Furcht gebebt.«[6]

Ob Gibuld mit einem alamannischen König Gebavult identisch ist, der um dieselbe Zeit dem Bischof von Troyes Gefangene zurückgegeben haben soll, wissen wir nicht. Christ war er trotz seiner Furcht vor dem Heiligen sicher nicht, denn noch knapp 100 Jahre später berichtet uns Agathias von den Alamannen: »Sie verehren irgendwelche Bäume und Flüsse, Hügel und Klüfte, denen sie Pferde, Stiere und unzählige andere Tiere opfern, indem sie diesen die Köpfe abschlagen.«[7] Und um das Jahr 600, als der hl. Columban in Bregenz weilte, »um den Heiden den Glauben in ihr Herz zu pflanzen – in der Nachbarschaft befanden sich dort nämlich Völker der Sweben – . . . bemerkte er, daß sie sich daranmachten, ein heidnisches Opfer darzubringen. Sie stellten nämlich ein großes Faß, das in ihrer Sprache Kufe heißt . . . angefüllt mit Bier in der Mitte des Ortes auf. Der Mann Gottes aber schritt auf dieses Faß zu und fragte, was mit ihm geschehen solle? Sie erwiderten, sie wollten ihrem Gotte namens Wodan . . . ein Opfer darbringen. Als jener von ihrem verderblichen Vorhaben hörte, blies er erzürnt auf das Faß, worauf dieses auf wunderbare Weise zerbrach und in Stücke barst . . . Als die Heiden das sahen, staunten sie und meinten, der Mann Gottes besitze einen gewaltigen Atem, mit dem er sogar dieses mit starken Verstrebungen zusammengehaltene Gefäß zerstören könnte.«[8]

Nicht anders als die Alamannen am Bodensee vor dem hl. Columban ist Gibuld vor dem hl. Severin bei Passau erschrokken. Aber solch abergläubische Furcht hat noch nie einen Einfluß auf die kriegerische Tüchtigkeit gehabt, wie wir dies gerade von den großen Kriegshelden des Altertums und nicht nur des Altertums wissen, und auch das kriegerische Ansehen der Alamannen und ihrer abergläubischen Könige muß während des 5. Jahrhunderts gewaltig gewesen sein.

Weder den Römern noch dem Hunnen Attila ist es gelungen, sie auf ihre Seite zu ziehen, und so haben sie denn auch an der Schlacht auf den Katalaunischen Feldern im Jahre 451 nicht teilgenommen. Einer Schlacht, in der der römische Feldherr Aetius im Bunde mit Westgoten und Franken Attila besiegte und damit den hunnischen Vorstoß nach Westeuropa zum Stehen brachte.

Nachdem Chlodewech die Alamannen um das Jahr 497 seiner Herrschaft unterworfen hatte, scheinen einige ihrer führenden Geschlechter bei den Ostgoten Zuflucht gefunden zu haben. Andere arrangierten sich mit den Franken, und schon als der Enkel Chlodewechs, der Frankenkönig Theudebert, im Jahre 539 den von Ostrom bedrängten Goten zu Hilfe kam in der Absicht, sich dabei selbst Einfluß in Italien zu verschaffen, hat der Alamanne Butelin dies fränkisch-alamannische Heer mit angeführt. Dieser Butelin war es wohl auch, der Theudeberts Sohn und Nachfolger dazu bewogen hat, ihm und seinem Bruder Leuthari ein neues großes Heer anzuvertrauen, das vorwiegend aus Alamannen bestand.

Im Jahre 553 rückten Butelin und Leuthari in Italien ein, angeblich um den Goten beizustehen. Doch die Goten, von dem oströmischen Feldherrn Narses mittlerweile entscheidend geschlagen, hatten sehr wohl erkannt, daß die beiden nicht allein ihretwegen zu Felde gezogen waren. So unterstützte nur ein Teil das Vorgehen der Brüder, die noch im selben Jahre über den Po rückten und nach einigen kleineren Gefechten samt ihrem Heere auf dem flachen Lande die Winterquartiere bezogen.

Im Frühjahr 554 setzten die beiden Alamannen ihren Marsch

zunächst gemeinsam fort. Dann teilten sie das Heer, und während Leuthari bis Apulien und Kalabrien vordrang, erreichte Butelin, die Mittelmeerküste entlangziehend, die Straße von Messina. Sein und seines Bruders Zug hinterließ eine breite Spur der Verwüstung.

»Soweit wirkliche Franken unter dem Kriegsvolk waren, erwiesen sie den Heiligtümern alle Schonung und Ehrfurcht, sind doch ... auch sie rechtgläubig ... Die Alamannen hingegen, die einen anderen Glauben wie diese haben, verwüsteten rücksichtslos die Heiligtümer und beraubten sie ihres Schmukkes ... Und damit nicht genug, sie deckten die Dächer der Kirchen ab und durchwühlten die Grundmauern. Die Heiligtümer troffen von Blut, und ebenso waren die Felder bedeckt, auf denen allenthalben unbestattete Leichen lagen.«[9]

Nichts also hatte sich geändert, seit die ersten Kriegertrupps der Alamannen vor 300 Jahren in Italien eingefallen waren, und ganz wie vormals deren Führer wollte auch »Leuthari, zumal der Frühling schon vorüber war und der Sommer auf der Höhe stand, nach Hause zurückkehren und sich seines Besitzes freuen. – Er schickte daher an seinen Bruder Boten und forderte ihn auf, auch seinerseits vom Kriege und der ungewissen Zukunft zu lassen und möglichst rasch den Heimweg anzutreten. Butelin aber hatte sich eidlich verpflichtet, mit den Goten zusammen Krieg gegen die Römer zu führen, und da sie ihrerseits ihm schmeichelten und von seiner Erhebung zum König sprachen, so glaubte er, bleiben und sein Versprechen erfüllen zu müssen. Er hielt sich daher weiterhin im Lande auf und rüstete zum Kriege.«[10]

Leuthari zog mittlerweile der Heimat zu. Doch bei einem unglücklichen Gefecht büßte er einen Teil seiner Beute ein, und als er das fränkisch besetzte Gebiet in Oberitalien erreicht hatte, erlagen nicht nur ein großer Teil seines Heeres, sondern auch er selbst einer Seuche.

Unter dieser Seuche – offenkundig der Ruhr – hatte auch

Butelins Heer zu leiden, als der Alamanne, der so gerne König werden wollte, es nach Norden führte, um den Oströmern unweit Capua die Entscheidungsschlacht zu liefern.

Butelin war »bester Zuversicht, und er schärfte allen seinen Leuten ein, daß die kommende Schlacht eine gewichtige Entscheidung bringen werde. ›Entweder werden wir‹ meinte er ›Italien, um dessentwillen wir hierhergekommen sind, in Besitz nehmen, oder unser aller wartet hier ein unrühmliches Ende. Wir müssen natürlich, ihr, meine wackeren Gefährten, das erstere wählen, und wir können auch dies unser Ziel erreichen, wenn wir uns im Kampfe als tapfere Männer erweisen.‹«[11]

Ob Butelin diese Rede tatsächlich gehalten hat, oder ob sie ein Produkt der schriftstellerischen Phantasie des Agathias ist, aus dessen Historien wir sie hier zitieren, mag dahingestellt bleiben. Zumindest als tapfer erwiesen sich die Alamannen, und »die Spitze ihres Keils durchbohrte die (römischen) Abteilungen in ihrer ganzen Tiefe«.

Aber der Feldherrnkunst des Narses waren die Alamannen nicht gewachsen, und bald waren »Butelin selbst ... und das ganze Heer nicht mehr ... und nur noch fünf, die sich irgendwo durchgeschlagen hatten, kehrten in ihre Heimat zurück«[12].

Das Verlangen, Italien zu besitzen, aber lebte in den Herzen der fränkischen Könige und alamannischen Herzöge fort, selbst dann noch, als die Langobarden sich weiter Teile der Halbinsel bemächtigt hatten. Karl dem Großen gelang es, das ersehnte Land wieder zu gewinnen, und im Jahre 781 setzte er dort Pippin zum König ein, einen der drei Söhne, die ihm die schwäbische Hildegard geschenkt hatte.

Nachdem das karolingische Reich zerbrochen war, übernahmen deutsche Könige und Kaiser die Herrschaft in Italien. Im Verlaufe von vier Jahrhunderten festigte sich in ihnen die Überzeugung, daß dies ihr Recht sei:

»Ich frage alle Getreuen, für die meine Vorfahren hier väterlich sorgten, ich frage alle Häupter und Fürsten der Erde, ob der des Todes schuldig ist, der seine und seiner Völker Rechte verteidigt.«[13]

Konradin von Hohenstaufen, dem diese Worte zugeschrieben werden, wurde am 29. Oktober 1268 in Neapel öffentlich enthauptet. Der Sechzehnjährige hatte vergeblich versucht, sein Erbe anzutreten. Es war Italien, um dessentwillen der letzte Herzog von Schwaben hierhergekommen war.

Unsere Erzählung ist zu Ende. – Am Anfang »schwäbisch-alemannischer Geschichte« – der Zeit zwischen dem 1. Jahrhundert v. Chr. und der großen germanischen Völkerwanderung im 5. Jahrhundert n. Chr. – stehen die vielfältigen Schicksale swebisch-alamannischer Völker und ihrer Könige. Von diesen Männern und ihren römischen Zeitgenossen wollten wir hier berichten:

Von Ariovist und Caesar, die sich im 1. Jahrhundert v. Chr. um den Besitz Galliens stritten; von Marbod und Tiberius, deren Geschick sich im 1. Jahrhundert n. Chr. auf so merkwürdige Weise verflocht; von den swebischen Königen, die zu Ende des 2. Jahrhunderts in einem furchtbaren Krieg dem Kaiser Mark Aurel unterlagen; von den Führern der ersten alamannischen Kriegertrupps, die im 3. Jahrhundert Südwestdeutschland eroberten und schließlich von den fünf alamannischen Königen, denen es in den Jahren 350 bis 378 gelang, das neue Land gegen die römischen Kaiser zu behaupten.

Vermochten wir alles so zu schildern, wie es wirklich einmal war? Gewiß nicht. Zu sehr ist vom Zufall bestimmt, was an schriftlichen Zeugnissen und Bodenurkunden auf uns gekommen ist, zu unterschiedlich auch ist deren Beurteilung durch Historik und Archäologie. Haben wir uns der Vergangenheit somit zu dreist genähert? Überlassen wir die Antwort Ludwig Uhland, dem schwäbischen Poeten und Germanisten:

»Wanderer! es ziemet dir wohl, in der Burg Ruinen zu schlummern.

Träumend baust Du vielleicht herrlich sie wieder dir auf.«

Zitate

Prolog

1 Walahfrid. Leben des hl. Gallus. Aus der Vorrede. Quellen III, S. 34 und 35
2 Ebenda

Begegnung

1 Caesar b. G. 1, 43, 1. In Anlehnung an Dorminger S. 59
2 Sueton. Gaius Julius Caesar 52. Lambert S. 59
3 Plinius Briefe. 1, 24. Hier nach Sueton. Lambert S. 9
4 Sueton. Gaius Julius Caesar 57. Lambert S. 63
5 Sueton. Gaius Julius Caesar 51. Lambert S. 58
6 Caesar b. G. 1, 43, 1. In Anlehnung an Dorminger S. 59
7 Tacitus Germania 38. Fehrle S. 51
8 Tacitus Germania 39. Fehrle S. 53
9 Tacitus Germania 9. Fehrle S. 25
10 Caesar b. G. 6, 21, 2. In Anlehnung an Dorminger S. 273
11 Tacitus Germania 2. Fehrle S. 17
12 Tacitus Germania 5. Fehrle S. 21
13 Caesar b. G. 4, 1, 8. In Anlehnung an Dorminger S. 145
14 Leo N. Tolstoi. Einige Worte über »Krieg und Frieden«. Zitiert nach Leo N. Tolstoi Krieg und Frieden. Übertragung nach L. Berndl. Eugen Diederichs Verlag, Jena ohne Datum. Erster Band S. 3
15 Caesar b. G. 1, 40, 8. In Anlehnung an Dorminger S. 55
16 Napoleon I. Darstellung der Kriege Caesars, Turennes und Friedrichs des Großen. Übersetzt, erläutert und herausgegeben von H. E. Friedrich. S. 33. Vorwerk Verlag, Darmstadt Berlin 1942. 2. Auflage.
17 Caesar b. G. 4, 7, 5. Dorminger S. 151
18 Caesar b. G. 4, 19, 4. Dorminger S. 165
19 Caesar b. G. 6, 29, 1. Dorminger S. 279
20 Plutarch Große Griechen und Römer. Caesar 69. Wuhrmann S. 176
21 Theodor Mommsen. Römische Geschichte. Dritter Band S. 301. Weidmannsche Buchhandlung, Berlin 1922. 13. Auflage.

Das Reich im Osten

1 Velleius 2, 105. Capelle S. 97
2 Velleius 2, 104. Capelle S. 97
3 Tacitus Annalen 4, 4. Sontheimer S. 192
4 Horaz. Oden erstes Buch. An Augustus. Hundhausen S. 7
5 Sueton. Tiberius 68. Lambert S. 217
6 Sueton. Tiberius 21. Lambert S. 186
7 Res gestae. Weber S. 35
8 Sueton. Nero 4. Lambert S. 317
9 Velleius 2, 117. Capelle S. 107
10 Velleius 2, 105. Capelle S. 98
11 Velleius 2, 105. Capelle S. 98
12 Velleius 2, 105. Capelle S. 99
13 Tacitus Germania 20, 1–5. Fehrle S. 35
14 Tacitus Germania 13, 1–5. Fehrle S. 29
15 Sueton. Augustus 28. In Anlehnung an Lambert S. 106
16 Velleius 2, 105. Capelle S. 99
17 Tacitus Annalen 2, 62. Hier nach Capelle S. 139. Vergleiche Sontheimer S. 119
18 Velleius 2, 105. Capelle S. 100
19 Velleius 2, 117. Capelle S. 106
20 Tacitus Annalen 1, 61. Sontheimer S. 61
21 Theodor Mommsen. Römische Geschichte. Fünfter Band S. 54. Weidmannsche Buchhandlung, Berlin 1921. 9. Auflage.
22 Sueton. Tiberius 18. Lambert S. 183
23 Tacitus Annalen 9 und 10. Sontheimer S. 82
24 Tacitus Annalen 2, 63. Sontheimer S. 119
25 Tacitus Annalen 2, 63. Hier nach Capelle S. 139. Vergleiche Sontheimer S. 120.
26 Tacitus Annalen 2, 63. Hier nach Capelle S. 139. Vergleiche Sontheimer S. 120
27 Tacitus Annalen 2, 63. Hier nach Capelle S. 139. Vergleiche Sontheimer S. 120
28 Edda. Das alte Hamdirlied, 29. Edda. Erster Band – Heldendichtung. Übertragen von Felix Genzmer. Mit Einleitungen und Anmerkungen von Andreas Heusler. Verlegt bei Eugen Diederichs, Jena 1920.
29 Edda. Das alte Sittengedicht, 65. Edda. Zweiter Band – Götterdichtung und Spruchdichtung. Übersetzer, Bearbeiter und Verlag wie 28. 2. Auflage 1932.
30 Sueton. Tiberius 69. Lambert S. 218
31 Sueton. Tiberius 75. Lambert S. 221 und 222

Erste Episode

1 Tacitus Germania 8. Fehrle S. 25
2 Les portraits Romains. Volume I. République et dynastie Julienne. Par Vagn Poulsen. S. 70. Portrait Pl. LII–LIV. Publications de la Glyptothèque Ny Carlsberg Nr. 7, Copenhague 1973.
3 Tacitus Germania 41. Fehrle S. 55
4 Tacitus Germania 19. Fehrle S. 35
5 Tacitus Germania 18. Fehrle S. 33
6 Pactus Alamannorum. 34 § 1–3 und 35 § 1. Eckhardt S. 141 und 142
7 Lex Alamannorum. 56 § 1 und 2 sowie 57 § 3. Eckardt S. 52
8 Cassius Dio 55, 1, 1–2, 3. Capelle S. 93
9 Pactus Alamannorum. 14 § 1. Eckardt S. 111
10 Hier zitiert nach: H. Werner und E. Neuhäuser. Die Schwäbin. S. 208. Stuttgart 1947
11 Sir Mortimer Wheeler. Moderne Archäologie. Methoden und Technik der Ausgrabung S. 222. Hamburg 1966.
12 Tacitus Annalen 62. Sontheimer S. 119
13 R. Nierhaus. Das swebische Gräberfeld von Diersheim. Römisch-Germanische Forschungen Band 28 S. 234. Berlin 1966.

An der Wiege des Stammes

1 Tacitus Historien 3, 5, 1. Borst S. 261
2 Tacitus Historien 2, 86, 3. Borst S. 237
3 Tacitus Historien 3, 21, 2. Borst S. 285
4 Tacitus Germania 42. Fehrle S. 55
5 Tacitus Germania 14. Fehrle S. 31
6 Tacitus Germania 33. Fehrle S. 47
7 Sueton. Domitian 8. Lambert S. 456
8 Frontin. De aquis urbis Romae 88 und 16. Hier nach Bendz S. 3
9 Plinius Briefe 9, 19, 6. Kasten S. 523
10 Tacitus Historien 1, 18, 3. Borst S. 33
11 Cicero. De re publica, Drittes Buch 25. Büchner S. 283
12 Michael Rostovtzeff. Geschichte der Alten Welt. Zweiter Band Rom S. 371 bis 372. Leipzig 1942.
13 Eutrop 8, 12, 2–13, 1. Capelle S. 205
14 Tacitus Historien 1, 79, 1–4. Borst S. 107
15 Tacitus Annalen 2, 62. Sontheimer S. 119
16 Appian. Proem. Historia Romana. 7. Birley S. 474
17 Historia Augusta 17, 2. Hohl S. 96
18 Cassius Dio 73, 3, 1a. Capelle S. 205
19 Cassius Dio 71, 13–14, 2. Capelle S. 210
20 Historia Augusta 4, 14, 2. Capelle S. 206. Hohl S. 93
21 Historia Augusta 4, 24, 5. Hohl S. 104

22 Cassius Dio 72, 2. Capelle S. 214
23 Agathias 6. Hier nach Quellen II S. 80. Veh S. 1127
24 Aurelius Victor 21, 2 (p. 101, 21–23). Quellen II S. 21
25 Acta Fratrum. Dessau ILS I, Nr. 451. Quellen I S. 11
26 Historia Augusta 28, 13. Hier nach Capelle S. 256
27 Nach Andreas Alföldi. Studien zur Geschichte der Weltkrise des 3. Jahrhunderts nach Christus S. 291. Wissenschaftliche Buchgesellschaft, Darmstadt 1967.
28 Cassius Dio 76, 10, 5. Hier nach John Morris. Die Datierung der Marcus-Säule S. 95. In Marc Aurel: Herausgegeben von R. Klein. Wissenschaftliche Buchgesellschaft, Darmstadt 1979.
29 Plinius Briefe 10, 96. Kasten S. 641
30 Plinius Briefe 10, 97. Kasten S. 645
31 s. Anm. 27

Zweite Episodde

1 Ammian 14, 10, 8. Quellen I S. 33
2 Aurelius Victor 41, 3 (p. 166, 9–12). Quellen II S. 23
3 Ammian 14, 10, 8. Quellen I S. 33
4 Zosimus 2, 48, 5 (p. 105, 27–31). Quellen II S. 66
5 Ammian 14, 11, 11. Quellen I S. 35
6 Ammian 14, 11, 24. Seyfarth I S. 105
7 Ammian 26, 9, 7. Seyfarth IV S. 43
8 Ammian 21, 3, 5. Quellen I S. 67
9 Panegyrici 10 (2), 7 (p. 268, 26 – p. 269, 4). Quellen I S. 23
10 Panegyrici 8 (4), 2 (p. 233, 12–19). Quellen I S. 24
11 Panegyrici 10 (2), 7 (p. 268, 26 – p. 269, 4). Quellen I S. 23
12 Pogii Epistolae 9 Nr. 32. Vergleiche hierzu: Seyfarth I S. 41 Anmerkung 6

Um das neue Land

1 Ammian 18, 2, 17. Quellen I S. 65
2 Das Nibelungenlied. Erster Teil. 16. Aventiure. 937. Herausgegeben von W. Freye. Deutsches Verlagshaus Bong u. Co., Berlin – Leipzig ohne Datum
3 Ammian 18, 2, 17. Quellen I S. 65
4 Ammian 16, 12, 25. Quellen I S. 49
5 Diokletian. Freis S. 239
6 Julian. Briefe an Eumonios und Pharianos. Weis S. 13
7 Libanios. Leichenrede auf Kaiser Julian 33. Capelle S. 268
8 Libanios. Leichenrede auf Kaiser Julian 33. Capelle S. 268
9 Ammian 16, 12, 4 und 5. Quellen I S. 46
10 Ammian 16, 12, 24. Quellen I S. 49
11 Libanios. Leichenrede auf Kaiser Julian 33. Capelle S. 268

12 Julian. Epistola ad Senatum populumque Atheniensem. Quellen I S. 29
13 Ammian 14, 10, 6. Seyfarth I S. 95
14 Ammian 14, 10, 16. Seyfarth I S. 97
15 Libanios. Leichenrede auf Kaiser Julian, 52. Quellen II S. 15
16 Julian. Briefe an Eumenios und Pharianos. Weis S. 13
17 Julian. Brief an den Rhetor Eugarios. Weis S. 9
18 Ammian 25, 4, 17 und 18. Seyfarth III S. 171
19 Ammian 16, 5, 10. Seyfarth I S. 163
20 Ammian 25, 5, 22. Seyfarth III S. 173
21 Ammian 16, 12, 7. Seyfarth I S. 187
22 Ammian 16, 12, 19. Seyfarth I S. 191
23 Ammian 16, 12, 17. Seyfarth I S. 191
24 Ammian 16, 12, 59–66. Seyfarth I S. 202 und 203
25 Ammian 17, 1, 1–10. Seyfarth I S. 207–211
26 Ammian 18, 2, 15. Seyfarth II S. 13
27 Ammian 18, 2, 16–19. Seyfarth II S. 13–15
28 Eunapios Fr. 13. Quellen II S. 53
29 Ammian 21, 3, 1. Seyfarth II S. 133
30 Ammian 16, 10, 14–15. Seyfarth I S. 177 u. 179
31 Ammian 21, 4, 1–6. Seyfarth II S. 135
32 Ammian 25, 4, 17. Seyfarth III S. 171
33 Ammian 30, 3, 3–6. Seyfarth IV S. 209 u. Quellen I, S. 83
34 Ammian 29, 4, 7. Seyfarth IV S. 173
35 Ammian 30, 9 mit Umstellungen. Seyfarth IV S. 237
36 Ammian 29, 4, 1. Seyfarth IV S. 171
37 Ammian 30, 8, 11. Seyfarth IV S. 231
38 Ammian 29, 3, 2. Seyfarth IV S. 169
39 Ammian 26, 6, 13. Seyfarth IV S. 25
40 Ammian 26, 5, 7. Seyfarth IV S. 23
41 Ammian 27, 10, 3. Seyfarth IV S. 83
42 Ammian 30, 7, 7. Seyfarth IV S. 229
43 Ammian 27, 1 und 2. Seyfarth IV S. 54 ff.
44 Ammian 27, 2, 11. Seyfarth IV S. 57
45 Ammian 27, 10, 1–2. Seyfarth IV S. 83
46 Ammian 27, 10, 3–4. Seyfarth IV S. 83
47 Ammian 27, 10 und 11. Seyfarth IV S. 85
48 Ammian 27, 11. 16. Seyfarth IV S. 87
49 Ammian 28, 5, 8. Seyfarth IV S. 133
50 Ammian 29, 5, 7. Seyfarth IV S. 173
51 Ammian 31, 10, 1–10. Seyfarth IV S. 275
52 Ammian 31, 10, 11–14. Seyfarth IV S. 277
53 Ammian 31, 2 und 3. Seyfarth IV S. 243 ff.
54 Ammian 31, 3, 8 u. 4, 1. Seyfarth IV S. 253
55 Libanios Briefe. An (Ammianus) Marcellinus. Fatouros-Krischer S. 155
56 Ausonius Bissula. Capelle S. 322

Epilog

1 Prosper. Fischer S. 115
2 Gregor 10, 31. Buchner II S. 405 ff.
3 Gregor 5, 49. Buchner I S. 379
4 Gregor Vorrede. Buchner I S. 3
5 Thegan 2. Rau S. 217
6 Eugipp 19. Noll S. 85
7 Agathias 7, 1. Nach Quellen II S. 80
8 Jonas 1, 27. Haupt S. 483
9 Agathias 2, 1. Veh S. 1171
10 Agathias 2, 2. Veh S. 1171 ff.
11 Agathias 2, 5. Veh S. 1181
12 Agathias 2, 9. Veh S. 1195
13 Zitiert nach: Friedrich von Raumer. Geschichte der Hohenstaufen und ihrer Zeit, S. 350. Droste Verlag, Düsseldorf 1968.

Quellen

In der Bezeichnung der antiken und frühmittelalterlichen Quellen folgen wir weitgehend und sofern dort aufgeführt dem: Tusculum – Lexicon griechischer und lateinischer Autoren des Altertums und des Mittelalters. Dritte, neubearbeitete und erweiterte Auflage von W. Buchwald, A. Hohlweg, O. Prinz. Artemis Verlag, München und Zürich 1982.

Beim Zitieren haben wir uns, auch hinsichtlich der Schreibweise, an die Übersetzer gehalten. Wir sind von deren Übersetzung und Schreibweise nur abgewichen, wo wir dies der Lesbarkeit wegen für vertretbar hielten. Ergänzungen der Texte durch die Übersetzer oder uns sind in Klammern wiedergegeben.

Acta Fratrum Arvalium
Protokolle einer römischen Bruderschaft, die von Augustus wieder hergestellt bis in das 3. Jh. bestand. Ihr Name bedeutet soviel wie »zum Saatfeld gehörend«.
Bezeichnet: Acta Fratrum.
Zitiert nach: Quellen s. dort.

Agathias Scholastikos
Um 536–581/82. Aus Myrina, einer heute verfallenen Küstenstadt unweit Pergamon. Anwalt. Schließt mit seinen in griechischer Sprache geschriebenen »Historien« an Prokops »Gotenkriege an.
Bezeichnet: Agathias.
Zitiert nach: Prokop Gotenkriege. Griechisch – Deutsch ed. O. Veh. Ernst Heimeran Verlag, München. 1. Auflage 1966.
Abgekürzt. Veh.

Ammianus Marcellinus

Etwa 330–etwa 395. Aus Antiochia, dem heutigen Antakya. Offizier. Verfasser einer römischen Geschichte.

Bezeichnet: Ammian.

Zitiert nach: Ammiani Marcellini Rerum Gestarum. Ammianus Marcellinus. Römische Geschichte. 1.–4. Teil. Lateinisch und Deutsch und mit einem Kommentar versehen von W. Seyfarth. Akademie Verlag, Berlin 1968–1971.

Abgekürzt: Seyfarth I bis IV.

Oder zitiert nach: Quellen s. dort.

Appianos

2. Jh. n. Chr. Aus Alexandria. Anwalt, später Beamter. Verfasser einer römischen Geschichte in griechischer Sprache. Zitiert als »Historia Romana«.

Bezeichnet: Appian.

Zitiert nach: Anthony R. Birley. Die Außen- und Grenzpolitik unter der Regierung Marc Aurels. In: Marc Aurel. Herausgegeben von R. Klein. Wissenschaftliche Buchgesellschaft, Darmstadt 1979.

Abgekürzt: Birley.

Aurelius Victor

4. Jh. n. Chr. Aus Nordafrika. Hoher Beamter. Schildert in seinen »Caesares« die Geschichte der römischen Kaiser von Augustus bis Constantius II.

Bezeichnet: Aurelius Victor.

Zitiert nach: Quellen s. dort.

Ausonius (Decimus Magnus Ausonius)

Etwa 310–395. Aus Burdigala, dem heutigen Bordeaux. Rhetor. Erzieher des späteren Kaisers Gratian in Trier. Von Gratian mit hohen Ämtern betraut. Als Dichter wurde er am bekanntesten durch ein Gedicht auf die Mosel und die Alamannin Bissula.

Bezeichnet: Ausonius.

Zitiert nach: Capelle s. dort.

Caesar (Gaius Iulius Caesar)

100–44 v. Chr. Staatsmann und Feldherr. Verfaßte zu seinen Feldzügen Kommentare, unter anderem über den Krieg in Gallien. »De bello Gallico«.

Bezeichnet: Caesar b. G.

Zitiert nach: G. Julius Caesar. Der Gallische Krieg. Lateinisch-deutsch ed. G. Dorminger. Ernst Heimeran Verlag, München. 2. Auflage 1966.

Abgekürzt. Dorminger.

Cassius Dio (Cassius Dio Cocceianus)

Um 150–235. Aus Nicaea, beim heutigen türkischen Iznik. Hoher Beamter. Verfasser einer römischen Geschichte in griechischer Sprache.

Bezeichnet: Cassius Dio.

Zitiert nach: Capelle s. dort.

Cicero (Marcus Tullius Cicero)

106–43 v. Chr. Aus Arpinum, dem heutigen Arpino, südostwärts von Rom. Staatsmann. Sein schriftstellerisches Werk ist nahezu vollständig erhalten. Darunter seine Abhandlung vom Gemeinwesen. »De re publica libri«.

Bezeichnet: Cicero. De re publica.

Zitiert nach: Marcus Tullius Cicero. Vom Gemeinwesen. Lateinisch und Deutsch. Eingeleitet und neu übertragen von K. Büchner. Artemis-Verlag, Zürich. 2. Auflage 1960.

Abgekürzt: Büchner.

Diokletian (Gaius Aurelius Valerius Diocletianus)

Um 240–313. Aus Dalmatien. Kaiser von 284–305. Hier sein Höchstpreisedikt des Jahres 301.

Bezeichnet: Diokletian

Zitiert nach: Historische Inschriften zur römischen Kaiserzeit von Augustus bis Konstantin. Übersetzt und herausgegeben von H. Freis. Wissenschaftliche Buchgesellschaft, Darmstadt 1984.

Abgekürzt: Freis

Eugipp(i)us

Um 500. Aus Nordafrika. Abt eines Klosters bei Neapel. Verfasser einer Lebensbeschreibung des hl. Severin.

Bezeichnet: Eugipp.

Zitiert nach: Eugippii Vita Sancti Severini. Eugippius. Das Leben des heiligen Severin. Lateinisch und deutsch. Einführung, Übersetzung und Erläuterungen von R. Noll. Akademie Verlag, Berlin 1963.

Abgekürzt: Noll

Eunapios

Etwa 345–420. Aus Sardes, dem heutigen Dorf Sart am Hauptverkehrsweg Ismir – Ankara. Schrieb mit seinen in griechischer Sprache verfaßten »Historischen Erinnerungen« eine Chronik der römischen Geschichte.

Bezeichnet: Eunapios.

Zitiert nach: Quellen s. dort.

Eutropius

4. Jh. Herkunft unbekannt. Magister memoriae unter Kaiser Valens (364–378). Verfasser eines Abrisses der römischen Geschichte. »Brevarium ab urbe condita«.

Bezeichnet: Eutrop.

Zitiert nach: Quellen s. dort.

Frontinus (Sextus Julius Frontinus)

Um 30–140. Herkunft unbekannt. Offizier und hoher Beamter. Verfaßte Werke über die Feldmeßkunst und das Kriegswesen sowie über die Wasserversorgung Roms.

Bezeichnet: Frontin.

Zitiert nach: Juli Frontini Strategematon. Frontin Kriegslisten. Lateinisch und Deutsch von G. Bendz. Akademie Verlag, Berlin 1963.

Abgekürzt: Bendz

Gregorius von Tours (Georgius Florentinus)

Um 540–594. Aus Augustonemetum, dem heutigen Clermont-Ferrand. Seit 572 Bischof von Tours. Verfasser einer Geschichte der Franken.

Bezeichnet: Gregor.

Zitiert nach: Gregorii Episcopi Turonensis. Historiarum Libri Decem. Gregor von Tours. Zehn Bücher Geschichten. Band 1 und 2. Auf Grund der Übersetzung W. Giesebrechts neu bearbeitet von R. Buchner. Wissenschaftliche Buchgesellschaft, Darmstadt 1959.

Abgekürzt: Buchner

Historia Augusta (Scriptores Historiae Augustae)

Um 400 entstandenes Werk. Angebliche Sammlung von Biographien römischer Kaiser (Hadrian – Numerianus: 117–284), die heute jedoch allesamt einem einzigen unbekannten Verfasser zugeschrieben werden.

Bezeichnet: Historia Augusta.

Zitiert nach: Historia Augusta. Römische Herrschergestalten. Band I von Hadrian bis Alexander Severus. Eingeleitet und übersetzt von E. Hohl. Artemis Verlag, Zürich und München 1976.

Abgekürzt: Hohl

Horaz (Q. Horatius Flaccus)

65–8 v. Chr. Aus Venusia, dem heutigen Venosa. Dichter.

Bezeichnet: Horaz.

Zitiert nach: Die Oden des Horaz in deutscher Sprache von V. Hundhausen. Verlag Wilhelm Borngräber, Berlin ohne Datum.

Abgekürzt: Hundhausen

Jonas von Bobbio

Um 600 in Susa (dem römischen Segusio) geboren. Mönch aus dem oberitalienischen Kloster Bobbio, das vom hl. Columban gegründet wurde. Verfaßte neben anderen Heiligenviten die Vita des hl. Columban.

Bezeichnet: Jonas.

Zitiert nach: Quellen zur Geschichte des 7. und 8. Jahrhunderts. Jonae Vitae Columbani. Liber Primus. Jonas erstes Buch vom Leben Columbans. Unter Leitung von H. Wolfram, neu übertragen von H. Haupt. Wissenschaftliche Buchgesellschaft, Darmstadt 1982.

Abgekürzt: Haupt

Julianus (Flavius Claudius Julianus)

331–363. Geboren in Konstantinopel. Kaiser von 361–363. Verfasser mehrerer Schriften politischen und theologischen Inhalts in griechischer Sprache. Ein Teil seines Briefwechsels ist erhalten.

Bezeichnet: Julian.

Hier zitiert nach: Julian Briefe, Griechisch-deutsch ed. B. K. Weis. Heimeran Verlag, München 1973.

Abgekürzt: Weis

Lex Alamannorum

Gesetz. Aufgezeichnet unter dem alamannischen Herzog Lantfrid, um 715.

Bezeichnet: Lex Alamannorum.

Zitiert nach: Germanenrechte. Texte und Übersetzungen. Herausgeber: Historisches Institut des Werralandes. Band 1. Die Gesetze des Merowingerreiches. 481–741. Übersetzt von K. A. Eckhardt. II Leges Alamannorum. Deutschrechtlicher Instituts-Verlag, Witzenhausen 1961.

Abgekürzt: Eckhardt

Libanios

4. Jh. Aus Antiochia. Rhetor. Verfasser zahlreicher Reden und Briefe in griechischer Sprache.

Bezeichnet: Libanios.

Zitiert nach: Libanios Briefe. Griechisch-deutsch. In Auswahl herausgegeben, übersetzt und erläutert von G. Fatouros und T. Krischer. Heimeran Verlag, München 1980.

Abgekürzt: Fatouros – Krischer.

Oder zitiert nach: Capelle s. dort und Quellen s. dort

Pactus Alamannorum

Gesetz. Zwischen 613 und 623 aufgezeichnet unter dem fränkischen König Chlotar II.

Bezeichnet: Pactus Alamannorum.

Zitiert nach: Westgermanisches Recht. Leges Alamannorum. Herausgegeben von K. A. Eckhardt. I Einführung und Recensio Chlotariana (Pactus). Musterschmidt Verlag, Göttingen – Berlin – Frankfurt 1958.

Abgekürzt: Eckhardt

Panegyrici

3. und 4. Jh. Eine Sammlung von Lobreden auf römische Kaiser.

Bezeichnet: Panegyrici.

Zitiert nach: Quellen s. dort.

Plinius (Gaius Plinius Caecilius Secundus), auch der Jüngere genannt.
62 – etwa 114. Aus Comum, dem heutigen Como. Anwalt und hoher Beamter. Neben seiner Schilderung des Vesuvausbruches von 79 ist von besonderer Bedeutung sein Briefwechsel.
Bezeichnet: Plinius Briefe.
Zitiert nach: G. Plini Caecili Secundi. Epistolarum libri decem. Gaius Plinius Caecilius Secundus Briefe. Lateinisch-deutsch ed. H. Kasten. Wissenschaftliche Buchgesellschaft, Darmstadt. 5. Auflage 1984.
Abgekürzt: Kasten

Plutarchos
Etwa 46 – etwa 120. Aus Chaironeia, beim heutigen Dorf Kapraena, nördlich Livadia. Im kommunalen Dienst seiner Heimat. Sein bedeutendstes in griechischer Sprache verfaßtes Werk sind Biographien griechischer und römischer Feldherren und Staatsmänner.
Bezeichnet: Plutarch.
Zitiert nach: Plutarch. Große Griechen und Römer. Hier Band V. Die Biographie des Caesar übersetzt von W. Wuhrmann. Artemis-Verlag, Zürich 1960.
Abgekürzt: Wuhrmann

Prosper (Tiro Prosper)
Erste Hälfte 5. Jh. Aus Aquitanien (Landschaft zwischen Pyrenäen und Garonne). Christlicher Schriftsteller. Verfasser theologischer Werke und einer Weltchronik.
Bezeichnet: Prosper.
Zitiert nach: Die Völkerwanderung im Urteil der zeitgenössischen kirchlichen Schriftsteller Galliens unter Einbeziehung des heiligen Augustinus. Vorgelegt von J. Fischer. Verlag Kemper, Heidelberg-Waibstadt 1948.
Abgekürzt: Fischer

Res gestae Divi Augusti
Der im Jahre 13 aufgezeichnete Rechenschaftsbericht des Augustus.
Bezeichnet: Res gestae.
Zitiert nach: Augustus. Res gestae Divi Augusti. Meine Taten. Nach dem Monumentum Ancyranum, Apolloniense und Antiochenum. Lateinisch – Griechisch – Deutsch ed. E. Weber. Wissenschaftliche Buchgesellschaft, Darmstadt. 2. verbesserte Auflage der Neuausgabe 1974.
Abgekürzt: Weber

Suetonius (Gaius Suetonius Tranquillus)
Etwa 75 – um 150. Vermutlich aus Rom. Anwalt. Später Sekretär des Kaisers Hadrian. Verfaßte Biographien der römischen Herrscher von Caesar bis Domitian. »De vita Caesarum.«
Bezeichnet: Sueton.

Zitiert nach: Gaius Suetonius Tranquillus. Leben der Caesaren. Eingeleitet und übersetzt von A. Lambert. Artemis Verlag, Zürich und Stuttgart 1955.
Abgekürzt: Lambert

Tacitus (Publius (?) Cornelius Tacitus)

Etwa 55–116/20. Vermutlich aus der römischen Provinz des südlichen Frankreichs (Gallien). Hoher Beamter.
Die hier zitierten Werke sind: Eine länder- und völkerkundliche Beschreibung Germaniens; Annalen der Zeit vom Tode des Augustus bis zum Tode Neros (69) und Historien, deren noch erhaltene Kapitel die Ereignisse der Jahre 69 und 70 beinhalten.
Bezeichnet: Tacitus Germania.
Zitiert nach: Publius Cornelius Tacitus. Germania. De origene et situ Germaniae – Urgeschichte und Beschreibung Germaniens. Herausgegeben, übersetzt und mit Erläuterungen versehen von E. Fehrle. 5. überarbeitete Auflage besorgt von R. Hühnerkopf. Carl Winter Universitätsverlag, Heidelberg 1959.
Abgekürzt: Fehrle.
Bezeichnet: Tacitus Annalen.
Zitiert nach: Tacitus Annalen. Ab excessu divi Augusti. Übersetzung, Einleitung und Anmerkungen von W. Sontheimer. Philipp Reclam jun., Stuttgart 1964 und 1967.
Abgekürzt: Sontheimer.
Bezeichnet: Tacitus Historien.
Zitiert nach: Tacitus Historien. Lateinisch-deutsch ed. J. Borst unter Mitarbeit von H. Hross und H. Borst. Ernst Heimeran Verlag, München. 2. verbesserte Auflage 1969.
Abgekürzt: Borst.

Thegan

Erste Hälfte 9. Jh. Aus der Moselgegend. Chorbischof von Trier. Verfasser einer Beschreibung vom Leben Ludwig des Frommen. Kaiser von 814–840.
Bezeichnet: Thegan.
Zitiert nach: Quellen zur karolingischen Reichsgeschichte. Erster Teil.
Hier: Thegani vita Hludowici – Ludwigs Abstammung. Neubearbeitet von R. Rau und anderen. Wissenschaftliche Buchgesellschaft, Darmstadt 1962.
Abgekürzt: Rau

Velleius (Gaius Velleius Paterculus)

Etwa 25 v. Chr.–30 n. Chr. Aus Campanien. Offizier. Verfasser einer römischen Geschichte. »Historia Romana.«
Bezeichnet: Velleius.
Zitiert nach: Capelle s. dort.

Walahfrid Strabo (der Schieler)
808 oder 809–849. Aus Schwaben. 829 am kaiserlichen Hof als Erzieher des späteren Kaisers Karl der Kahle. 838 Abt der Reichenau. Floh 840/841 nach Speyer, da er der Kaiserfamilie die Treue hielt. Verfasser mehrerer Bibelkommentare und Heiligenleben, darunter des Lebens von Gallus, der »Vita Galli auctore Walahfrido«.
Bezeichnet: Walahfrid.
Zitiert nach: Quellen d. dort.

Zosimus
2. Hälfte 5. Jahrhundert. Herkunft unbekannt. Hoher Beamter. Verfasser einer römischen Geschichte in griechischer Sprache.
Bezeichnet: Zosimus.
Zitiert nach: Quellen s. dort.

Werke, die Übersetzungen mehrerer antiker Quellen enthalten:

Das alte Germanien.
Die Nachrichten der griechischen und römischen Schriftsteller. Herausgegeben von W. Capelle. Eugen Diederichs Verlag, Jena 1937.
Bezeichnet: Capelle

Quellen zur Geschichte der Alamannen.

Heidelberger Akademie der Wissenschaften. Kommission für Alamannische Altertumskunde. Band I bis VI. Übersetzt von: C. Dirlmeier. Bearbeitet von: G. Gottlieb, K. Sprigade und W. Kuhoff. Jan Thorbecke Verlag, Sigmaringen 1976 bis 1984.
Bezeichnet: Quellen

Zeittafel

v. Chr.

um 100	Bund der Sweben zwischen mittlerer Elbe und Havel. Hauptvölker: Semnonen, Hermunduren, Markomannen, Quaden. Der Swebe Ariovist geboren
100	13. Juli. Caesar geboren
88	Sullas Marsch auf Rom. Sulla geht zum Schutze der römischen Provinzen nach Kleinasien.
87/84	Schreckensregiment der Gegenpartei
83/82	Sullas Rückkehr nach Italien. Sein Sieg vor Rom
81	Caesar nach Sullas Sieg in Gefahr
80/78	Caesar leistet Kriegsdienst.
77	Caesar in Rom
75	Caesar auf Rhodos
74	Caesar nochmals im Kriegsdienst
73	Caesar wieder in Rom
um 72	Arverner und Sequaner, von den Haeduern bedrängt, rufen den Sweben Ariovist zu Hilfe. Mit seinen Söldnern schlägt dieser die Haeduer in den folgenden Jahren mehrmals, holt Siedler über den Rhein und fordert von den Sequanern Land.
61	Ariovist schlägt die Haeduer bei Schlettstadt vernichtend. Er erhält weiteren Zuzug und fordert abermals Land von den Sequanern. Ende des Jahres bittet der Haeduer Diviciacus in Rom um Hilfe.
60	Caesar in den vorangegangenen Jahren zu politischem Einfluß gelangt, bewirbt sich um das Konsulat.
59	Caesar Konsul. Er erhält die Statthalterschaft über die »Gallien diesseits und jenseits der Alpen«. Ariovist schickt Geschenke nach Rom und wird dort in das Verzeichnis der mit Rom verbündeten Könige eingetragen.
58	Im Frühjahr: Die Helvetier verlassen die Schweiz. Caesar schlägt die Helvetier und zwingt sie zur Rückkehr. Im September: Kämpfe zwischen Ariovist und Caesar bei Rappoltsweiler. Ariovist schlägt sich über den Rhein zurück.
57	Feldzüge Caesars in Gallien
56/55	Von den Sweben bedrängt überschreiten Usipeter und Tencterer

den Rhein. Die rechtsrheinischen Ubier werden den Sweben tributpflichtig.
Caesar schlägt die Usipeter und Tencterer und verfolgt sie nach dem Bau einer Brücke über den Rhein.

54 Die Sweben unterstützen einen Aufstand in Gallien. Caesar überschreitet ein zweites Mal den Rhein. Die Germanen beklagen den Tod des Ariovist.

51 Caesar bricht den letzten Widerstand der Gallier. Spätestens in diesem Jahr erscheinen Caesars »Commentare«.

49 Caesar marschiert auf Rom, als der Senat ihn zwingen will, vor Verleihung des zweiten Konsulats, die Statthalterschaft aufzugeben und sein Heer zu entlassen.

49/45 Bürgerkrieg

44 15. Februar: Caesar erscheint in der Tracht der altrömischen Könige auf dem Lupercalienfest.
15. März: Caesars Ermordung

42 16. November: Tiberius geboren. Sieg des Antonius und Octavius über die Caesarmörder

41 Krieg zwischen Antonius und Octavius. Tiberius Claudius Nero, Vater des Tiberius, muß dessentwegen Rom verlassen. Ihn begleiten seine Frau Livia und sein Sohn Tiberius.

40 Friedensschluß zwischen Antonius und Octavius

39 Tiberius Claudius Nero kann nach Rom zurückkehren.

38 Livia läßt sich scheiden und heiratet den ebenfalls geschiedenen Octavius Drusus. Sohn des Tiberius Claudius Nero geboren

um 35 Der Swebe (Markomanne) Marbod geboren

33 Tiberius' Vater gestorben. Tiberius und Drusus im Hause des Octavius.
Neuerlicher Bruch zwischen Antonius und Octavius

30 Endgültiger Sieg des Octavius über seinen Gegner

27–24 Der Senat überträgt Octavius seine Rechte und verleiht ihm den Titel Augustus. Octavius führt diesen Titel neben dem Namen seines Stiefvaters Caesar. »Caesar Augustus« heißt von nun an bis zu den Reformen Diokletians der römische Herrscher – verdeutscht, der römische Kaiser. Für Octavius selbst wird zumeist – so auch hier – nur die Bezeichnung Augustus gebraucht.

21 Agrippa, erster Feldherr des Augustus, heiratet dessen Tochter Julia aus erster Ehe.

um 20/15 Marbod tritt in die Leibwache des Augustus ein.

16/13 Tiberius mit Augustus in Gallien

15 Tiberius und Drusus erobern das nördliche Alpenvorland.

12 Tod des Agrippa. Tiberius wird (im Jahre 11) gezwungen, Julia zu heiraten. Er erhält den Oberbefehl an der unteren Donau, Drusus den am Rhein.

12/9 Marbod kehrt zu seinem Volke, den Markomannen zurück. Vier Feldzüge des Drusus in Germanien. Die Römer erreichen die Elbe.

Die Sweben verlieren ihre Vormachtstellung zwischen Elbe und Rhein.

Tod des Drusus

8 Marbod und Tudrus führen Markomannen und Quaden nach Böhmen und Mähren.

Marbod gründet ein Reich, das alle swebischen Völker einschließt. Es erstreckt sich von der Ostsee bis zur Donau und von der Elbe bis hin zur Weichsel.

8/7 Zwei Feldzüge des Tiberius in Germanien. Von einigen Kastellen an der Lippe abgesehen, wird das Land militärisch nicht besetzt.

6 Tiberius nochmals am Rhein. Er legt seine Ämter nieder, als er sich der Angelegenheiten im Osten annehmen soll.

5 Tiberius im Exil auf Rhodos

3 Domitius vertreibt Hermunduren, die in die Donauprovinzen eingefallen sind, und zwingt sie zur Ansiedlung um den mittleren Main. Sie breiten sich in der Folgezeit bis zur Donau aus – »Donau-Hermunduren«.

n. Chr.

1 Domitius zieht vom Rhein zur Elbe und überschreitet den Fluß.

2 Tiberius kehrt aus dem Exil zurück. Scheidung von Julia

4 Tiberius wird von Augustus adoptiert und erhält den Oberbefehl am Rhein. Er dringt bis zur Weser vor.

5 Neuerlicher Feldzug des Tiberius bis zur Elbe. Velleius Paterculus nennt als erster Semnonen und Hermunduren an der mittleren Elbe.

6 Feldzug des Tiberius gegen Marbod. Er scheitert wegen eines Aufstandes in den Donauprovinzen.

7 Varus erhält den Auftrag, Germanien als Provinz einzurichten.

9 Vernichtung der Legionen des Varus durch den Cherusker Arminius.

11/12 Tiberius überschreitet in beiden Jahren den Rhein, doch führt er bei Einbruch des Winters das Heer jeweils über den Fluß zurück.

13 Tiberius übergibt den Oberbefehl an Germanicus, den Sohn seines Bruders Drusus.

14 19. August: Tod des Augustus. Tiberius Kaiser. Germanicus dringt in Germanien ein.

15/16 Germanicus gelangt während seiner Feldzüge bis zur Weser und betritt den Ort der Varusschlacht.

17 Germanicus von Tiberius in die Ostprovinzen befohlen

Arminius, durch die Kämpfe gegen Germanicus in seiner Stellung als Führer der freien Germanen gefestigt, greift Marbod an.

	Semnonen und Langobarden gehen zu Arminius über. Die Schlacht zwischen Marbod und Arminius verläuft unentschieden.
	Tiberius stürzt Marbod mit Hilfe des Katwalda. Marbod in römischer Gefangenschaft zu Ravenna, lebt dort noch 18 Jahre.
19	Vertreibung des Katwalda durch die Hermunduren. Seine und Marbods Anhänger werden von Tiberius zwischen March und Waag angesiedelt. Sie erhalten den Quaden Vannius als König.
21	Ermordung des Arminius
29	Tod der Livia im Alter von 86 Jahren
35	Tod des Marbod
37	16. März: Tod des Tiberius
37/68	Die Kaiser Caligula, Claudius und Nero
68/69	Vierkaiserjahr
	Vespasian am 1. Juli 69 von den Legionen des Ostens zum Kaiser ausgerufen
69	Die Donauarmee schließt sich Vespasian an. Antonius Primus siegt bei Cremona und nimmt im Dezember Rom ein. In seinem Heere die Swebenkönige Sido und Italicus
69/70	Aufstand der germanischen Bataver an Rhein
78	Teile Südwestdeutschlands von den Römern besetzt
79/81	14. Juni: Tod Vespasians. Regierung seines Sohnes Titus
81	13. September: Tod des Titus
81/96	Regierung des Domitian, zweiter Sohn Vespasians
	Die römische Grenze wird über die Wetterau und bis auf die Schwäbische Alb vorgeschoben. Eroberungen in Britannien. Erfolgreiche Abwehr der Sweben, Sarmaten und Daker an mittlerer und unterer Donau
96	18. September: Ermordung Domitians
97/98	Nerva
98/117	Trajan. Das Römische Reich erreicht seine größte Ausdehnung.
um 98	Die »Germania« des Tacitus
117	8. August: Tod Trajans
117/138	Hadrian. Wirtschaftliche Blüte des Reiches
138	10. Juli: Tod Hadrians
138/161	Antoninus Pius
	Ausbau der Grenzsicherungen. Der »Limes« wird vorverlegt.
um die Mitte des 2. Jahrh.	Langobarden, Vandalen und Burgunder, von den Goten aus ihren Sitzen vertrieben, werden zu Nachbarn der Sweben.
161	7. März: Tod des Antoninus Pius
161/180	Mark Aurel; 161–169 mit Lucius Verus
162/165	Partherkrieg
166/180	Markomannenkrieg:

166–170 Erfolgreiche Vorstöße der Markomannen und Quaden sowie der mit ihnen verbündeten germanischen und sarmatischen Völker.

171 Säuberung der römischen Provinzen von den Eindringlingen

172 Die Römer gehen zur Offensive über und schlagen nacheinander Quaden, Markomannen, Hermunduren und die sarmatischen Jazygen.

173 Bruch der geschlossenen Verträge und neuerlicher Feldzug gegen die Quaden

174/175 Feldzug gegen die Jazygen. Ein Aufstand des Avidius Cassius im Orient verhindert den erfolgreichen Abschluß.

177 Neue Einfälle der swebischen und sarmatischen Völker

178/179 Mark Aurel besiegt Markomannen und Quaden. Er dringt tief in Böhmen und Mähren ein, erwägt die Errichtung einer neuen Provinz und verhindert die Auswanderung der Quaden zu den Semnonen.

180 17. März: Tod des Mark Aurel. Sein Sohn Commodus schließt einen harten Frieden mit Markomannen und Quaden.
Aus Kriegertrupps der swebischen Völker erwächst in der Folgezeit der Stamm der Alamannen.

188/192 Commodus

192 31. Dezember: Ermordung des Commodus

193 Fünfkaiserjahr

193/211 Septimius Severus

211 4. Februar: Tod des Septimius Severus. Seine Söhne Geta und Caracalla regieren gemeinsam.

212/217 Nach der Ermordung des Geta Alleinherrschaft Caracallas

213 Krieg Caracallas gegen die in diesem Jahre erstmals genannten Alamannen von Rätien aus

217 8. April: Opellius Macrianus läßt Caracalla ermorden.

217/218 8. Juni 218: Tod des Opellius Macrianus

218/222 Elagabal. 222 ermordet

222/235 Severus Alexander

226 Der Sasanide Ardaschir erklärt sich zum Herrscher Persiens.

231/232 Krieg Ardaschirs gegen Rom

233 Einfälle der Alamannen in Südwestdeutschland und Gallien

235 Mitte März: Ermordung des Severus Alexander durch die Soldaten unweit Mainz

235/284 Rasch wechselnde, von den rivalisierenden Heeresgruppen eingesetzte Kaiser. Sogenannte »Soldaten-Kaiser«

235/258 In ständigen Kleinkriegen mit den Alamannen gelingt es den Römern, Südwestdeutschland zu halten.

259/260 Die Alamannen erobern Südwestdeutschland.

260/284 Einfälle der Alamannen in Gallien und Italien. Gegenangriffe der Römer

bis 284 Wirtschaftliche Zerrüttung des Reiches. Soziale Unruhen
Wandel der religiösen Vorstellungen
Zunehmende äußere Bedrohung

284/305 Diokletian. Ab 285 Kaiser mit Maximian, der die Regierung des Westens übernimmt. Je ein Cäsar als Stellvertreter an der Seite der Kaiser, die weiterhin Augusti genannt werden.
Diokletian, Maximian und dessen Cäsar Constantius sichern die Grenzen an Rhein und oberer Donau gegen die Alamannen.
Reformen der Verwaltung und des Heeres
Entstehen einer neuen Oberschicht, des »Clarissimat«

305 Diokletian und Maximian danken ab. Constantius I. und Galerius, Kaiser des Westens und des Ostens

306 25. Juli: Tod des Constantius I. Sein Sohn Konstantin unter Mitwirkung des im römischen Heere dienenden Alamannenkönigs Crocus von den Soldaten zum Kaiser ausgerufen

306/324 Konstantin einigt das Reich unter seiner Führung. Er wird Christ.

310/330 Feldzüge Konstantins und seiner Söhne gegen die Alamannen sichern den Frieden bis 350.

324/337 Konstantin Alleinherrscher. Er setzt die Reformen Diokletians fort.
Seit Konstantin Alamannen auch in führenden Stellungen des römischen Heeres

330 11. Mai: Einweihung der neuen Hauptstadt Konstantinopel

337 22. Mai: Tod Konstantins. Seine Söhne Constantinus II., Constans und Constantius II. teilen sich in die Regierung des Reiches.

340 Bruderkrieg zwischen Constantinus II. und Constans. Tod des Constantinus II. Constans Alleinherrscher im Westen

350 Sturz und Ermordung des Constans durch den Usurpator Magnentius

350/361 Constantius II. Alleinherrscher.
In ständige Kriege mit den Persern verstrickt, verspricht er – um des Magnentius' Kräfte zu zersplittern – den Alamannen Land am linken Rheinufer.

351 Einfälle der Alamannen in Gallien. Der alamannische König Chnodomar schlägt Decentius, den Bruder des Magnentius.
Constantius II. siegt bei Mursa über Magnentius.

351/352 Vermutlich um diese Zeit verlassen die Semnonen ihre Wohnsitze an der Elbe und ziehen nach Südwestdeutschland.

352/353 Weitere Einfälle der Alamannen in Gallien. Constantius II. gewinnt Italien.

353 Magnentius und Decentius begehen Selbstmord.

354 Feldzug des Constantius II. gegen die alamannischen Könige Vadomar und Gundomad am Oberrhein.

355 Feldzug des Constantius II. gegen die alamannischen Lentienser

nördlich des Bodensees. Aufstand des Silvanus. Julian, am 6. November zum Cäsar ernannt, geht nach Gallien.

356 Gemeinsamer Angriff von Constantius II. und Julian auf die Alamannen

357 Bei der Wiederholung des Angriffs erleidet der römische Heermeister Barbatio eine Niederlage. Julian siegt bei Straßburg über Chnodomar, der in Gefangenschaft gerät.

358 Julian bekriegt verschiedene Gaue der Alamannen.

359 Julian schließt Frieden mit den Königen der Alamannen.

360 Julian wird im Februar vom Heer zum Kaiser ausgerufen.

361 Gefangennahme und Deportation des alamannischen Königs Vadomar

Julian zieht gegen Constantius II. Bevor es zur Schlacht kommt, stirbt Constantius II. am 3. November.

Julian, Alleinherrscher, versucht vergeblich, die heidnischen Kulte wiederherzustellen.

363 26. Juni: Julian fällt bei einem Feldzug gegen die Perser.

364 17. Februar: Tod des zum Kaiser gewählten Jovian.

26. Februar: Valentinian z. Kaiser ausgerufen. Ernennt seinen Bruder Valens zum Kaiser des Ostens und geht selbst in den Westen.

365/366 Alamanneneinfälle in Gallien unter Vithikap, dem Sohne Vadomars

368 Der Alamanne Rando überfällt Mainz.

Ermordung Vithikaps auf Anstiften Valentinians. Ein Feldzug Valentinians führt bis in die Gegend von Rottenburg.

369 Neubefestigung der Rheinlinie durch Valentinian. Der Versuch Valentinians, sich mit den Burgundern gegen die Alamannen zu verbünden, scheitert.

370 Feldzug der Römer gegen die Alamannen von Rätien aus

371 Feldzug Valentinians gegen den alamannischen König Makrian

374 Valentinian und Makrian schließen Frieden.

Einfälle der Quaden und Sarmaten an der mittleren Donau

375 Valentinian bereitet den Krieg gegen Quaden und Sarmaten vor.

17. November: Tod Valentinians. Sein Sohn Gratian übernimmt die Regierung für seinen – von den Soldaten zum Kaiser ausgerufenen – vierjährigen Halbbruder Valentinian II.

376 Unter dem Druck der Hunnen drängen Ost- und Westgoten über die untere Donau. Valens weist den Westgoten auf römischem Boden Land an. Teile der Ostgoten ziehen plündernd durch die römischen Provinzen.

377 Aufstand der in das Reich aufgenommenen Goten.

Valens bittet Gratian um Verstärkungen.

378 Im Februar überschreiten die Alamannen den Rhein, werden jedoch von den Römern abgewiesen.

Im Frühjahr dringen angeblich 40000 Alamannen unter dem

König der Lentienser, Priarius, in Gallien ein. Sie werden bei Horburg vernichtend geschlagen; Priarius fällt.

Gratian bekriegt zunächst die Lentienser, dann eilt er Valens zu Hilfe.

Valens, der das Eintreffen Gratians nicht abwartet, verliert am 9. August bei Adrianopel Schlacht und Leben.

379 19. Januar: Gratian ernennt Theodosius zum Kaiser des Ostens.

um 380 Der alamannische König Makrian fällt im Kampf gegen die Franken.

380/382 Friedensschlüsse zwischen Römern und Goten

382 Der Altar der Göttin Victoria wird auf Geheiß Gratians aus dem Sitzungssaal des Senates in Rom entfernt.

383 25. August: Ermordung Gratians durch die Soldaten des Usurpators Maximus

388 Theodosius und Valentinian II. besiegen Maximus.

389 Valentinian II. Herrscher des Westreiches

392 15. Mai: Tod Valentinians II. Der fränkische Heermeister Arbogast ruft den heidnischen Gallier Eugenius zum Kaiser aus.

394 5./6. September: Theodosius besiegt Arbogast und Eugenius. Theodosius Alleinherrscher

395 17. Januar: Tod des Theodosius. Seine Söhne Arcadius und Honorius, Kaiser des Ostens und des Westens

seit 396 Kämpfe der Römer gegen die Goten

um 397 Ammianus Marcellinus trägt seine »Römische Geschichte« in Rom vor.

406 31. Dezember: Vandalen, Quaden und Alanen überschreiten den Rhein. Sie verheeren Gallien und lassen sich in Spanien nieder.

410 Plünderung Roms durch den Goten Alarich

Literaturhinweise

Der umfangreiche Stoff, den Archäologen und Historiker zu unserem Thema zusammengetragen haben, läßt sich im Rahmen dieses Buches, das für einen weiteren Leserkreis bestimmt sein soll, weder belegen, noch lassen sich die Auslegungen, die er erfahren hat, diskutieren.

Dem Leser, der sich eingehender mit dem hier beschriebenen Zeitabschnitt befassen möchte, seien deshalb zwei Werke empfohlen, die in die germanische und römische Geschichte einführen und die wichtigste Literatur vermerken:

Die Germanen. Geschichte und Kultur der germanischen Stämme in Mitteleuropa. Ein Handbuch in zwei Bänden. Ausgearbeitet von einem Autorenkollektiv unter Leitung von B. Krüger. Band I und II der Veröffentlichungen des Zentralinstituts für Alte Geschichte und Archäologie der Akademie der Wissenschaften der DDR. Hrsg. von J. Herrmann. Akademie Verlag, Berlin 1978 und 1980.

K. Christ. Römische Geschichte. Einführung, Quellenkunde, Bibliographie. Dritte durchgesehene und erweiterte Auflage. Wissenschaftliche Buchgesellschaft, Darmstadt 1980.

Hingewiesen sei außerdem auf einige seither erschienene Arbeiten, welche die Frühe Geschichte der Sweben und Alamannen behandeln:

G. Alföldy. Die Alamannen in der Historia Augusta. Jahrbuch des Römisch-Germanischen Zentralmuseums Mainz. 25. Jahrgang 1978, S. 196 ff. Verlag des Römisch-Germanischen Zentralmuseums Mainz, Mainz 1982.

D. Baatz und F.-R. Herrmann (Hrsg.). Die Römer in Hessen. Konrad Theiss Verlag, Stuttgart 1982.

H. Bellen. Die germanische Leibwache der römischen Kaiser des julisch-claudischen Hauses. Akademie der Wissenschaften und Literatur Mainz. Abhandlungen der geistes- und sozialwissenschaftlichen Klasse, Jahrgang 1981, Nr. 1. Franz Steiner Verlag, Wiesbaden 1981.

K. Bittel, W. Kimmig, S. Schiek (Hrsg.). Die Kelten in Baden-Württemberg. Konrad Theiss Verlag, Stuttgart 1981.

R. Christlein. Die Alamannen. Archäologie eines lebendigen Volkes. Konrad Theiss Verlag, Stuttgart 1979.

Ph. Filtzinger, D. Planck, B. Cämmerer (Hrsg.). Die Römer in Baden-Württemberg. 3. neubearbeitete und erweiterte Auflage. Konrad Theiss Verlag, Stuttgart 1986.

G. Fingerlin. Frühalamannische Grabfunde aus Whyl am Kaiserstuhl, Kr. Emmendingen. Archäologische Ausgrabungen in Baden-Württemberg 1982, S. 159 ff. Hrsg. vom Landesdenkmalamt Baden-Württemberg. Konrad Theiss Verlag, Stuttgart 1983.

Ders. ebenda 1983, S. 181 ff. Der Zähringer Burgberg, eine neuentdeckte Höhensiedlung der Völkerwanderungszeit, Gemeinde Gundelfingen, Kreis Breisgau-Hochschwarzwald.

Ders. Brisigavi im Vorfeld von Breisach. Archäologische Spuren der Völkerwanderungszeit zwischen Rhein und Schwarzwald. Archäologische Nachrichten aus Baden. Heft 34, 1985, S. 30 ff. Herausgegeben vom Förderkreis für die ur- und frühgeschichtliche Forschung in Baden e. V. Freiburg.

Th. Fischer. Ein germanisches Gräberfeld der jüngeren Kaiserzeit aus Berching-Pollanten. Das Archäologische Jahr in Bayern, 1983, S. 123 ff. Konrad Theiss Verlag, Stuttgart 1984.

D. Geunich. Zur Landnahme der Alemannen. Frühmittelalterliche Studien 16, 1982, S. 25 ff. Jahrbuch des Instituts für Frühmittelalter-Forschung der Universität Münster, Walter de Gruyter, Berlin – New York 1983.

W. Jährling. Drei spätantike Frauengräber von Groß-Gerau. Archäologisches Korrespondenzblatt. 15, 1985. Heft 3, S. 391 ff. Verlag des Römisch-Germanischen Zentralmuseums Mainz, Mainz 1985.

H. Keller. Archäologie und Geschichte der Alamannen in merowingischer Zeit. Überlegungen und Fragen zu einem neuen Buch. Zeitschrift für die Geschichte des Oberrheins. 129. Band. (Der neuen Folge 90. Band), S. 1 ff. W. Kohlhammer, Stuttgart 1981.

U. Koch. Ausgrabungen auf dem Runden Berg bei Urach, Kreis Reutlingen, 1967–1984. Archäologische Ausgrabungen in Baden-Württemberg 1984, S. 159 ff. Hrsg. vom Landesdenkmalamt Baden-Württemberg. Konrad Theiss Verlag, Stuttgart 1985.

Dies. Handwerker in der alamannischen Höhensiedlung auf dem Runden Berg bei Urach. Archäologisches Korrespondenzblatt. 1984. Heft 1, S. 99 ff. Verlag des Römisch-Germanischen Zentralmuseums Mainz, Mainz 1984.

W. Krämer. Die Grabfunde von Manching und die latènezeitlichen Flachgräber in Südbayern. Die Ausgrabungen in Manching Band 9. Römisch-Germanische Kommission des Deutschen Archäologischen Instituts. Franz Steiner Verlag, Wiesbaden – Stuttgart 1985.

M. Martin. Die römische Zeit am rechten Rheinufer zwischen Augst und Kembs. Führer zu vor- und frühgeschichtlichen Denkmälern. Band 47, S. 64 ff. Herausgegeben vom Römisch-Germanischen Zentralmuseum Mainz. Philipp von Zabern, Mainz 1981.

Ders. Ur- und frühgeschichtliche Archäologie der Schweiz. Band VI. Das

Frühmittelalter. Die alten Kastellstädte und die germanische Besiedlung, S. 97 ff. Schweizerische Gesellschaft für Ur- und Frühgeschichte, Zürich 1979.
W. Menghin. Die Langobarden. Archäologie und Geschichte. Konrad Theiss Verlag, Stuttgart 1985.
L. Pauli und S. Wilbers. Eine Trense der römischen Kaiserzeit aus der Donau. Germania. Anzeiger der Römisch-Germanischen Kommission des Deutschen Archäologischen Instituts. Jahrgang 63. 1. Halbband, S. 87 ff. Philipp von Zabern, Mainz 1985.
Chr. Pescheck. Die germanischen Bodenfunde der römischen Kaiserzeit in Mainfranken. Mit Beiträgen von K. Gerhardt, H.-J. Hundt und D. Timpe. (Letzterer: Die Siedlungsverhältnisse Mainfrankens in caesarisch-augusteischer Zeit nach den literarischen Quellen). Münchner Beiträge zur Vor- und Frühgeschichte. Hrsg. von Joachim Werner, Band 27. C. H. Beck'sche Verlagsbuchhandlung, München 1978.
K. Peschel. Anfänge germanischer Besiedlung im Mittelgebirgsraum. Sueben – Hermunduren – Markomannen. Arbeits- und Forschungsberichte der sächsischen Bodendenkmalpflege. Beiheft 12. Deutscher Verlag der Wissenschaften, Berlin 1978.
H. von Petrikovits. Altertum. Rheinische Geschichte in drei Bänden. Hrsg. von Fr. Petri und G. Droege. Band 1, 1. Teilband. Pädagogischer Verlag Schwann, Düsseldorf 2. Auflage 1980.
R. Pirling. Katalog-Handbuch des Landesmuseums Burg Linn. Philipp von Zabern, Mainz 1986.
Chr. Reichmann. Zur Besiedlungsgeschichte des Lippemündungsgebietes während der jüngeren vorrömischen Eisenzeit und der ältesten römischen Kaiserzeit. Ein Beitrag zur Interpretation schriftlicher Überlieferung. Verlag Buchhandlung H. Dambeck, Wesel 1979.
Römisch-Germanisches Zentralmuseum Mainz. Gallien in der Spätantike. Von Kaiser Constantin zu Frankenkönig Childerich. Verlag Philipp von Zabern, Mainz 1980.
A. Rüsch. Das Land am oberen Neckar in römischer und alamannischer Zeit. Zwischen Schwarzwald und Alb, S. 35 ff. Veröffentlichungen des Alemannischen Instituts Freiburg i. Br. Jan Thorbecke Verlag. Sigmaringen 1984.
H. Schach-Dörges. Frühalamannische Funde von Lauffen am Neckar. Fundberichte aus Baden-Württemberg Band 6, S. 615 ff. E. Schweizerbart'sche Verlagsbuchhandlung, Stuttgart 1981.
W. Schneider. Arbeiten zur alemannischen Frühgeschichte. Herausgegeben vom Verfasser. Die Einsicht in das umfangreiche Werk wird der freundlichen Vermittlung des Württembergischen Landesmuseums Stuttgart verdankt.
H. Schönberger. Die röm. Truppenlager der frühen und mittleren Kaiserzeit zwischen Nordsee und Inn. Berichte der Römisch-Germanischen Kommission des Deutschen Archäologischen Instituts. Band 66, S. 321 ff. 1985.
S. v. Schnurbein. Haltener Sigillata. Produkte in rheinischen Stützpunkten. Anzeiger der Römisch-Germanischen Kommission des Deutschen Archäologischen Institus, Jg 64, 1. Halbband, S. 45 ff. Philipp von Zabern, Mainz 1986.

H. Seyer. Siedlung und archäologische Kultur der Germanen im Havel-Spree-Gebiet in den Jahrhunderten vor Beginn u. Z. Schriften zur Ur- und Frühgeschichte 34. Akademie Verlag, Berlin 1982.

H. Steuer. Die Franken in Köln. Aus der Kölner Stadtgeschichte. Greven Verlag, Köln 1980.

Ders. Frühgeschichtliche Sozialstrukturen in Mitteleuropa. Abhandlungen der Akademie der Wissenschaften in Göttingen. Philologisch-historische Klasse. Dritte Folge Nr. 128. Vandenhoeck u. Rupprecht, Göttingen 1982.

M. Weidemann. Kulturgeschichte der Merowingerzeit nach den Werken Gregors von Tours. Römisch-Germanisches Zentralmuseum. Monographien Band 3, 1 und 2. Verlag des Römisch-Germanischen Zentralmuseums Mainz, Mainz 1982.

J. Werner. Spätes Keltentum zwischen Rom und Germanien. Gesammelte Aufsätze zur Spätlatènezeit. Hrsg. von L. Pauli. Münchner Beiträge zur Vor- und Frühgeschichte, Ergänzungsband 2. C. H. Beck'sche Verlagsbuchhandlung, München 1979.

Bilderläuterungen

Die Vorlagen für die Abbildungen dieses Buches sind, von drei Ausnahmen abgesehen, Münzen. »Als Spiegel der Zeitereignisse verschloß sich die Münze in der Regel dem Alltäglichen oder dem nur Aktuellen. Statt dessen nahm sie Bezug auf Außerordentliches und Bleibendes. Aber gerade durch diese Beschränkung und durch die ständige Wiederholung oder Variation der Bilder prägte sie historisch bedeutsame Fakten, Leitbilder und Formen nachdrücklich ins Bewußtsein ein. Szene, Symbol und Personifikation bildeten dazu die wichtigsten Formen.« (Karl Christ, Antike Numismatik, S. 62. Wissenschaftliche Buchgesellschaft, Darmstadt 1967. Dort auch weiterführende Literatur zu den Fachbezeichnungen.)

Die Beschreibung der Münzen wird Ulrich Klein, Leiter des Münzkabinetts des Württembergischen Landesmuseums, verdankt.

Die Beschreibung der nicht abgebildeten Münzseiten ist jeweils in runde Klammern gesetzt. Die Ergänzungen der abgekürzten Bestandteile der Umschriften, die des besseren Verständnisses wegen ausgeschrieben werden, sind durch eckige Klammern gekennzeichnet. Die bei den Literaturangaben verwendete Abkürzung RIC bezieht sich auf das Standardwerk »The Roman Imperial Coinage« (hrsg. von Harold Mattingly/Edward A. Sydenham u. a., London 1923 ff.).

Abb. 1 Bronzefigur eines Germanen. Höhe 9 cm

Früher Sammlung Scheufelen, Oberlenningen. Heute Württembergisches Landesmuseum Stuttgart.

Bärtiger Mann mit gegürtetem langärmeligem Leibrock, faltiger Hose und Schuhen. Nur die Rückseite ist sorgfältig ausgearbeitet, die Figur war offenbar mit der Vorderseite auf einem Gegenstand befestigt.

Lit.: Karl Schumacher. In: Germanendarstellungen

Abb. 2 Denar des Münzmeisters Tiberius Sempronius Graccus aus dem Jahre 40 v. Chr. Münzstätte Rom. Silber. Ø 18/19 mm. 3,78 g.

Vorderseite: Kopf Caesars mit Lorbeerkranz nach rechts

(Rückseite: Zwei Feldzeichen, Pflug und Zepter. Umschrift: TI [berius] SEMPRONIVS GRACCVS Q [uaestor] DESIG [natus], im Feld S[enatus] – C [onsulto]).

Münzkabinett des Württembergischen Landesmuseums Stuttgart (Alter Bestand).

Literatur: Edward A. Sydenham, The Coinage of the Roman Republic,

London 1952, S. 185, Nr. 1128; Michael H. Crawford, Roman Republican Coinage, Cambridge 1974, Band 1, S. 530, Nr. 525.3.

Abb. 3 Dupondius des Tiberius (14–37 n. Chr.) für Livia aus dem Jahre 22/23 n. Chr. Münzstätte Rom. Messing. Ø 29,5 mm. 14,45 g.

Vorderseite: Drapierte Büste der Livia (als personifizierte Salus) nach rec ts. Umschrift: SALVS AVGVSTA

(Rückseite: In der Mitte: S[enatus] C[onsulto]. Umschrift: TI [berius] CAESAR DIVI AVG [usti] F [ilius] AVG [ustus] P [ontifex] M [aximus] TR [ibunicia] POT [estate] XXIIII).

Archäologisches Institut der Universität Tübingen (Inv.-Nr. 132 D 5).

Literatur: RIC, Band 1, S. 106, Nr. 23 (Neubearbeitung von C. H. V. Sutherland, 1984, S. 97, Nr. 47). – Beide RIC-Auflagen mit fehlerhaft wiedergegebener Rs.-Umschrift!

Abb. 4 As des Augustus (27 v.–14 n. Chr.) für Tiberius als Cäsar (4–14 n. Chr.) aus dem Jahre 10/11 n. Chr. Münzstätte Rom. Kupfer. Ø 28/30 mm. 10,93 g.

Vorderseite: Barhäuptiger Kopf des Tiberius nach rechts. Umschrift: TI [berius] CAESAR AVGVST [i] F [ilius] IMPERAT [or] V

(Rückseite: In der Mitte: S [enatus] C [onsulto]. Umschrift: PONTIFEX TRIBVN [icia] POTESTATE XII).

Münzkabinett des Württembergischen Landesmuseums Stuttgart (Alter Bestand).

Literatur: RIC, Band 1, S. 82, Nr. 220 (Neubearbeitung S. 78, Nr. 469). Vgl. zu diesem Stück außerdem: Elisabeth Nau, Römische Münzen aus Süddeutschland. Zeit des Augustus und Tiberius (Kleine Schriften zur Kenntnis der römischen Besetzungsgeschichte Südwestdeutschlands, Heft 5), Stuttgart 1969, S. 11 und 19, Nr. 59 (mit Abb. auf Taf. 18).

Abb. 5 Aureus des Vespasian (69–79 n. Chr.) aus dem Jahre 72/73 n. Chr. Münzstätte Antiochia/Syrien. Gold. Ø 17/18 mm. 7,26 g.

Vorderseite: Drapierte Büste Vespasians mit Lorbeerkranz nach links. Umschrift: IMP [erator] VESPAS [ianus] AVG [ustus] P [ontifex] M [aximus] TRI [bunicia] P [otestate] P [ater] P [atriae] CO [n] S [ul] IIII

(Rückseite: Vespasian steht nach links, hält in der Linken einen Speer und streckt die Rechte aus, um damit eine vor ihm kniende weibliche Gestalt mit Mauerkrone emporzuziehen. Umschrift: PAX AVG-VSTI).

Gefunden am 4. 7. 1984 im Estrich des Fahnenheiligtums des römischen Kastells von Aalen.

Literatur: RIC, Band 2, S. 57, Nr. 356. Vgl. zu diesem Stück außerdem: Archäologische Ausgrabungen in Baden-Württemberg 1984, Stuttgart 1985, S. 268 mit Abb. 240 k (auf S. 269).

Abb. 6 Aureus des Mark Aurel (161–180 n. Chr.) aus dem Jahre 161/162 n. Chr. Münzstätte Rom. Gold. Ø 18/18,5 mm. 7,17 g.

Vorderseite: Barhäuptige, gepanzerte und drapierte Büste des Mark Aurel nach rechts. Umschrift: IMP [erator] M [arcus] AVREL [ius] ANTONINVS AVG [ustus] P [ontifex] M [aximus]
(Rückseite: Mark Aurel und Lucius Verus stehen einander zugewandt und reichen sich die rechte Hand. Umschrift: CONCORDIAE AVGVSTOR [um] TR [ibunicia] P [otestate] XVI, im Abschnitt: CO [n] S [ul] III).

Münzkabinett des Württembergischen Landesmuseums Stuttgart (Alter Bestand).

Literatur: RIC, Band 3, S. 217, Nr. 45.

Abb. 7 + 8 Aureus des Caracalla (211–217 n. Chr.) aus dem Jahre 213 n. Chr. (auf den Sieg über die Alamannen). Münzstätte Rom. Gold. Ø 20,5 mm. 7,40 g.

Vorderseite: Gepanzerte, leicht drapierte Büste des Caracalla mit Lorbeerkranz nach rechts. Umschrift: ANTONINVS – PIVS FEL [ix] AVG [ustus]

Rückseite: Siegesgöttin (Victoria) eilt nach rechts, hält Kranz und Siegeszeichen (Trophäe). Umschrift: VICTORIA – GER-MANICA.

Münzkabinett des Württembergischen Landesmuseums Stuttgart.

Literatur: RIC, Band 4/Teil 1, S. 245, Nr. 237. Vgl. zu diesem Stück außerdem: Jahrbuch der Staatlichen Kunstsammlungen in Baden-Württemberg, Band 22, München–Berlin 1985, S. 220 mit Abb. 15 k.

Abb. 9 Solidus Konstantins des Großen (306–337 n. Chr.) für Constantinus II. als Cäsar (317–337 n. Chr.) aus dem Jahre 328/329 n. Chr. (?). Münzstätte Trier. Gold. Ø 18,5/19 mm. 4,22 g.

(Vorderseite: Kopf Constantinus II. mit Lorbeerkranz nach rechts. Umschrift: FL [avius] CL [audius] CONSTANTINVS IVN [ior] N [obilissimus] C [aesar]).

Rückseite: Sitzende Alamannia nach links, sie stützt den zurückgewandten Kopf mit der Rechten und blickt auf ein hinter ihr stehendes Siegeszeichen (Trophäe). Umschrift: GAVDIVM RO – MANORVM. Im Abschnitt: ALAMANNIA.

Privatbesitz.

Literatur: Karl Christ, Antike Münzfunde Südwestdeutschlands (Vestigia, Band 3), Heidelberg 1960, 1. Teil, S. 157 f., Nr. 14 (vgl. auch S. 159–166, bes. S. 165 mit Anm. 115, und Taf. C 10 im 2. Teil); Alföldi, Goldprägung, S. 169, Nr. 154; RIC, Band 7, S. 213, Nr. 516.

Abb. 10 Bleimedaillon. Durchmesser 8 cm. Um 300 n. Chr. Paris, Bibliothèque Nationale, Cabinet des Médailles. Hier Foto der Nachbildung im Römisch-Germanischen Zentralmuseum Mainz.

»Bei dem Stück handelt es sich um den in Blei gedrückten Probeabschlag eines Prägestempels für die Rückseite eines offiziellen Goldmedaillons. Es wurde in der Sâone bei Lyon gefunden.

Die runde Bildfläche ist zweigeteilt. Im oberen Bildfeld thronen zwei Kaiser mit Nimbus, umgeben von ihrer Leibgarde. Von rechts nähern sich ihnen Männer, Frauen und Kinder mit bittend erhobenen Händen. Über der Szene steht geschrieben SAECULI FELICITAS, Heil des Jahrhunderts. Auf dem unteren Bildfeld sind zwei befestigte Städte dargestellt, die durch die Brücke über einen Strom verbunden sind. Auf der Brücke kommen von rechts wiederum Männer und Frauen und Kinder. Über dem Stadttor der linken Befestigung steht MOGONTIACUM, unter der Brücke im Fluß FL(uvius) RENUS, und die rechte Befestigung wird als CASTEL(um) bezeichnet.

Bei dieser Darstellung handelt es sich um die programmatische Verkündung eines römischen Sieges. Bei den beiden Kaisern wird es sich um Maximianus Herculius und seinen Unterkaiser (Cäsar) Constantius I. handeln. Anlaß für die Schaffung des Goldmedaillons wird ein Sieg des Constantius über die Germanen im Mainzer Gebiet gewesen sein. Während sie sich den Siegern im oberen Bild um Gnade flehend nähern, werden sie im unteren Bild als Gefangene über den Rhein geführt.« Konrad Weidemann. In: Gallien in der Spätantike. Katalog Nr. 2 des Römisch-Germanischen Zentralmuseums. Zabern Verlag, Mainz 1980.

Abb. 11 Solidus Konstantins des Großen (307–337 n. Chr.) aus dem Jahre 315 n. Chr. Münzstätte Rom. Gold. Ø 17/18 mm. 4,38 g.

Vorderseite: Gepanzerte Büste Konstantins des Großen mit lorbeerbekränztem Helm nach rechts. Umschrift: CONSTA – NTINVS AVG [ustus]

(Rückseite: Zwei Siegesgöttinnen (Victorien) stehen einander zugewandt und halten bzw. beschriften einen auf eine Säule gestellten Schild mit der Aufschrift VOT [is]/X [= Decennalibus]. Umschrift: VICTORIAE LAETAE PRINC [ipis] PERP [etui]. Im Abschnitt die Offizin- und Münzstättenangabe P [rima] R [oma].

Münzkabinett des Württembergischen Landesmuseums Stuttgart (Alter Bestand).

Literatur: Maria R.-Alföldi, Die Constantinische Goldprägung. Untersuchungen zu ihrer Bedeutung für Kaiserpolitik und Hofkunst, Mainz 1963, S. 211, Nr. 646 (mit Abb. 88 auf Taf. 6; vgl. auch S. 46 und 140); RIC, Band 6, S. 688. Vgl. zu diesem Stück außerdem: Elisabeth Nau, Epochen der Geldgeschichte, Stuttgart 1972, Taf. 34a (S. 29 und 122 f.).

Abb. 12 Siliqua des Constantius II. (337–361 n. Chr.) aus den Jahren 351–355 n. Chr. Münzstätte Konstantinopel. Silber. Ø 20/21 mm. 3,12 g.

Vorderseite: Gepanzerte und drapierte Büste des Constantius II. mit Perlendiadem nach rechts. Umschrift: D [ominus] N [oster] CONSTAN – TIVS P [ius] F [elix] AVG [ustus]

(Rückseite: Innerhalb eines oben mit einem Juwel, unten mit Schleifen geschmückten Kranzes: VOTIS / XXX / MVLTIS / XXXX. Darunter die Münzstätten- und Offizinangabe C · Δ).

Münzkabinett des Württembergischen Landesmuseums Stuttgart (Alter Bestand).

Literatur: RIC, Band 8, S. 456, Nr. 102.

Abb. 13 Doppelmaiorina des Julian Apostata (360–363 n. Chr.) aus den Jahren

361–363 n. Chr. Münzstätte Kyzikos. Kupfer. Ø 27–29 mm. 8,77 g.

Vorderseite: Gepanzerte und drapierte Büste des bärtigen Julian mit Perlendiadem nach rechts. Umschrift: D [ominus] N [oster] FL [avius] CL [audius] IVLI – ANVS P [ius] F [elix] AVG [ustus]

(Rückseite: Stehender Stier nach rechts, darüber zwei Sterne. Umschrift: SECVRITAS REIPVB [licae]. Im Abschnitt die Münzstätten- und Offizinangabe CUZA).

Privatbesitz.

Literatur: RIC, Band 8, S. 500, Nr. 127.

Abb. 14 Solidus des Valentinian I. (364–375 n. Chr.) aus den Jahren 367–375 n. Chr. Münzstätte Trier. Gold. Ø 20/20,5 mm. 4,43 g.

Vorderseite: Gepanzerte und drapierte Büste des Valentinian I. mit Rosettendiadem nach rechts. Umschrift: D [ominus] N [oster] VALENTINI – ANVS P [ius] F [elix] AVG [ustus]

(Rückseite: Zwei Kaiser sitzen nach vorne gewandt und halten gemeinsam einen Globus. In der Mitte hinter bzw. über ihnen erscheint eine Siegesgöttin (Victoria) mit ausgebreiteten Flügeln. Umschrift: VICTOR – IA AVGG [= Augustorum]. Im Abschnitt die Münzstättenangabe TROBS).

Münzkabinett des Württembergischen Landesmuseums Stuttgart (Alter Bestand).

Literatur: RIC, Band 9, S. 16, Nr. 17b.

Abb. 15 Solidus des Gratian (376–383 n. Chr.) aus den Jahren 378–383 n. Chr. Münzstätte Konstantinopel. Gold. Ø 21/21,5 mm. 4,43 g.

Vorderseite: Gepanzerte und drapierte Büste des Gratian mit Rosettendiadem nach rechts. Umschrift: D [ominus] N [oster] GRATIA – NVS P [ius] F [elix] AVG [ustus]

(Rückseite: Behelmte weibliche Gestalt [die personifizierte Constantinopolis] sitzt nach vorne gewandt auf einem Thron. Sie hat den Kopf nach rechts gerichtet, hält Zepter sowie Globus und setzt den rechten Fuß auf ein Schiffsvorderteil. Umschrift: CONCOR – DIA AVGGG [= Augustorum] ϑ [= Offizinszeichen]. Im Abschnitt die Münzstättenangabe CONOB).

Münzkabinett des Württembergischen Landesmuseums Stuttgart (Alter Bestand).

Literatur: RIC, Band 9, S. 223, Nr. 45a.

Abb. 16 Gegossener Silberteller. Durchmesser 74 cm. Gefertigt im Jahre 388 anläßlich der zehnjährigen Regierung des Kaisers Theodosius. Madrid, Real Academia de la Historia.

Aufnahme der Nachbildung im Römisch-Germanischen Zentralmuseum Mainz.

Im Relief dargestellt ist der Kaiser bei der Übergabe einer Ernennungsurkunde an einen Beamten. Neben ihm seine Mitregenten Arcadius und Valentinian II. Im Ausschnitt sind hier wiedergegeben Valentinian II. sowie zwei Soldaten der germanischen Leibwache.

Literatur: Karl Schumacher. In: Germanendarstellungen

Bildnachweis:
Frankenstein, Peter: 1
Römisch-Germanisches Zentralmuseum Mainz (Gisela Clauß): 10, 16
Württembergisches Landesmuseum (Ulrich Klein): 2, 3, 4, 5, 6, 7, 8, 9, 11, 12, 13, 14 und 15

Nachwort

Für mannigfache Hilfe darf der Verfasser an dieser Stelle danken den Damen und Herren Kurt Böhner, Gisela Clauß, Klaus Eckerle, Volker Himmelein, Karla Kirsch, Ulrich Klein, Werner Krämer, Dietrich Mannsperger, Dieter Planck, Edward Sangmeister, Helga Schach-Dörges, Siegwalt Schiek, Manfred Schröder, Gabriele Süsskind, Konrad Weidemann, Rotraut Wolf und Klaus Zoege von Manteuffel.

Sein Dank gilt außerdem dem Archäologischen Institut der Universität Tübingen, dem Badischen Landesmuseum Karlsruhe, der Kommission für Alamannische Altertumskunde bei der Heidelberger Akademie der Wissenschaften, dem Landesdenkmalamt Baden-Württemberg, die Römisch-Germanische Kommission des Deutschen Archäologischen Instituts Frankfurt, dem Römisch-Germanischen Zentralmuseum Mainz und dem Württembergischen Landesmuseum Stuttgart.

Register

Aufgeführt sind die Namen von Personen und Völkern, ausgenommen die häufig vorkommenden Namen wie Sweben, Alamannen und Römer. Die Namen sind zitiert wie im Text. Bei den römischen Personennamen wird demnach der Sippen- oder Geschlechtername bzw. der Bei- oder Familienname aufgeführt (vgl. hierzu S. 16).

Auf ein Ortsregister wurde verzichtet. Mit Ausnahme der unter den Quellen angegebenen Ortsnamen sind sämtliche Orte in den beigegebenen Karten verzeichnet.

1 Adrianopel
2 Alexandria
3 Antiochia
4 Ankara
5 Aquileja
6 Arles
7 Byzanz – Konstantinopel
8 Carnuntum
9 Cremona
10 Genf
11 Marseille
12 Nicaea
13 Jerusalem
14 Kaiseraugst
15 Köln
16 Lyon
17 Ktesiphon
18 Magdalensberg
19 Mailand
20 Fréjus
21 Mursa
22 Neapel
23 Paris
24 Pavia
25 Pergamon
26 Ravenna
27 Rom
28 Seleukia
29 Sens
30 Straßburg
31 Tarragona
32 Trier
33 Valence
34 Verona
35 Cadiz
36 Vienne

Das Römische Reich beim Tode des Kaisers Theodosius 395 n. Chr. Angegeben sind die Namen der Diözesen.